Vijñāna Bhairava Tantra

Traducción, estudio preliminar
y comentarios de Óscar Figueroa

editorial Kairós

Numancia 117-121, 08029 Barcelona, España
www.editorialkairos.com

Fotocomposición: Grafime. Mallorca, 1. 08014 Barcelona
Diseño cubierta: Katrien Van Steen
Imagen cubierta: Shri Yantra, Rajasthan, c. 1700
Imagen autor: Elena Figueroa
Impresión y encuadernación: Ulzama digital

Primera edición: Mayo 2017
Segunda edición: Enero 2023
ISBN: 978-84-9988-556-8
Depósito legal: B 6.155-2017

Este libro ha sido impreso con papel que proviene de fuentes respetuosas con la sociedad y el medio ambiente y cuenta con los requisitos necesarios para ser considerado un «libro amigo de los bosques».

तस्मै श्रीगुरवे नमः

Sumario

I
Estudio preliminar

1. Exordio

El *Vijñānabhairava* es un *tantra*. Como toda definición compendiosa, esta dice mucho y poco a la vez. En nuestro caso, la ambivalencia es doble en virtud de la complejidad semántica que rodea al término *tantra*. Por sí sola, la palabra dice mucho y poco a la vez, sobre todo cuando se toman en cuenta sus resonancias contemporáneas en la mayoría de las lenguas modernas, incluido el español. Luego de transitar por el colonialismo y el orientalismo, el vocablo evoca hoy tanto una elevada espiritualidad como actitudes más bien seculares –libertinaje, hedonismo, santurronería–. Si hacemos un esfuerzo, alcanzaremos a decir que se trata además de una tradición religiosa india y del grupo de textos que le dan sustento. Menos común será escuchar que *tantra* es el nombre genérico de una amplia red de sistemas rituales y cultos, doctrinas y prácticas, con límites difusos entre sí, pero con una presencia definitiva en el paisaje cultural de la India antigua, sobre todo a partir del siglo VIII, cuando penetró por igual las instituciones de hindús, budistas y jainas, dejando una indeleble huella en todos los ámbitos de la vida india.

Infrecuente pero más atinado, este juicio modifica de inmediato la percepción que podríamos formarnos al tropezar con un libro como el que aquí se ofrece, la traducción de un tantra. Por ejemplo, quizá podamos tomarlo como una invitación a asomarnos a una realidad más vasta e interesante. En efecto, el *Vijñānabhairava* ocupa un diminuto territorio en una geografía mucho más compleja. Esto significa que para apreciar con mejores elementos la presente traducción, la primera directa del sánscrito al español, resulta imperativo desbrozar primero el entorno, sortear algunas dificultades léxicas, establecer ciertas prioridades con base en criterios históricos y filológicos y, sobre todo, reinsertar el texto en su con-texto. De entrada, el exhorto apunta entonces a resistir, hasta donde tal cosa sea posible, las resonancias modernas de las palabras «tantra» y «tantrismo», y en cambio seguir su polisémico rastro hasta la tradición que les subyace, una tradición heterogénea y difícilmente comprensible al margen de su horizonte original, el paisaje religioso de la India antigua. Tal es el primer objetivo de este estudio preliminar; superado el escollo podremos ofrecer un análisis del *Vijñānabhairava* propiamente.

2. Apunte léxico: «tantrismo», «tantra», «tántrico»

Mucho se ha escrito sobre los inconvenientes de usar los términos «tantrismo» y «tantra».[1] Desde luego, la advertencia se hace a contracorriente, pues ambos términos se han ganado un sitio en la mayoría de las lenguas modernas y hoy circulan libremente. A menos que uno pretenda sumarse a las filas del conservadurismo lingüístico, este no es el problema. El verdadero problema radica en querer inferir un sentido original a partir del uso actual, o en presuponer que la entidad singular y homogénea que hoy parecen designar ambos términos es la misma que designaban en el pasado. En particular, «tantrismo» es una categoría inexistente en sánscrito y, desde esa perspectiva, por completo ajena al fenómeno que en parte se busca nombrar con ella. Como muchos otros -ismos académicos, se acuñó a posteriori y hoy se aplica artificialmente, también a posteriori, a fin de facilitar la delimitación de un objeto de estudio originalmente más complejo y heterogéneo.[2] La certeza definitoria que el término comunica resulta, pues, temeraria. El presente libro no solo prescinde de él, sino que se suma a las voces que desaconsejan su uso en un contexto académico.

1. Sobre el tema, el lector puede consultar las reflexiones de A. Padoux en tres importantes trabajos: «Tantrism», págs. 272-274; «What do We Mean by Tantrism?», págs. 17-18, y más recientemente *El tantra*, págs. 33-41. Véase asimismo S. Gupta *et al.*, *Hindu Tantrism*, págs. 5-9, y H.B. Urban, *Tantra*, págs. 4-7 y 23-28.
2. Lo mismo vale para la variante «tantricismo». De acuerdo con A. Padoux, al parecer los primeros usos en inglés y francés datan de mediados del siglo XIX (*El tantra*, pág. 37).

En cuanto a la palabra «tantra», aunque presente en sánscrito desde una época temprana, su acepción más extendida no ayuda demasiado, al menos no a primera vista. En un sinfín de fuentes, sobre todo clásicas, significa 'doctrina', 'sistema', 'escuela', pero sin una connotación específica o en relación con una entidad religiosa singular.[3] Usarla como signo inequívoco de 'doctrinas' propiamente tántricas es, por lo tanto, impreciso.

Desde luego, la palabra posee otras acepciones, pero estas tampoco resuelven el dilema. Por ejemplo, el célebre tesauro sánscrito de Amarasiṃha registra 'doctrina' y tres sinónimos más: 'tema', 'séquito' y 'telar', pero no el sentido técnico que aquí nos interesa, pese a tratarse de una obra del siglo VI.[4] Las acepciones de 'telar', 'urdimbre' e 'hilo' son al parecer las más antiguas.[5] Empero, «tantra» puede significar además 'libro' o 'capítulo' de libro,[6] de donde se deriva la acepción de 'doctrina' o 'enseñanza', es decir, el contenido de un libro.

3. En ese sentido se usa de manera profusa, por ejemplo, en conexión con las escuelas Sāṅkhya, Nyāya y Mīmāṃsā. Aquí unos cuantos testimonios: de manera rutinaria Śaṅkara llama al Sāṅkhya «el sistema de Kapila» (*kapilasya tantram*), su mítico fundador, o simplemente *sāṅkhyatantra* (véase *Brahmasūtrabhāṣya ad* 2.1.1 y 3.1.1); en el propio texto fundacional de esta escuela, la *Sāṅkhyakārikā, tantra* se usa como autodefinición (70, 72-73), y lo mismo vale en el caso de Kumārilabhaṭṭa, quien dio a su *opus magnum* el sobrio título de *Tantravārttika*, es decir, *Exégesis sobre el sistema [Mīmāṃsā]*; por su parte, el texto fundacional de la escuela Nyāya utiliza la palabra para referirse a cualquier 'doctrina' (véase, por ejemplo, *Nyāyasūtra* 1.1.26-29).

4. *Amarakośa* 3.3.185.

5. Véase, por ejemplo, *Ṛgveda* 10.71.9 y *Atharvaveda* 10.7.42.

6. Por ejemplo en *Pañcatantra*, el título de la famosa colección de fábulas compuesta en efecto de «cinco» (*pañca*) «libros» (*tantra*).

La etimología de la palabra está siempre implícita: de la raíz verbal *tan-*, 'extender', 'estirar', 'desplegar' o, en un sentido técnico, 'urdir', más el sufijo de instrumental *-tra*,[7] el término hace referencia tanto al medio para llevar a cabo el acto de desplegar como al objeto así desplegado. Un telar despliega hilos; un libro despliega secciones o partes, y también, en un sentido figurativo, saberes y doctrinas. En todos estos casos, medio y fin son *tantra*. Empero, de nuevo, ninguna de estas acepciones explica de manera completa o exclusiva su asociación con lo que aquí tenemos en mente. Incluso si se toma como el nombre de un género literario, la palabra se diluye entre muchas otras opciones. Un sinfín de textos que contienen enseñanzas tántricas no se autodenominan *tantra*, sino *āgama*, *saṃhitā*, *yāmala*, etcétera. En suma, igual que un libro con ese título no necesariamente es un *tantra*, lo contrario también es cierto: un *tantra* no necesariamente es un texto con esa denominación.

Al mismo tiempo, numerosos testimonios indican una asociación ya no con cualquier doctrina, sino con una doctrina en particular, es decir, testimonios del uso técnico que aquí nos concierne. De hecho, algunos son relativamente tempranos y han servido para fechar los orígenes de esta tradición. Destacan una inscripción en piedra del siglo v localizada en Gangadhar, Rajastán, y un pasaje en el drama sánscrito *Kādambarī*, escrito

7. Véase Pāṇini, *Aṣṭādhyāyī* 7.2.9; también 5.2.70, donde se explica el término afín *tantraka*.

por Bāṇabhaṭṭa en el siglo VII.[8] En los dos casos resulta difícil precisar el sentido exacto de la palabra, pero su proximidad, en el primero de ellos, a deidades femeninas caracterizadas por su aspecto terrible y, en el segundo, a un excéntrico asceta que adora a la implacable diosa Caṇḍī y realiza encantamientos con mantras, remite de inmediato al mundo del Tantra, incluso si el tono es sarcástico o peca de estereotipado.

Pero ¿ofrecen tales testimonios razones puramente lingüísticas para comprender por qué esta palabra y no otra describe dicho fenómeno? No parece y, por lo tanto, la pregunta se impone de nuevo: ¿designaba el término un cuerpo diferenciado de doctrina y praxis religiosa? ¿En qué sentido? Desde la propia tradición, la respuesta es hermenéutica. Así, basándose en la antigua técnica de interpretación conocida como *nirukti,* varios textos explican la palabra sirviéndose de una simple asociación fonética entre el sufijo *-tra* y la raíz verbal *-trā,* 'salvar', 'proteger'. El análisis recoge además la raíz verbal *-tan,* 'desplegar', y así deduce que se trata de una enseñanza que se disemina o despliega con fines salvíficos, a menudo en el contexto de una época caracterizada por su acelerada degradación moral y espiritual (*kaliyuga*). Insuficiente desde un punto de vista filológico, la definición goza de una amplia estima.[9]

8. Véase respectivamente *Corpus Inscriptionum Indicarum*, vol. 3, pág. 76, líneas 35-36, y *Kādambarī* (*Pūrvabhāga*), págs. 338-339.

9. Varios textos tardíos recurren explícitamente a este análisis o lo evocan. Al parecer, la formulación más temprana pertenece al *Kāmikāgama* (1.1.29), una escritura de la tradición Śaivasiddhānta probablemente redactada en el siglo XII: «Se llama *tantra* porque dispensa abundantes frutos en lo que concierne a [la repetición de] mantras y los distintos

A esta sui géneris interpretación cabe añadir otra, también contextual, a partir de las acepciones verbales básicas de 'entretejer', 'desplegar', por un lado, y la de 'doctrina' o 'sistema', por el otro. Al respecto, la escuela lógica Nyāya nos ofrece un antecedente significativo. Por ejemplo, el comentarista Vātsyāyana (siglo v) afirma que *tantra* es «doctrina» (*śāstra*) en el sentido de «una explicación que agrupa varios componentes relacionados entre sí»;[10] Vācaspatimiśra (siglo IX) es aún más específico al establecer una correspondencia entre *tantra* y *pramāṇa*, análisis epistemológico.[11] Entonces, para estos autores *tantra* es 'doctrina' pero con un sentido restringido, no cualquier doctrina, sino una que «despliega» explicaciones y argumentos, es decir, una doctrina bien articulada. Detrás de esta lectura hay, pues, una implicación de género o al menos estilística.[12] ¿Tuvo en mente la tradición tántrica algo parecido al adoptar el término y la audiencia fuera de dicha tradición al reconocer el nexo entre dicha categoría y cierto tipo de doctrinas? ¿Se les llama *tantras* porque «entretejen» un conjunto de principios doctrinales y prácticos a fin de formar un todo coherente, solo que ahora de una índole muy distinta y en un contexto más bien esotérico? Eso es, por ejemplo, lo que parece evocar el *Guhyasamājatantra* cuando glosa *tantra* como *pra-*

---

planos de la creación, y porque otorga la salvación». Sobre la técnica *nirkuti*, véase más adelante la discusión sobre el significado de la palabra *bhairava* en nuestro texto, pág. 83 y ss.

10. *Nyāyasūtrabhāṣya ad* 1.1.26.

11. *Nyāyavārttikatātparyaṭīkā ad* 1.1.27.

12. A-P. Sjödin, «Conceptualizing Philosophical Tradition», pág. 542.

bandha, una urdimbre de enseñanzas esotéricas que sustenta el progreso espiritual del adepto.[13]

En todo caso, el hecho es que la palabra de ningún modo resuelve en una definición absoluta la enorme diversidad sectaria, doctrinal, cronológica o espacial que le es implícita; más bien funciona apenas como una flecha en cierta dirección. Frente a todos estos percances léxicos, para formarnos una imagen más nítida del sitio hacia el que apunta esa flecha resulta necesario seguir vías alternativas. La más socorrida –desde H.H. Wilson, el primer indólogo que hizo una descripción temática de algunos cultos tántricos, hasta esfuerzos más recientes como los de S. Gupta *et al*.–[14] ha sido revisar los contenidos de las obras que en términos generales es posible identificar como tantras, incluso si el vocablo no aparece, y organizarlos conforme a categorías recurrentes: mantras, iniciaciones, etcétera. El problema con esta estrategia, como ha insistido A. Padoux, es que casi todas estas categorías tienen una presencia en textos que no son tántricos; en el otro extremo, es difícil hallarlas todas juntas en un mismo texto.[15]

Además, incluso si existiera un ejemplar que cumpliera con todos los rasgos deseables, el hecho es que la visión tántrica descansa siempre sobre alguna otra religiosidad que le sirve

13. *Guhyasamājatantra* 18.34. Sobre esta lectura, véase H.B. Urban, *Tantra*, pág. 25.
14. Respectivamente en «Sketch of the Religious Sects of the Hindus» (1832) y *Hindu Tantrism* (1979).
15. Véase A. Padoux, «Concerning Tantric Traditions», pág. 11, y «What do We Mean by Tantrism?», pág. 18.

de telón de fondo: el culto a Śiva, el culto a Viṣṇu, el culto al Sol, una escuela budista o jaina, el movimiento devocional tamil, etcétera. Desde esta óptica, parece más sensato entender el Tantra, como propone el propio Padoux, en el sentido restringido de una dimensión o énfasis, una atmósfera o ámbito en el interior de una estructura religiosa más amplia, de la que depende;[16] la palabra remite, pues, a un cuerpo flexible de doctrina y práctica que se forja y desarrolla en el seno de otras tradiciones, respecto a las cuales a menudo funciona, de hecho, como un suplemento.[17] Así las cosas, el carácter elusivo del Tantra no se deduce tanto de su supuesta marginalidad o rareza, como creyeron los primeros indólogos a finales del siglo XIX y la primera mitad del XX, sino más bien de su compleja gradación, diversificación y expansión, sobre todo a partir de los siglos VII y VIII y hasta los siglos XI-XII, cuando se convirtió en un fenómeno integral en el paisaje religioso de la India e incluso en un producto de exportación.

Contamos con un último asidero lingüístico: el adjetivo *tāntrika*, empleado en las fuentes casi exclusivamente en conexión con el sentido que aquí nos concierne. Iluminador es asimismo el hecho de que no pocas veces se utilice con una connotación contrastante, en relación con otras estructuras sociales y religiosas. Varios testimonios confirman este me-

16. «Concerning Tantric Traditions», pág. 13.
17. El mejor ejemplo de esto tal vez sea la tradición tántrica budista, el Vajrayāna, representada en varias fuentes como un complemento respecto a las tradiciones canónicas del Mahāyāna y el Hīnayāna (véase D. Lopez, *Elaborations on Emptiness*, pág. 93).

canismo de autodefinición y, con ese fin, recurren a la emblemática oposición *vaidika-tāntrika*. De entrada, el contraste reconoce el carácter revelado de las escrituras tántricas. Como el Veda, el Tantra es *śruti*.[18] La idea, apenas mencionada, de que el Tantra brinda una salvación para los nuevos tiempos a menudo presupone también una relación que contrasta entre lo tántrico y lo védico, sobre todo a la luz de la extendida correspondencia entre revelación védica y edad de oro (*kṛta*), y revelación tántrica y edad de hierro (*kaliyuga*). Desde luego, desde la propia perspectiva tántrica, el contraste y su trasfondo cósmico-temporal encierran un halago: el Tantra es la revelación para los nuevos tiempos porque ofrece algo que los Vedas dejaron de ofrecer; la autoridad de estos compete al pasado no al presente.[19] La pregunta pertinente sería, entonces, ¿por qué la tradición védica, y en un sentido más amplio la tradición ortodoxa brahmánica, es imaginada como el otro de la tradición tántrica?

18. La referencia estándar, aunque bastante tardía y muy exigua, es el comentario de Kullūkabhaṭṭa (aprox. siglo XV) a *Mānavadharmaśāstra* 2.1: «Hay dos tipos de revelación: védica y tántrica». Cabe notar que esta oposición tendría un interesante paralelo en la tradición budista, que a veces emplea la palabra *tantra* contrastada con la palabra *sūtra*: mientras que esta designa el corpus canónico, caracterizado por enseñanzas exotéricas que establecen una progresión gradual hacia la iluminación, *tantra* designa el corpus de enseñanzas esotéricas diseñadas para alcanzar una iluminación instantánea. Desde luego, también hay importantes excepciones. La más notable opera en el interior de la propia tradición tántrica: algunos textos usan el adjetivo *tāntrika* para describir un tipo de religiosidad inferior en una jerarquía que tiene como criterio la oposición exotérico-esotérico. Véase por ejemplo el comentario de Jayaratha a *Tantrāloka* 1.6, donde son contrastadas las categorías *tāntrika* y *kaula* con esta connotación jerárquica.

19. Véase S. Gupta *et al.*, *Hindu Tantrism*, pág. 15.

Hasta esta interrogante nos conduce la exploración primaria de los términos básicos «tantrismo», «tantra» y «tántrico». A pesar de todas sus dificultades y equívocos, el resultado no es llanamente negativo. Asoma una dirección, un rumbo que seguir. Ese rumbo lo aporta de manera especial el adjetivo *tāntrika,* que nos invita a insertar el fenómeno tántrico en el paisaje religioso de la India antigua y, de manera particular, frente a la tradición brahmánica. Como intentaré mostrar, tal oposición ofrece los elementos contextuales más iluminadores para entender el Tantra, solventando así hasta cierto punto los cortapisas de la vía puramente lingüística.

3. El tantra en el paisaje religioso de la India antigua: *vaidika* versus *tāntrika*

Hacia los primeros siglos de la era común el paisaje religioso de la India había alcanzado una densidad sin precedentes. De un lado, el budismo y el jainismo habían dejado de ser tradiciones compactas, y exhibían ramificaciones y vertientes, a veces con profundas diferencias entre sí; además, comunidades de fatalistas, materialistas y hedonistas difundían un discurso que sembraba dudas y suscitaba abominación. En el otro extremo, un amplio grupo de escuelas, doctrinas y disciplinas, tanto populares como doctas, defendían algún grado de filiación con la tradición védica y la ortodoxia brahmánica. Como se sabe, a este grupo heterogéneo se aplicó más tarde, de modo retroactivo, la categoría general de hinduismo y hoy solemos imaginarlo como un todo integral, sin fracturas ni discontinuidades. Sin embargo, durante el periodo al que aquí nos referimos, quizá sea más adecuado representar esa totalidad como una secuencia aglutinante de expresiones religiosas con una amplia franja de intercambio y sincretismo. Esto significa que las más nuevas cronológicamente no desplazan por completo a las anteriores. En general, esta coexistencia sucesiva y plural gira alrededor de la tradición sacrificial védica, concebida como fuente de autoridad, incluso en medio de la crítica o la división. Así sucedió, por ejemplo, con el gran movimiento ascético, a todo lo largo de la segunda mitad del primer milenio antes de la era común. De ese movimiento nacieron el budismo y el jainismo, provocando un cisma definitivo; sin embargo, el grueso del movimiento, aunque originalmente surgió también como una alternativa al ritualismo brahmánico, logró perpetuarse gracias a su paulatina adhesión a la tradición védica, que a su vez debió desarrollar estrategias para acoger y asimilar las nuevas tendencias religiosas, y de ese modo perpetuarse a sí misma sin perder hegemonía. Es un mecanismo hasta cierto punto paradójico: con cada nuevo brote de crítica, innovación y, finalmente, asimilación, la hegemonía brahmánica consigue expandir su autoridad y relegitimarse. Por otro lado, las nuevas inquietudes obtienen un espacio de acción que disimula el conflicto, pero a cambio deben ceder ante una visión ordenadora del mundo con importantes restricciones en el terreno social e individual. Este complejo intercambio enmarca la sucesiva brahmanización de las religiones indias, en particular, repito, aquellas que hoy englobamos bajo la categoría «hinduismo».

Como en cualquier otra cultura, las restricciones asociadas con este proceso de brahmanización cobraron forma a través de códigos y normas que clasifican la realidad no de manera neutral o con la participación de la sociedad entera, sino basándose en los valores que una élite asume de antemano. De esa decisión se derivan tanto el orden que otorga certidumbre e identidad, como todo lo que existe fuera de ese orden, es decir, todo aquello que tiende a sustraerse al control y la normalización.

En la India antigua, esa oposición fue articulada alrededor de dos principios básicos: pureza e impureza (*śuddhi-aśuddhi*). La necesidad de salvaguardar la estabilidad y proteger lo propio frente a lo ajeno se manifiesta, por lo tanto, en estrategias diseñadas para purgar, exorcizar o inhibir la amenaza de lo impuro, sobre todo en dos frentes: el erótico y el mortuorio. Como se sabe, tales estrategias fueron primariamente de índole ritual. Desde ese espacio, sin embargo, acabaron influyendo en todos los campos de la existencia. Al respecto destaca, por supuesto, el sistema de castas y edades de la vida (*varṇāśramadharma*), sin duda el mecanismo de hegemonía brahmánica con mayor penetración y perdurabilidad. Dicha institución sitúa a los brahmanes en la cima en virtud precisamente de su papel como guardianes de la oposición puro-impuro y, por lo tanto, de la estabilidad cósmica y social. La prerrogativa se fundamenta, además, en el hecho de que ellos son el instrumento para la purificación del resto de los estamentos, situados en niveles de menor pureza según su dignidad y rango.

Una visión similar determina las otras facetas de la vida, en particular momentos críticos como el nacimiento y la muerte, el matrimonio y la procreación, o realidades especialmente susceptibles de contaminarse como el cuerpo y todas las sustancias asociadas con él. Se trata, pues, de una ortopraxis con tentáculos en todos los ámbitos, que limita la capacidad de acción y de cuya observancia depende el mérito personal y, por lo tanto, el destino en el más allá. La complejidad que alcanzó el modelo pronto demandó una disciplina ancilar especializada. Fundada en prescripciones derivadas directa o indirectamente de la revelación védica, esa disciplina es la ciencia sobre el *dharma* (*dharmaśāstra*), a veces simplemente llamada «tradición» (*smṛti*). Un vistazo al clásico en la materia, el *Mānavadharmaśāstra,* redactado entre los siglos II y III de nuestra era, evidencia la centralidad del patrón puro-impuro para la construcción de la identidad sociorreligiosa ortodoxa. El rigor prescriptivo y purificatorio que el texto despliega sección tras sección es proporcional al acecho y la presión que ejercen permanentemente las fuerzas de lo impuro.[20] De hecho, el asunto puede plantearse al revés, desde la perspectiva de esta omnipresencia implícita: la vida es en esencia impureza

20. Particularmente ilustrativo es el libro undécimo, dedicado al tema de los «castigos» y «penitencias» (*prāyaścitta*), a los que debe someterse la «persona que no lleve a cabo las acciones prescritas, realice actos prohibidos y sea afecto a los objetos de los sentidos» (11.44).

porque es en esencia degradación y muerte. Y si la amenaza es permanente, entonces el esfuerzo para contrarrestar o demorar su pernicioso efecto debe ser también tenaz. La ubicuidad del binomio puro-impuro exige, pues, una inaplazable actitud vigilante hacia lo prohibido, una atención fundada necesariamente en una experiencia de temor y duda que la propia cúpula brahmánica induce como mecanismo de afirmación. Como bien ha señalado P. Olivelle: «Socializar presupone prestar atención, presupone ansiedad: *śaṅkā*. La finalidad de las reglas de pureza es provocar ansiedad, pues esta induce una atención acrecentada a los límites que supuestamente protegen dichas reglas».[21]

En un principio, este esfuerzo vigilante que aspiraba a crear una esfera libre de impurezas, tanto en este mundo como en el más allá, cobró la forma de una ritualización de la vida entera. He aquí, desde luego, el fundamento de la antigua escatología védica. Sin embargo, con el esplendor del movimiento ascético, fue necesario actualizar la estrategia. La fragilidad de la existencia ante la obstinada presencia de lo impuro exigía ahora un remedio más radical: la máxima pureza solo podía alcanzarse si en última instancia se trascendía la temporalidad y el cambio, más allá del binomio vida-muerte, ahora concebido como una rueda insensible, el *saṃsāra*. A partir de entonces, la pureza

21. P. Olivelle, «Caste and Purity», pág. 214. Véase asimismo A. Sanderson, «Purity and Power among the Brahmans of Kashmir», pág. 199 y n. 69, y más recientemente R. Torella, «Purity and Impurity in Nondualistic Śaiva Tantrism», págs. 9-12.

absoluta quedó reservada a la liberación (*mokṣa, mukti*), un estado por definición atemporal.

Cualquier nueva oferta religiosa debía, pues, delinear su agenda frente a este veredicto. Así, varias tradiciones afrontaron la angustia sumando sus postulados a los de la visión ortodoxa. Algunas lo hicieron convencidas, por ejemplo las distintas vertientes del Vedānta; otras, en cambio, lo hicieron más bien por conveniencia, para evitar el rechazo, por ejemplo el Sāṅkhya. El hecho es que las premisas filosóficas de todas estas escuelas se fundamentan en la misma dicotomía, pero planteada en términos más abstractos. El horror a la finitud y el cambio se traduce en una condena del individuo en sus componentes psicofísicos más elementales, a su vez contrastados con una conciencia impersonal e inmutable. El contraste fue articulado en clave dualista en el Sāṅkhya; en clave monista en el caso del Vedānta. Dos respuestas a un mismo paradigma: el Sāṅkhya entiende lo impuro como materia inconsciente (*prakṛti*); el Vedānta como ilusión (*māyā*); en ambos casos, el rechazo abarca la plenitud del ser: la corporalidad, la vida mental, el deseo, el sentimiento. La pureza filosófico-religiosa es lo que yace más allá de todo esto, un principio por definición indescriptible y aun aporético: el *puruṣa* del Sāṅkhya, el *ātman* del Vedānta.

El cuadro se torna más complejo apenas nos asomamos al otro lado de la sucesiva reiteración del paradigma brahmánico puro-impuro según las variantes sacrificial y ascética (y más tarde también yóguica), todas ellas de índole más bien escolástica. Y es que a la par de todas estas expresiones fue prosperando una religiosidad más popular, centrada en el culto personal a deidades como Viṣṇu, Śiva y la diosa, cada una con un sinfín de advocaciones. Textualmente visible en narrativas épicas y ciclos de mitos, este incipiente teísmo acabó dando forma a una vigorosa tradición con una identidad propia. Hoy conocida en general como la *bhakti*, esta religiosidad popular produjo nuevos intercambios y sincretismos, incluso más allá del horizonte sánscrito. Como nunca antes, la hegemonía brahmánica sintió la presión de elementos originalmente del lado de lo impuro y con ese fin debió echar a andar estrategias de integración más arduas.

A este panorama de suyo complejo, en particular en el seno del proliferante teísmo y hasta cierto punto desde la periferia de la identidad ortodoxa, se sumó una opción más. Hoy llamamos Tantra a ese fenómeno. Como vimos, pese a todas las dificultades léxicas asociadas con el uso de los términos clave *tantra* y *tāntrika*, en general es posible derivar de ellos una ruta fructífera de comprensión e interpretación. De acuerdo con las fuentes, esa ruta presupone un contraste con lo *vaidika*; es decir, define lo propio a partir de lo otro. Ahora contamos con más elementos para comprender la relevancia de ese otro. En realidad, el contraste se establece respecto al sustrato último de una identidad robusta y ubicua, la identidad brahmánico-ortodoxa. Podemos anticipar, por lo tanto, que el contraste necesariamente implica la adopción de una postura respecto al binomio puro-impuro, el núcleo de la visión *vaidika* de la realidad. ¿En qué sentido?

A. Sanderson ha reunido varios testimonios aleccionadores desde la propia perspectiva ortodoxa. En todos ellos, por ejemplo la glosa de Aparārka a la *Yājñavalkyasmṛti* o los tratados del célebre lógico Jayantabhaṭṭa (siglo IX), podemos escuchar la voz preceptiva condenando las prácticas y las creencias tántricas, calificadas como inmorales y por consiguiente impuras.[22] A esto podemos agregar la construcción de todo un personaje literario blanco del escarnio y la injuria: de manera rutinaria, poemas y dramas presentan al *tāntrika* como un charlatán y un cínico, como un borracho y un adicto al sexo.[23]

La perspectiva tántrica nos permite completar el retrato. El siguiente pasaje del anónimo *Mahānayaprakāśa* (aprox. siglos XI-XII) es excepcional por su asombrosa franqueza para articular una identidad tántrica basada en una velada resistencia hacia el orden védico:

> En general todas las criaturas manifiestan una afición por el sexo, el licor y la carne, con la diferencia de que algunos [prefieren más] una cosa [que la otra]. Por lo tanto, si se les dijera que primero deben esforzarse por renunciar a todo esto, su mente jamás acogería una enseñanza así. Puesto que la mente humana se dirige a tales objetos

22. «Purity and Power among the Brahmans of Kashmir», en especial pág. 208, n. 2; pág. 211, n. 61.

23. Aunque usa el término *tantra* y no *tāntrika*, el pasaje en la *Kādambarī* de Bāṇabhaṭṭa, aludido páginas atrás, es ilustrativo (véase nota 8). Pero los ejemplos abundan. Vienen a la mente por su patencia el *Mattavilāsa* (en especial estrofas 5, 6 y 7), farsa en un acto atribuida al rey Mahendravarman (siglo VII), o las sátiras de Kṣemendra (siglo XI), por ejemplo *Deśopadeśa* 8.2-51, *Narmamālā* 2.100-3.86 y *Samayamātṛkā* 2.

> desde hace cientos de vidas previas es muy difícil apartarla de ellos, tal como [es difícil apartar] a una vaca vieja de los sembradíos. Todos coinciden en ello, de modo que renunciar a tales cosas es muy difícil y solo provoca enfado hacia el preceptor. En cambio, si la primera enseñanza fuera deleitarse en los placeres, todo el mundo la abrazaría con fe desde el principio.[24]

El consentimiento de sustancias como el alcohol y la carne, la afirmación del deseo y la inclusión de cualquier persona sin importar género o casta conforman en el fondo una disputa simbólica con el modelo ortodoxo. A la luz del antagonismo normativo puro-impuro, no es difícil adivinar que se trata de realidades particularmente delicadas: la dieta, la sexualidad, la división social. Así pues, recomendar por ejemplo el consumo de alcohol tiene una implicación más profunda que simplemente abrazar una práctica concreta: escenifica el acto concreto de resignificar ritualmente la realidad de tal manera que se afirme lo que otros niegan o excluyen. Si el ritual védico escenifica de manera simbólica la oposición puro-impuro a la que el sujeto debe someterse para obtener legitimidad, el Tantra responde también con una escenificación ritual, pero en una dirección distinta, de mayor autonomía. El asunto puede redondearse con una estrofa de nuestro texto: «Lo que los hombres de conocimiento limitado prescriben como impuro es, desde la perspectiva *śaiva*, puro. De hecho, no hay pureza ni impureza.

24. *Mahānayaprakāśa* 9.4-8.

Así, libre de representaciones mentales, [el yogui] experimenta alegría».[25]

Con esta declaración de principios, el *Vijñānabhairava* responde a quienes tratan la pureza y la impureza como cualidades intrínsecas, aunque invisibles, de las cosas. En suma, como en muchas otras escrituras tántricas, el énfasis en restarle importancia al binomio puro-impuro hasta el extremo de la nulidad, indica, como apunta R. Torella, un profundo acto de conciencia respecto a su centralidad para la hegemonía brahmánica; no es una desavenencia con una creencia más, sino con el fundamento mismo de cualquier creencia.[26]

Ahora bien, no hay que olvidar que en muchos casos la disensión fue esgrimida por brahmanes y, por lo tanto, el contraste *vaidika-tāntrika* no se reduce a simple ruptura o rechazo. La transgresión opera más bien desde adentro y a menudo presupone niveles progresivos de enseñanza, desde los más básicos y exotéricos (lo védico) hasta los más especializados y esotéricos (lo tántrico). En este sentido, como afirmara M. Biardeau, el Tantra puede entenderse como una apropiación de la tradición en clave esotérica.[27] Entonces, hablamos más bien de brahmanes que objetivaron su identidad y la analizaron con sentido crítico hasta concluir que sin una reconfiguración radical esta no podría escapar al mal del *saṃsāra*, al menos no en el sentido

25. *Vijñānabhairava* 120.
26. R. Torella, «Purity and Impurity in Nondualistic Śaiva Tantrism», pág. 10.
27. *L'hindouisme*, pág. 164: «[El Tantra] no inventa nada, más bien hace suyos los valores canónicos, pero los invierte al releer la tradición en clave esotérica».

más profundo. Su lógica fue considerar la identidad brahmánica fundada en el contraste puro-impuro también como una impureza, como una forma de atadura; consentir que pureza e impureza son cualidades intrínsecas permite controlar la realidad y da acceso a una vida ortodoxa, pero necesariamente nos priva de algo y, por lo tanto, indica una falta de autonomía: es un signo de impotencia.[28] Para alcanzar la verdadera identidad es, pues, necesario renunciar a tal consentimiento, y lo prohibido es el medio idóneo para lograrlo, al menos en principio.

Como es de esperar, esta postura tuvo profundas implicaciones teóricas. Quizá la más inmediata es la que tiene que ver con la meta última. ¿Qué repercusiones soteriológicas trajo la crítica tántrica al contraste puro-impuro? Como vimos, el modelo ortodoxo imaginó el ideal de pureza como una supresión de la temporalidad y la acción en pos de un absoluto impersonal; por su parte, los cultos a Śiva y a la diosa, los principales caldos de cultivo del Tantra, respondieron abogando por una inusitada complementariedad entre la meta soteriológica tradicional, la liberación (*mokṣa, mukti*), y otro tipo de logros, sobre todo poderes sobrenaturales (*siddhi*) y satisfacciones mundanas (*bhoga, bhukti*).

En un sentido general, esto apoya la opinión popular de que el Tantra tiene como sello distintivo una reconciliación entre la salvación y el deseo, y más exactamente una resignificación positiva del deseo que vuelve obsoleto el sendero de la

28. A. Sanderson, «Purity and Power among the Brahmans of Kashmir», págs. 198-199.

renunciación y la exclusión. Empero, insisto, las implicaciones teóricas son más hondas y afectan a temas tan importantes como la temporalidad, la capacidad de acción o la corporalidad. Destacan las siguientes por su vínculo con el *Vijñānabhairava*. En primer lugar, a la búsqueda ortodoxa de pureza filosófica y teológica –el ser inactivo–, el Tantra opone la propiciación de un absoluto que sin cesar deviene pluralidad y cambio, la expresión más tangible de su soberanía. Este impulso hacia la inmanencia fue además articulado teológicamente como el aspecto femenino de la deidad, como su potencia o energía (*śakti*). Tal articulación fue posible por la confluencia histórica de los cultos a Śiva y a la diosa, los dos grandes ámbitos del Tantra. En términos metafísicos, esto significa que Śiva se define como *śaktiman*, literalmente 'aquel que posee śakti', atributo que subraya su poder de acción, su voluntad para manifestar y controlar el universo a través de su energía. En términos prácticos, la proximidad de ambos principios dio realce a esa energía, ahora concebida como una advocación de la diosa, como el medio idóneo para alcanzar a Śiva. Así, basándose en un complejo patrón de asociaciones simbólicas entre la divinidad, el cosmos y el aparato psicocorporal, las diversas disciplinas tántricas buscaron actualizar este conjunto de premisas básicas en el individuo mismo. He aquí, pues, una implicación más del énfasis tántrico en la inmanencia: si el cosmos está colmado de energías y puesto que existe una correspondencia entre cosmos y cuerpo, entonces el individuo es también el punto de encuentro de un sinfín de fuerzas que deben ser gratificadas y afirmadas. De este modo, el hombre aspira a convertirse él mismo en *śaktiman*, el señor de sus energías, y de ese modo a identificarse con la divinidad. Esto significa, para decirlo con R. Torella, que el sujeto liberado «no es tal porque haya abolido el mundo de la manifestación –sopor del que finalmente se ha despertado, como quieren las teologías ortodoxas–, sino porque ha aprendido a vivirlo como la forma real en que se manifiesta libremente la divinidad-energía».[29] El *tāntrika* apuesta así por un sendero más sutil que el de la mera oposición sustancia-cambio (espíritu-materia en el Sāṅkhya, ser-ilusión en el Vedānta), pues debe entrenar su atención para aprehender no objetos estables, sino energías en continuo movimiento, no esencias fijas, sino el vacío que medra entre estas, y con ese fin debe volverse a los fenómenos que mejor ponen en escena este flujo circular de energía: la respiración, la percepción, la pasión amorosa.

En un tono más filosófico, el desmantelamiento de la identidad brahmánica ortodoxa supuso necesariamente una crítica a la percepción de las cosas desde afuera, como si el mundo fuera externo a la conciencia. En este contexto, el discurso tántrico alcanza sus expresiones más sofisticadas en la obra de exegetas como Somānanda, Utpaladeva o Abhinavagupta, artífices de una teoría que ve en la persona y el cosmos realidades en el interior de una única conciencia omnipotente. Empero, incluso en el fondo de estos desarrollos escolásticos se agita la ruptura primordial respecto al binomio excluyente puro-impuro.

29. R. Torella, «Prólogo», en A. Padoux, *El Tantra*, págs. 18-19.

De esa ruptura depende, pues, la posibilidad de vivir sin duda ni ansiedad (*śaṅkā*), «la duda que el orden brahmánico se empeña en divulgar en todos los estratos de la sociedad india como elemento básico de su proyecto hegemónico».[30] En efecto, varias escrituras tántricas definen la duda como el sello distintivo de una existencia contraída (*saṅkoca*) o lánguida (*glāni*), sometida al peso de lo prohibido, y constantemente llaman a ir más allá, hacia un estado de confianza plena y expansión (*vikāsa*),[31] un indicio más de que la identidad *tāntrika* se edifica sobre el contraste con lo *vaidika*.

Tras explorar dicho contraste y, a través de él, formarnos una mejor idea de lo que es el Tantra y el lugar que ocupa en el paisaje religioso de la India antigua, conviene ofrecer ahora algunos detalles acerca de su trayectoria histórica, desde el caldo de cultivo del ascetismo *śaiva* hasta la configuración de una identidad propiamente tántrica a través de la propiciación de deidades femeninas. Esta secuencia nos permitirá delinear con coordenadas más precisas la posición de nuestro texto y, en consecuencia, su apuesta doctrinal y práctica, así como su importancia respecto al fenómeno tántrico y la religiosidad india.

30. R. Torella, «Purity and Impurity in Nondualistic Śaiva Tantrism», pág. 13.
31. Particularmente ilustrativa es la articulación teórica de esta postura en Abhinavagupta, *Tantrāloka* 15.595-601, así como la de su comentarista Jayaratha en *Tantrālokaviveka ad* 13.198. Véase asimismo *Parātriṃśikāvivaraṇa*, pág. 222.

4. Orígenes y desarrollo: del ascetismo *śaiva* al culto tántrico a la diosa

Con el fin de ofrecer una ruta expositiva y de ese modo compensar parcialmente la ambivalencia léxica que rodea a nuestro tema, en las páginas anteriores hemos cedido ante un criterio general, la contraposición *tāntrika-vaidika*. Sin embargo, la concesión de ningún modo elimina la heterogeneidad que caracteriza al fenómeno tántrico, ni pretende imaginarlo en abstracto, sin una historia propia. Funciona apenas como hilo conductor a través de una plétora de expresiones; el Tantra posee una historia y, como en toda historia, en ella participan un amplio número de agentes y audiencias. Más aún, como mencioné, su asombrosa maleabilidad respecto al paisaje religioso de la India antigua gradualmente lo convirtió en un fenómeno extendido. La pregunta se impone: ¿por dónde comenzar? Como también adelanté, en general los especialistas parecen inclinarse por dos caldos de cultivo particularmente favorables: los cultos al dios Śiva, y los cultos a deidades femeninas, ambos enmarcados en el creciente teísmo popular de los primeros siglos de la era común. Este doble ámbito de germinación tendría un impacto definitivo en el desarrollo de muchas otras corrientes tántricas: la *vaiṣṇava o Pāñcarātra,* la solar o Saura, la budista, la jaina,[32] la tradición de los yoguis *nāth,* así como

32. En su extenso artículo «The Śaiva Age», A. Sanderson ha estudiado el impacto que el Tantra *śaiva* tuvo sobre todas estas tradiciones, y luego de manera más tematizada sobre

algunas menos conocidas, por ejemplo las asociadas con los Gāruḍatantras, consagrados a curar la mordedura de serpiente con mantras y otros remedios mágicos, y los Bhūtatantras, sobre exorcismos contra espectros. El consenso resulta además pertinente en relación con nuestro texto, el *Vijñānabhairava*, que directamente bebe de ambas líneas de desarrollo. Desde luego, reducido el asunto a este par de opciones, el dilema persiste respecto a cuál otorgar mayor prioridad. En general, los especialistas parecen favorecer los cultos *śaivas* como punto de partida. Sin embargo, no hay que olvidar que hablamos de un desarrollo paralelo y, al final, como veremos, de una convergencia. De hecho, el culto a la diosa acabó insertándose en las tradiciones *śaivas* como un revulsivo de camino a una identidad propiamente tántrica, y en ese sentido se trata de una expresión religiosa igualmente decisiva.

Pero ¿por qué fue alrededor de Śiva donde se dieron las condiciones para cuestionar las instituciones religiosas y sociales brahmánicas, y en última instancia el paradigma que les da sustento: la división puro-impuro? La palabra *śiva*, 'clemente', comenzó a usarse como nombre propio en el entorno teísta de los primeros años de la era común. Antes de eso, sin embargo, sirvió como epíteto de Rudra, el dios védico del infortunio. Śiva heredó así tanto el carácter intempestivo, destructor y marginal de su predecesor, el dios al que es necesario apaciguar a fin

el budismo y el jainismo tántricos, respectivamente, en «Vajrayāna», en especial págs. 92-96, y «The Jaina Appropriation and Adaptation of Śaiva Ritual», en especial págs. 2-4.

de que muestre su lado benevolente, como su parafernalia: el cabello enmarañado, la indumentaria de piel de animales salvajes, la montaña como hábitat natural.[33] Al mismo tiempo, los primeros siglos de la era común vieron el nacimiento de una nueva personalidad. Rudra-Śiva deja de ser un dios secundario o incluso advenedizo, y es presentado como el señor supremo (*maheśvara*), sin par, por encima incluso de *brahman,* el absoluto, y al mismo tiempo como el creador y el protector universal en virtud de sus poderes soberanos (*īśanī*)*;* en un tono más personal, es el dios que dispensa su gracia (*prasāda*) y destruye el *saṃsāra* a cambio de una devoción genuina (*bhakti*).[34] Esta incipiente articulación teológica de Rudra-Śiva, acentuada en textos como el *Mahābhārata*, fue paralela al surgimiento de una tradición devocional laica inspirada en la antigua escatología védica. El fiel que venera a Śiva, que respalda la creación de templos e instituciones, y que apoya a la comunidad de devotos, puede esperar bienestar en esta vida y al morir viajar al mundo de Śiva (*śivaloka, śivapura*), desde donde regresa a este plano en una encarnación favorable.[35]

La imagen del *śaiva* piadoso que cumple la observancia ortodoxa se repite en el laberíntico corpus de los Purāṇas, en especial en aquellos textos con una conexión temática con el dios (*Skandapurāṇa, Liṅgapurāṇa, Śivapurāṇa,* etcétera). Al mismo

33. Véase *Ṛgveda* 1.114, 2.33 y 7.46.
34. *Śvetāśvataropaniṣad* 3.2-3.11; también 4.12-15 y 6-21.
35. Véase A. Sanderson, «Śaiva Texts», págs. 10-11.

tiempo, sin embargo, estos documentos indican, no siempre con anuencia, la presencia de otro tipo de *śaivas*, cuyas prácticas sugieren innovaciones respecto a la ortopraxis, y, por lo tanto, constituyen una línea de desarrollo clave para nuestra comprensión del Tantra. Esa línea se presiente asimismo en algunos episodios mitológicos que insisten en caracterizar a Śiva como una deidad antinómica, impredecible y ambivalente. Al respecto, la imagen que mejor lo retrata es sin duda la del «asceta erótico», como lo bautizó W. Doniger. En ambos terrenos, ascetismo y erotismo, el ingrediente esencial es un exceso que no admite medias tintas. De un lado, casto y célibe hasta el extremo de castigar el incesto; del otro, voluptuoso y promiscuo hasta el extremo de cometer incesto; permanece impávido ante los avances de las mujeres o las seduce con descaro; destruye el deseo o lo inflama; nadie como él para retener el impulso sexual o para derramarlo; la iconografía lo imagina abstraído en meditación o bien en su forma fálica (*liṅga*).[36] Desde luego, su asociación simbólica con la polaridad ascetismo-erotismo puede plantearse en términos más abstractos. Śiva reúne los contrarios: es mitad hombre y mitad mujer, ocultamiento y gracia, permanencia y cambio, trascendencia y manifestación,

Una personalidad así no podía pasar desapercibida por el orden brahmánico. En particular, varios episodios míticos que se conectan entre sí hablan de una añeja rivalidad, con fuertes connotaciones sexuales en algunas versiones, con Prajāpati,

36. W. Doniger, *Śiva*, págs. 112-115.

primero, y después con el dios policéfalo Brahmā, es decir, las divinidades que presiden sobre la cultura védica.[37] Además, tal como indican varias fuentes, el antagonismo se remonta a la exclusión del propio Rudra del sacrificio.[38] En uno de esos ciclos míticos, molesto a causa de los desplantes de soberbia de Brahmā, Śiva se transforma en un falo de luz (*jyotirliṅga*) que se extiende sin fin en ambas direcciones, arriba y abajo: imagen perfecta de una superioridad al mismo tiempo patente e inasible. A fin de determinar la fuente de esta prodigiosa columna luminosa, Viṣṇu se abisma en las profundidades de la Tierra, de donde regresa con las manos vacías para reconocer con humildad y devoción la grandeza de Śiva; Brahmā, por su parte, emprende el viaje hacia las alturas y aunque su misión tampoco tiene éxito, herido en su amor propio decide cerrar el asunto declarando que la columna termina en el cielo. Al escuchar la mentira, Śiva monta en cólera, se desdobla en Bhairava, su forma terrible, y sin más, con una uña, le corta una cabeza al insolente dios. Puesto que Brahmā es el arquetipo de la casta sacerdotal, este acto equivale a asesinar a un brahmán (*brahmahatyā, brahmavadha*), el peor crimen –la máxima impureza– según los códigos tradicionales. El propio mito confirma los preceptos canónicos al contarnos que para expiar su falta –recuperar su pureza– Bhairava debe deambular du-

37. *Ib.*, págs. 123-127.
38. Véase, por ejemplo, *Śatapathabrāhmaṇa* 1.7.4.1-17, y más tarde *Mahābhārata* 10.18.2-4.

rante doce años portando como estigma el cráneo de Brahmā como tazón para recibir dádivas.[39] Desde luego, puesto que la penitencia es decretada en el marco de un relato que exalta la eminencia de Śiva, no deja de ser ambivalente. A través de un acto transgresor, un acto impuro, el mito establece la superioridad de Śiva sobre Brahmā, y luego castiga ese acto como la única vía para recuperar la pureza, pero lo hace con un despliegue simbólico del acto transgresor: exhibir la muerte del orden brahmánico. Hay, pues, un paradójico nexo causal entre la sacralidad transgresora de Bhairava y su supremacía teológica y metafísica.

Así, en parte inspirados en este simbolismo, desde el interior del incipiente culto a Śiva algunos brahmanes comenzaron a reformular su fe en un tono más radical, con un fuerte componente ascético e iniciático, y con aspiraciones soteriológicas más ambiciosas. Este giro coincidiría con la emergencia propiamente de un culto a Bhairava, una figura ausente tanto en el corpus védico como en el *Mahābhārata*, y con un

39. Compárese con *Mānavadharmaśāstra* 11.73: «A fin de recuperar su pureza, quienquiera que asesine a un brahmán deberá construir una choza y vivir en el bosque durante doce años, se alimentará de dádivas y llevará como emblema un cráneo». Cabe destacar que esta y otras formas de expiación son prescritas para el asesinato accidental de un brahmán; el asesinato deliberado no tiene expiación (11.90). Véase asimismo Baudhāyana, *Dharmasūtra* 2.1.2-3, y Gautama, *Dharmasūtra* 22.4, entre otras fuentes. Al parecer, las versiones más antiguas de este episodio en particular pertenecen al *Śivapurāṇa* (3.8-9), *Kūrmapurāṇa* (2.31) y *Skandapurāṇa* (3.1.24), recogidas con un sinfín de variantes en textos posteriores. El lector puede hallar detalles sobre las distintas versiones, así como análisis iluminadores, en K. Ladrech, *Le crâne et le glaive*, págs. 54-83, S. Kramrisch, *The Presence of Śiva*, cap. 9, W. Doniger, *Śiva*, págs. 123-127, y E. Chalier-Visuvalingam, «Bhairava's Royal Brahmanicide».

posible origen tribal.[40] De hecho, algunas versiones del mito hacen explícito el lazo con estos *śaivas* disidentes, a los que llama precisamente *kāpālikas*, es decir, portadores del 'cráneo' (*kāpala*). Históricamente, este grupo señala la fase final de una secuencia más compleja de movimientos ascéticos que se habría desarrollado entre los siglos II y VII, y cuya lógica doctrinal y práctica también remite al acto de poner en escena y abrazar lo impuro como una forma de trascendencia. Así, mientras que el primero de esos movimientos, los Pāśupatas o «seguidores de Paśupati», una advocación de Śiva, estaba formado por brahmanes que «debían evitar las castas bajas y a las mujeres»[41] y se veían a sí mismos dentro de la esfera védica, la apuesta de grupos posteriores indica un mayor distanciamiento. Entonces, si bien es cierto que los Pāśupatas abrazan una lectura esotérica de la tradición y exhiben una conducta que se desvía de las normas sociales, por ejemplo al embadurnarse el cuerpo con cenizas, realizar actos indecentes o fingir demencia e imbecilidad, la lógica de su proceder, como ha mostrado A. Sanderson, sigue siendo sacrificial y, en ese sentido, ortodoxa, solo que puesta al servicio de un nuevo ideal soteriológico: ya no una estancia temporal en el mundo de Śiva, sino una liberación definitiva (*mukti*). A esa meta responde la necesidad de atraer el insulto verbal y físico como vehículo para transferir

40. Véase E. Chalier-Visuvalingam, «Śiva und seine Manifestationen als Bhairava», pág. 71.
41. *Pāśupatasūtra* 1.13.

sus faltas (*pāpa*) a los ofensores y, a cambio, apropiarse de sus méritos (*sukṛta*).[42] En fases posteriores, la exploración de estas y otras prácticas buscó en cambio crear una resistencia más explícita hacia la ortodoxia y con una mayor conciencia de su marginalidad. Entonces, el segundo gran movimiento de ascetas *śaivas*, el de Lākulas y Kālamukhas, adopta por primera vez la «observancia del cráneo» o «gran observancia» (*kapālavrata, mahāvrata*) en el afán de lograr una identificación plena con Bhairava; y en ese contexto incrementa en número e intensidad el contacto con sustancias impuras y exagera la parafernalia mortuoria. A nivel doctrinal, emerge además una visión más dinámica del cosmos que claramente apunta a una integración de lo atemporal y lo finito: mientras que los Pāśupatas se contentan con el modelo del Sāṅkhya, al que solo añaden a Rudra en la cima, ahora tenemos planos sucesivos de realidad (*bhuvanādhvan*), cada uno gobernado por una manifestación del propio Rudra, un elemento clave para el surgimiento de la cosmovisión propiamente tántrica.[43]

De este modo arribamos al movimiento de los ya mencionados Kāpālikas, cuya distancia respecto a la ortodoxia los sitúa de manera deliberada fuera de la esfera védica. Esto significa que, en su caso, la imitación explícita del dios Bhairava presupone enseñanzas y ritos que establecen el inicio de una

42. *Pāśupatasūtra* 3.5-6. Véase A. Sanderson, «Śaivism and the Tantric Traditions», pág. 665.
43. A. Sanderson, «The Lākulas», pág. 193.

religiosidad *śaiva* propiamente tántrica. De hecho, los límites son difusos, como varios textos insinúan al emplear como sinónimos los términos *kapālin* y *tāntrika*.[44] En todo caso, lo que ahora observamos es un uso ritual de sustancias prohibidas mucho más explícito y mayores implicaciones de carácter sexual.[45] Más importante aún es la reformulación de la cosmología *śaiva* en clave femenina: los múltiples planos de realidad están gobernados ya no por Rudras, sino por deidades femeninas, concebidas como emanaciones del propio Śiva-Bhairava. Estas potencias van a ser asociadas con la búsqueda de estados de posesión (*āveśa*), el medio idóneo para alcanzar la liberación (*mukti*) y, además, para obtener toda clase de poderes mágicos (*siddhi*), en especial de orden apotropaico, un componente idiosincrásicamente tántrico. En suma, la conexión entre el ascetismo *kāpālika* y el Tantra tiene que ver con la paulatina convergencia entre los cultos a Śiva y los cultos a la diosa en una dirección muy precisa. Por lo tanto, antes de seguir adelante, conviene decir algo sobre la historia del culto a deidades femeninas en la cultura sánscrita.

El panteón védico incluye varias diosas; destacan: Uṣas, la diosa del amanecer, íntimamente asociada con el antiguo imaginario solar indo-iranio; las diosas telúricas Pṛthivī y Sītā, y la diosa de las aguas Sarasvatī; diosas enigmáticas y temidas

44. J. Törzsök, «Kāpālikas», pág. 359.
45. Para los detalles sobre el estilo de vida, parafernalia y ceremonias de los Kāpālikas, con especial énfasis en el voto de portar un cráneo a fin de hacer explícita su adhesión a la figura de Bhairava, véase D. Lorenzen, *The Kāpālikas and Kālāmukhas*, cap. 3.

como Nirṛti y Rātrī, y diosas abstractas como Aditi y Vāc. Empero, esta presencia plural fue siempre secundaria en comparación con las deidades masculinas, sobre todo en el contexto del sacrificio, el núcleo de la religiosidad védica. Ninguna de ellas dio pie a un culto personal, ni participó en la construcción de una divinidad femenina única. Estas dos cosas emergen textualmente varios siglos después en el *Mahābhārata* y los Purāṇas, las mismas fuentes que delatan el desarrollo de los cultos a Śiva y en general de la *bhakti*. Este entorno más favorable potenció, en primera instancia, la potestad múltiple de las diosas védicas, cuyo valor debe pues calibrarse con perspectiva, como antecedente de nuevas expresiones. Así, las diosas rigen ahora sobre el mundo natural, tanto en sus aspectos luminosos como sombríos; acogen el sentimiento y la devoción, y dan voz, sobre todo a través de la mitología, a identidades sexuales paralelas. Como es de esperar, en varios casos, esta pluralidad es representada como ambivalencia: algunas, como Śrī-Lakṣmī, son benévolas y generosas, y encarnan el ideal de maternidad y la vida doméstica; otras, en cambio, son independientes y guerreras, como Dūrga; pueden ser exaltadas por su docilidad o por su espíritu combativo e iracundo; la diosa simboliza refinamiento cultural, elocuencia e inspiración, como Sarasvatī, pero también disidencia y alteridad, como la temible Kālī.[46]

Y también en los Purāṇas hallamos los primeros esfuerzos para concentrar toda esa pluralidad y ambivalencia en una úni-

46. Véase D. Kinsley, *Hindu Goddesses*, págs. 3-5.

ca y gran diosa (*mahādevī*), trascendente y a la vez próxima, a la que convienen todos los atributos de la realidad última. Viene a la mente la diosa que exalta el *Devīmahātmya* (aprox. siglo VII), el documento más representativo sobre el tema, incluido en el *Mārkaṇḍeyapurāṇa*. Desde luego, este esfuerzo de integración indica un proceso de aquiescencia y apertura desde la ortodoxia brahmánica. A un nivel doctrinal, dicho proceso sugiere además un desplazamiento hacia una visión más dinámica de la realidad, más próxima al mundo de la manifestación y el cambio, es decir, hacia la impureza conceptual. Al respecto, como anticipé, la noción clave es *śakti*, 'potencia', 'energía', una palabra también femenina, empleada asimismo como nombre propio, como el nombre de la diosa, la Śakti, de donde se desprende la denominación *śākta*, un seguidor de la diosa. Como también anticipé, se trata de un ingrediente esencial del horizonte tántrico, sobre todo en conexión con el impulso de los cultos *śaivas* a afirmar lo que otros excluyen, el impulso a resignificar el deseo y abrazar lo impuro. Esto explica la sociedad de Śakti con Śiva más que con cualquier otro dios. Desde luego, esa sociedad figura en fuentes no tántricas, a veces con otros nombres, a veces de manera muy sutil.[47] Sin embargo, sus implicaciones más profundas solo pueden explicarse a la luz del desarrollo de los cultos *śaivas* en la dirección de lo que

47. Un buen ejemplo es el último verso de *Abhijñānaśakuntalā*, donde el gran poeta Kālidāsa celebra el poder redentor de Śiva a partir de su unión con la «energía omnipresente» (*parigataśakti*).

hoy llamamos Tantra. Un mito también asociado con la rivalidad entre Śiva y Brahmā resume bien lo que queremos decir.

El episodio toca explícitamente uno de los motivos más antiguos de la mitología de Śiva-Rudra: su exclusión del universo ritual védico y su violenta respuesta a este repudio. El conflicto queda condensado en «la destrucción del sacrificio de Dakṣa» (*dakṣamakhamathana*), como a veces se conoce el mito completo.[48] Dakṣa es hijo de Brahmā y algunas versiones permiten incluso identificarlos;[49] es decir, representa la hegemonía sacerdotal y el orden fundado en la oposición puro-impuro. Es además el padre de la diosa Satī (después asociada a su vez con Pārvatī), quien se enamora perdidamente de Śiva. Estos datos mínimos preludian la misma consecuencia explosiva del mito paralelo que enfrenta a Brahmā y Bhairava, pero con un nuevo ingrediente, el ingrediente femenino. Así, el mito sitúa a Satī del lado de Śiva y en contra de su padre, para quien un asceta tan poco convencional –«un morador de los crematorios, de nacimiento y linaje innobles, un paria»–[50] es lo más lejano del marido que él imaginó para su hija. Pese a la opinión negativa de su padre, Satī contrae nupcias con Śiva, una unión que contradice la supuesta irreductibilidad de los polos ascetismo-erotismo. La pareja vive feliz en el Himalaya hasta que

48. Véase *Mahābhārata* 7.173, 10.18 y 12.274 para versiones tempranas del mito; *Śivapurāṇa* 2.27-37, para una versión posterior. El mejor estudio comparado de todas estas versiones sin duda sigue siendo A. Mertens, *Der Dakṣamythus in der episch-purānischen Literatur*.
49. W. Doniger, *Śiva*, pág. 128.
50. *Śivapurāṇa* 2.26.18.

se entera de que Dakṣa planea realizar un gran sacrificio al que están invitados todos los dioses, menos su yerno. Esta ofensa transforma la tensión en tragedia. En las versiones tempranas del mito, Śiva mismo monta en cólera y destruye el sacrificio de Dakṣa; en versiones posteriores, quizá para atenuar la afrenta, es Satī quien se torna iracunda y reclama a su padre. Este la desaira y, entonces, ciega de rabia, ella se inmola en el fuego. Furioso, Śiva envía hordas de demonios para que decapiten a Dakṣa, quien así se convierte en la víctima del sacrificio. En las versiones más tardías (siglos X-XI), casi todas de orientación *śākta*, Śiva toma entre sus brazos el cuerpo carbonizado de Satī y, sumido en un profundo estado de tristeza y delirio, danza con él por toda la India. El duelo se prolonga hasta el punto de poner en riesgo la estabilidad del cosmos. Viṣṇu decide intervenir y, sin que Śiva se percate, arranca parte por parte el cuerpo de Satī. Cuando no queda nada, Śiva recobra el sentido. Dispersos a todo lo largo del subcontinente y concebidos como concentraciones de śakti (*śaktipīṭhas*), los pedazos del cuerpo de la diosa conforman así una compleja geografía sagrada, íntimamente vinculada con centros de culto tántrico.[51]

De este modo, el mito sella la proximidad entre Śiva y la diosa, así como la razón de ser de su convergencia *vis-à-vis* el orden brahmánico; ambos representan realidades que es necesario domesticar en virtud de su empuje desestabilizador: son símbolos

51. Véase por ejemplo *Kālīkapurāṇa* 15-18, entre otros textos dentro del corpus de los Purāṇas «secundarios» o «ancilares» (*upapurāṇa*).

potenciales de lo impuro y, por ello mismo, poderosos. Sin embargo, como también enseña el mito, tal poder constituye la única vía para trascender o depurar la identidad brahmánica y todo lo que esta representa. Desde la perspectiva de esa posibilidad, Śiva debe desdoblarse en el despiadado Bhairava y ahora además aliarse a Satī, una presencia femenina concebida en un sentido muy específico: como energía inconmensurable y voluntariosa, capaz de avivar y expandir la impronta, de suyo disidente, del dios Śiva; en un contexto filosófico, esta presencia femenina permitirá además la articulación de un absoluto que, sin perder su condición trascendente, deviene mundo, movimiento y corporalidad.

Como vimos, esta paradójica complementariedad acontece por primera vez como estrategia explícita de oposición respecto a la hegemonía brahmánica en el seno de los Kāpālikas, y señala la vuelta de tuerca del ascetismo *śaiva* hacia la religiosidad tántrica. En este punto, la propia tradición nos ofrece una pauta para comprender tan importante giro. En un pasaje de la *Niśvāsatattvasaṃhitā,* reproducido después en otras escrituras, leemos que Śiva es la fuente de una secuencia concéntrica de revelaciones que permite establecer cualquier relación con la verdad, desde la más exotérica, por ejemplo la revelación védica, hasta formas cada vez más esotéricas. En el texto, las dos revelaciones superiores reciben los nombres de *atimārga*, 'el sendero más allá [de la observancia tradicional]', y *mantramārga*, 'el sendero de los mantras', así llamado no solo porque la repetición de mantras desempeña una cardinal función litúrgica y contemplativa, sino porque en un sentido más profundo en él se veneran deidades que poseen una identidad mántrica (*mantradevatāḥ*).[52] El *atimārga* comprende los movimientos ascéticos de Pāśupatas y Lākulas; el *mantramārga* corresponde a una vía aún más radical identificada propiamente con el Tantra.

El carácter culminante del *mantramārga* gira alrededor de dos elementos que aquí he subrayado y que solo pueden explicarse por una integración cada vez mayor entre los cultos a Śiva y los cultos a la diosa. Por un lado, la idea de que el principal atributo de la deidad es la omnipotencia; por el otro, la afirmación del mundo a través de una expansión de los frutos de la práctica más allá del ideal de liberación. Entonces, el *tāntrika* reconoce la omnisciencia divina, pero además reclama como atributo paralelo la omnipotencia, entendida sobre todo como un irrestricto poder de acción, lo que abre las puertas para que la actividad y la temporalidad puedan ser interpretadas más allá de su asociación exclusiva con el *saṃsāra*, lo impuro. Esta posibilidad desemboca en la otra novedad que caracteriza al *mantramārga* y lo aleja del *atimārga,* concentrado únicamente en la cesación del sufrimiento a través de la emancipación (*mukti*). Además de esta noble meta, el *mantramārga* otorga un valor especial al disfrute (*bhukti*) de este y otros planos de realidad, a los que entonces concibe afirmativamente.[53]

52. *Niśvāsatattvasaṃhitā* (*Niśvāsamukha*) 1.51-56. Véase asimismo *Svacchandatantra* 11.43-45. Los estratos más antiguos de la *Niśvāsatattvasaṃhitā* datan de los siglos V-VI, lo que le ha dado el honroso título del tantra más antiguo que se ha preservado.
53. A. Sanderson, «Śaivism and the Tantric Traditions», pág. 667.

No pasaría mucho tiempo antes de que todas estas innovaciones hicieran atractivo el «sendero de los mantras» más allá del círculo de brahmanes célibes que originalmente conformaba la base social del ascetismo *śaiva*. Observamos así una ampliación gradual de dicha base: de ascetas cuya iniciación conlleva una condición permanente a ascetas temporales a jefes de familia, y finalmente una apertura a todas las castas y las mujeres. Estamos en los siglos VII-VIII, en el súbito esplendor de lo que A. Sanderson elocuentemente ha llamado «la era *śaiva*». En unas cuantas décadas, este shivaísmo tántrico, con su esencial componente *śākta*, penetra todos los ámbitos de la vida religiosa y política india, obtiene el patrocinio de la realeza y sirve como plataforma para innovaciones similares en otras tradiciones, incluido el budismo y el jainismo.

Semejante éxito sería impensable, de nuevo, sin la orquestación de una estrategia de coexistencia jerarquizada. Ingredientes del *atimārga* o de la tradición védica, e incluso convenciones ordinarias, fueron reconfigurados de modo que ocuparan un sitio en ese modelo incluyente. Al mismo tiempo, hacia dentro, el modelo propició el desarrollo de expresiones cada vez más esotéricas y, por lo tanto, superiores. Así, de la plataforma del *mantramārga* se desprenden inicialmente dos tradiciones: la fundamental o común (*sāmānya*), conocida como Siddhānta, de corte dualista, mucho más sobria y menos transgresora, más centrada en Śiva y menos en Śakti, y la especializada (*viśeṣa*), subdividida a su vez en una amplia red de tradiciones esotéricas que da continuidad a la visión de los Kāpālikas.

En términos textuales, esta vertiente heterogénea es visible en lo que se conoce como los Bhairavatantras, las escrituras que articulan la revelación de Bhairava. Cabe notar, y esto es importante para entender la postura que va a adoptar nuestro texto, que en todos estos estratos escriturales persiste una identidad ritual e incluso un hiperritualismo, como gusta decir A. Sanderson, a menudo salpicado además de elementos contemplativos y yóguicos. Esta identidad yóguico-ritual tántrica, opuesta a la védica, enmarca, por lo tanto, las distintas estrategias para resignificar la dicotomía puro-impuro de camino a su disolución, así como la rehabilitación del deseo y la corporalidad. En esas estrategias, como hemos anticipado, ocupa un lugar preponderante el ingrediente *śākta*. De hecho, en cierta medida, las divisiones sucesivas dentro de la revelación de Bhairava responden a este criterio de preponderancia de lo femenino que conduce, en sus últimas fases, a las escrituras asociadas con el culto a las tres diosas, el sistema Trika (literalmente, 'la tríada'), la tradición en la que se inscribe directamente el *Vijñānabhairava*.[54]

En general, este énfasis acumulativo y característicamente tántrico en la veneración de diosas se conecta con la categoría Kaula o Kula, literalmente 'familia', 'clan', en alusión a los

54. Tradicionalmente, los Bhairavatantras comprenden las categorías Mantrapīṭha y Vidyāpiṭha; esta última comprende a su vez los Yāmalatantras y los Śaktitantras; por último, los Śaktitantras se subdividen en las escrituras asociadas con los cultos a la diosa Kālī y sus advocaciones, entre ellos el sistema Krama, y las escrituras del culto Trika. Véase *ib.*, págs. 668-669.

panteones o linajes de diosas tántricas, en ocasiones también llamadas *yoginīs*, a su vez una reconfiguración de la antigua tipología de las diosas madre (*mātṛ, mātṛkā*).[55] Imaginadas como criaturas indómitas y febriles, teriomórficas y aéreas, al mismo tiempo sensuales y repugnantes, adictas al sexo, el alcohol y la sangre –los máximos símbolos de lo impuro–, las *yoginīs* presiden sobre los distintos aspectos de la creación, desde los objetos más burdos hasta la actividad de los sentidos y la mente, y juntas dan forma al cuerpo cósmico-femenino de la deidad, la manifestación de su poder (*śakti*) y soberanía (*aiśvarya, svātantrya*). Al entrar en contacto con ellas, el adepto tiene, pues, la posibilidad de escalar a través de ellas hacia la fuente primera y ser entonces, en su propio cuerpo y en su propio campo de conciencia, como Bhairava. Solo tras invertir de este modo el proceso evolutivo o de emanación, el adepto está en condiciones de liberarse (*mukti*) de las fuerzas que componen la existencia mientras las disfruta (*bhukti*). Para ello, sin embargo, debe exponerse primero a estas potencias y dejarse envolver por ellas. Lo que tenemos, pues, es una reinterpretación en clave *śākta* de las antiguas prácticas disidentes *śaivas*. La parafernalia fúnebre, la visita a crematorios y otros parajes donde la división puro-impuro pierde fuerza –cuevas, cruceros, casas abandonadas, etcétera– son ahora los medios idóneos para inducir la presencia avasallante de estas energías divinas. A tales medios habría que añadir el coito y el orgasmo, también

55. Véase S. Hatley, «From Mātṛ to Yoginī», págs. 107-116.

reconfigurados ritualmente, una importante diferencia respecto a la observancia de celibato entre los cultos *śaivas* pretántricos. En un principio, esa reconfiguración se centra en la producción de sustancias mágicas –sangre, semen, líquidos vaginales– para gratificar a las diosas; empero, textos posteriores muestran un proceso de estetización que interpreta el orgasmo como fin en sí mismo en tanto expresión privilegiada de la expansión de la conciencia, un giro que vale también para el antiguo consumo subversivo de alcohol y carne, y que en general es paralelo a una reformulación interiorista de la noción de energía divina y de la figura misma de la *yoginī* como manifestaciones de la conciencia.[56]

Al final, independientemente de la vía que el adepto elija, la meta es la misma: abrir una grieta en el tejido que sustenta la visión ordinaria de las cosas, el tejido canónico de lo puro y lo impuro, para que a través de él entren las fuerzas del caos. No es una casualidad que esta experiencia culminante a menudo haya sido concebida como un estado de posesión (*āveśa*). No podía de ser otro modo a la luz de las generaciones de *śaivas* que exploraron diferentes vías para redefinir la identidad brahmánica y su inherente tendencia a controlar y excluir. Y nada más opuesto a la necesidad de control, orden y estabilidad que la posesión. Además, en un sentido más profundo, esta pone en entredicho los ideales metafísicos y soteriológicos de autonomía y suficiencia absolutas: el yo puro, solitario e inactivo

56. A. Sanderson, «Śaivism and the Tantric Traditions», pág. 680.

del Sāṅkhya y el Vedānta. El sujeto poseído, en cambio, participa de una deidad que confunde interior y exterior, superior e inferior, masculino y femenino, trascendencia e inmanencia, eternidad y finitud, pureza e impureza, y anula incluso la división dios-hombre; poseído, el sujeto cede el control a estas energías, que entonces se deleitan libremente en los objetos de los sentidos hasta nublar el yo individual y en su lugar desencadenar una expansión mística de la conciencia, cuyo prototipo es, de nuevo, el orgasmo.

Pero el tránsito desde el ascetismo brahmánico *śaiva* hasta el culto propiamente tántrico, con su énfasis en lo divino-femenino, no concluye aquí. La veneración tántrica de estas camarillas de divinidades (*kula, kaula*) condujo, como ocurriera antes con el culto a la diosa en general, a la articulación de un sustrato único y, finalmente, a la veneración de diosas solitarias. A nivel conceptual, tal desenlace puede entenderse como un movimiento hacia la no dualidad (*advaita*). Eso es lo que hallamos en los estratos finales de los Bhairavatantras, en los cultos a Kālī, entre ellos el sistema Krama, y de manera tangible en el culto Trika, el horizonte en el que se inscribe nuestro texto y al que, por lo tanto, es necesario echar un vistazo.

5. El sistema Trika

Si bien persisten las dudas respecto al origen geográfico del Tantra, el hecho es que a partir del siglo VIII y hasta el siglo XI se convierte en un fenómeno general en el subcontinente. Este extenso periodo vio el florecimiento de una amplia red de transmisión y propagación de enseñanzas tántricas a lo largo y ancho de la India e incluso más allá, en regiones como el Tíbet y el sureste asiático. Este robusto tejido religioso sería impensable sin la consolidación de importantes centros de praxis tántrica. Uno de ellos fue el idílico Valle de Cachemira, a la vez cosmopolita –escala obligada de la legendaria Ruta de la Seda– y remoto –un fugaz respiro en la escarpada topografía del Himalaya–. Prácticamente todas las divisiones y subdivisiones de la revelación tántrica, desde las más moderadas, como el Siddhānta, hasta otras más radicales, como los cultos a la diosa Kālī, fueron conocidas en Cachemira y algunas lograron un arraigo definitivo, entre ellas el sistema Trika. Esta favorable acogida convirtió el Valle a su vez en un centro impulsor. Allí se redactaron varias escrituras, así como la sofisticada exégesis que contribuyó a construir y legitimar una identidad tántrica en un contexto intelectual más amplio.[57]

Articulado en textos como el *Śivasūtra*, la *Spandakārikā* o el propio *Vijñānabhairava,* y en la obra de brillantes pensadores como Somānanda, Utpaladeva, Abhinavagupta y Kṣemarāja, este discurso tántrico de espíritu más escolástico y pretensiones más universales se conoce hoy popularmente como «Shivaísmo de Cachemira» o el «Tantra de Cachemira». Frente a la heterogeneidad y complejidad del fenómeno tántrico en general y en

57. Véase A. Sanderson, «Kashmir», págs. 119-120.

la región de Cachemira en particular, tales categorías son desde luego inexactas. En realidad, designan apenas una porción diminuta, si bien influyente, dentro del complejo fenómeno tántrico en la región. Esto significa que para apreciar mejor nuestro texto, conviene pensarlo no de modo retroactivo, a la luz de dichas categorías, sino siguiendo la ruta que he esbozado en las páginas anteriores y de manera particular a partir del desarrollo del sistema Trika, en el que, repito, se inscribe el *Vijñānabhairava*.

Tres escrituras conforman el núcleo antiguo de dicho sistema: el *Siddhayogeśvarīmata,* el *Mālinīvijayottaratantra* y el *Tantrasadbhāva,* redactados en ese orden probablemente entre los siglos VII y VIII.[58] Esta incipiente tradición llegó a conocerse bajo el nombre de Trika, 'la tríada', en alusión, como mencioné, a la división tripartita (*bhedatraya*) que le subyace como principio clasificatorio, en particular respecto a su panteón principal, las diosas Parā, Parāparā y Aparā (literalmente, la Suprema, la Intermedia y la Inferior), asociadas a su vez con una tríada de Bhairavas, sus consortes, respectivamente los dioses Bhairavasadbhāva, Ratiśekharabhairava y Navātmabhairava.[59] El panteón incluye además a las divi-

58. De hecho, la segunda de estas escrituras reconoce la autoridad y, por lo tanto, la precedencia de la primera (*Mālinīvijayottaratantra* 1.9-12); además, el contenido de los tres textos respalda esta secuencia cronológica.

59. En particular, en el *Siddhayogeśvarīmata*, la división tripartita se extiende a varios otros ámbitos, por ejemplo a las fuerzas que gobiernan el universo, los tipos de poderes sobrenaturales que el adepto puede alcanzar, etcétera. Véase J. Törzsök, «The Doctrine of Magic Female Spirits», pág. XV.

nidades Mālinī y Śabdarāśibhairava, ambas representaciones simbólicas de la dimensión fonética de la realidad, y en sus fases tempranas incluía asimismo una pluralidad de fuerzas y espíritus femeninos que remiten al imaginario transgresor de Kāpālikas y Kaulas. De hecho, muy probablemente el culto evolucionó a partir de dicho sustrato.[60] Veneradas en conjunto o por separado, cada una de estas divinidades representa un aspecto distinto, una potencia (*śakti*), de Śiva-Bhairava, el numen trascendente.[61] Entonces, asociadas con los primeros estratos del culto tántrico a la diosa, Aparā y Parāparā representan dos grados sucesivos del aspecto siniestro y aterrador (*bhīṣaṇa*) de la deidad: iconográficamente, portan cráneos y serpientes, su trono es un cadáver, de su boca brotan filosos colmillos, los ojos desorbitados indican embriaguez y posesión, etcétera.[62] Todo ello contrasta con la imagen apacible y luminosa de la diosa Parā, en realidad un ectipo de la diosa ortodoxa Sarasvatī, lo que explica su lazo con el poder de la palabra y el don del conocimiento, en este caso el conocimiento esotérico que conduce al plano de Śiva.[63]

Como otros sistemas tántricos, este corpus antiguo presupone como rasgos primarios tanto un aparato ritual como uno yóguico-contemplativo, y como tal muestra una propensión

60. *Ib.*, pág. xxiv.
61. Véase por ejemplo *Mālinīvijayottaratantra* 3.33.
62. *Siddhayogeśvarīmata* 6.19-24.
63. *Siddhayogeśvarīmata* 6.26-27 y *Mālinīvijayottaratantra* 3.33. Véase A. Sanderson, «Maṇḍala and Āgamic Identity in the Trika of Kashmir», pág. 189, y «The Visualization of the Deities of the Trika», pág. 43.

natural hacia el dualismo.[64] El aparato ritual es particularmente conspicuo en el *Siddhayogeśvarīmata* y en general repite el patrón estructural de todos los cultos del *mantramārga*: describe los tipos de veneración (*pūjā*) y visualización (*dhyāna*) que deben realizarse; las imágenes que deben instalarse (*pratiṣṭhā*), los mantras que deben recitarse y los *maṇḍalas* que deben diseñarse; las iniciaciones (*dīkṣā*) y las consagraciones (*abhiṣeka*) que legitiman respectivamente al adepto y al oficiante para participar en los ritos; las purificaciones y la conducta (*ācāra*) que deben observar los iniciados y las disciplinas (*sādhana*) que deben perfeccionar; los estados de posesión (*āveśa*) y en general los frutos (*phala*) que rinde la práctica, tanto de orden sobrenatural y mágico (*siddhi*) como propiamente soteriológico (*mukti*). En cambio, el aparato yóguico-contemplativo es más tangible en los dos textos siguientes y en general apunta al robustecimiento de una identidad Trika con base en un proceso de interiorización y niveles cada vez más elevados de lucidez y gnosis. Así, las divinidades del panteón comenzaron a ser interpretadas como las fuerzas que rigen sobre la actividad de los sentidos y la mente; al reconocerlas como tal, el adepto logra edificar sobre su propia conciencia una identidad tántrica, incluso mientras mantiene una identidad convencional y participa de las reglas ortodoxas de la pureza. En particular, el énfasis del *Mālinīvijayottaratantra* en la construcción de esta

64. Al respecto, véase A. Sanderson, «The Doctrine of the Mālinīvijayottaratantra», págs. 291-306.

identidad yóguico-contemplativa, frente a su casi ausencia en el *Siddhayogeśvarīmata*, más centrado en la construcción de una identidad litúrgica, puede tomarse como un indicio de la evolución del culto en una dirección concreta. Sus enseñanzas, por ejemplo, están dirigidas a iniciados con una 'afición intensa por la práctica del yoga' (*yogābhyāsaratātman*),[65] el medio idóneo para conquistar los diferentes planos de realidad (*tattvādhvan*), ahora concebidos precisamente como estados de conciencia o niveles de subjetividad (*pramātṛ*) en una escala ascendente que culmina en Śiva mismo.[66] En este contexto, el *Mālinīvijayottaratantra* reconoce además dos vías, una gradual y una inmediata o espontánea (*sāhasa*), a la que dedica los capítulos finales (18-23). En esos capítulos se asoman por primera vez algunas de las inquietudes que luego hallaremos en el *Vijñānabhairava*: la superioridad del camino inmediato descansa en una ruptura definitiva con la práctica ritual exterior, un distanciamiento que permite establecer por primera vez una correlación entre interioridad y no dualidad (*advaita*).[67] De estos postulados se desprende asimismo una visión de la corporalidad como un microcosmos compuesto de energías en

65. *Mālinīvijayottaratantra* 23.42.

66. Véase S. Vasudeva, *The Yoga of the Mālinīvijayottaratantra*, págs. 148-150.

67. Véase por ejemplo *Mālinīvijayottaratantra* 18.2-4, donde se pide al yogui adherirse a la suprema no dualidad de todas las cosas (*paramādvaitāśrita*) y desde esa perspectiva sustituir la adoración del dios Śiva en su forma fálica (*liṅga*) por un ídolo interior (*ādhyātmikaliṅga*), el verdadero fundamento (*adhiṣṭhita*) de cualquier ídolo externo (*bahirliṅga*). Véase asimismo 18.48, donde se reitera el llamamiento a practicar esta 'adoración no dualista' (*advaitayajanam*).

movimiento a las que es posible imprimir un impulso ascendente y liberador,[68] otro elemento distintivo del *Vijñānabhairava*. Más aún, el texto reconoce que desde la perspectiva no dual e interiorista, la división entre objetos rituales y no rituales deja de tener sentido. Paradójicamente, al desplazar el rito al interior, cualquier realidad exterior puede cumplir con una función ritual: el contacto con cualquier fuente de agua es ahora ablución, cualquier manjar, ofrenda, y cualquier sonido, mantra.[69] En particular, cualquier objeto puede servir ahora como punto central de la práctica contemplativa (*bhāvanā, dhyāna*).

La creciente subordinación del rito y el surgimiento de una metadoctrina de corte monista son aún más tangibles en la siguiente fase del culto, formada por textos que exhiben una mayor conciencia de constituir una escuela o sistema, el sistema Trika, y que desafortunadamente nos ha llegado solo de manera fragmentaria, entre ellos el *Triśirobhairava*, aludido en el propio *Vijñānabhairava* (estrofa 3).[70] Respecto al culto original, esta nueva fase resignificó a las tres diosas en términos más abstractos[71] y, finalmente, auspició la paulatina emancipación de la diosa Parā. La tendencia a absorber las deidades fonéticas Mālinī y Śabdarāśi en la figura de Parā y a sincretizar el culto a esta con el culto paralelo a la diosa Kālī, en especial en el

68. *Mālinīvijayottaratantra* 18.7-8.
69. *Mālinīvijayottaratantra* 18.44-47.
70. A esta fase pertenecen asimismo el *Trikahṛdaya*, el *Devyāyāmala* y el *Trikasadbhāva*.
71. Por ejemplo, como las potencias de voluntad, conocimiento y acción (*icchā, jñāna y kriyā*), o también como Śiva, Śakti y el ser humano, etcétera. Véase A. Sanderson, «The Visualization of the Deities of the Trika», pág. 56.

seno del sistema Krama, explica este giro hacia la postulación de una diosa solitaria, sin par e inefable, en la que, no obstante, están contenidas todas las potencias femeninas y, a través de ellas, todos los aspectos de la creación.[72] Ahora Parā al mismo tiempo corona, incluye y trasciende la triada, haciendo así honor a su nombre, la «Suprema», desde una perspectiva mucho más ambiciosa.

A este viraje hacia la preeminencia absoluta de Parā pertenece otra importante escritura, el *Parātriṃśikātantra,* al que cabe situar en el último estrato de la fase intermedia del sistema Trika, entre los últimos años del siglo VIII y los primeros del IX. Emparentado en varios sentidos con el *Vijñānabhairava* y el fundamento textual de una rica tradición exegética, este documento anuncia la marcha sin retorno hacia una visión antirritualista y puramente contemplativa. A esa visión culminante, al final de esta compleja trayectoria, es a la que la categoría «Shivaísmo de Cachemira» reduce el fenómeno tántrico en la región.

No hay que olvidar, sin embargo, que esta superposición de estratos sigue el mismo patrón que moldeó la proliferación del Tantra en general, es decir, descansa en un modelo de inclusión jerárquica representado como una secuencia de círculos concéntricos que comprende desde los niveles más exotéricos, en los márgenes, hasta los niveles nucleares, por definición

72. Sobre el sincretismo entre el sistema Trika y los cultos a la diosa Kālī, véase Ó. Figueroa, *El arte de desdecir*, págs. 138-140.

más esotéricos. En el caso del Trika, la profundización de este modelo coincide, de nuevo, con la sucesiva reiteración de la superioridad del conocimiento interior frente a la práctica ritual y, por lo tanto, con la articulación de un discurso metafísico y soteriológico más refinado. Estamos, pues, en el umbral de lo que bien podría denominarse «ilustración tántrica». A ese umbral pertenece el *Vijñānabhairava*, todavía redactado como escritura revelada, sin duda como una estrategia para legitimar la novedad. Al otro lado de ese umbral, en una medida importante por influencia directa de nuestro texto,[73] atestiguamos el ingreso del Tantra en el debate filosófico riguroso. El desarrollo de esta «filosofía tántrica» permitió organizar el canon revelado alrededor de premisas doctrinales más homogéneas, a las que fueron incorporados los avances de disciplinas como la lógica (*nyāya*), la gramática (*vyākaraṇa*) y la poética (*alaṅkāraśāstra*); además, en algunos casos permitió el diálogo con otras escuelas a la luz de criterios de verdad más amplios. De ese proceso surgieron a finales del siglo IX y principios del X dos vertientes íntimamente relacionadas entre sí: las escuelas Spanda y Pratyabhijñā.

Tal como sugiere la propia palabra *spanda*, 'pulsación', la primera de estas escuelas erige sus doctrinas y prácticas sobre la centralidad de la dimensión sonora de la realidad, representable en la forma de mantras seminales (*bīja*). Así, en un sentido profundo, el hecho de que las deidades y otras potencias que

73. Sobre el tema véase más adelante la sección «Legado», pág. 114 y ss.

colman esta creación sean mantras –el rasgo distintivo de todas las divisiones del *mantramārga*– significa que las posibilidades de la existencia, a nivel cósmico e individual, a nivel corporal y mental, etcétera, descansan sobre un sustrato fonético-vibratorio (*spanda*), identificado en última instancia con Śiva-Bhairava.[74] He aquí, pues, el principal postulado teórico de la escuela Spanda: la incesante actividad creadora del absoluto, su libre impulso para devenir pluralidad, puede explicarse como el dinamismo de una única conciencia pulsante, y, por lo tanto, la experiencia de ese temblor original se yergue como una vía inmejorable para conquistar la realidad entera y finalmente para retornar a la fuente. Esta visión se asoma solo de manera incipiente en nuestro texto; su formulación definitiva pertenece a la *Spandakārikā*, en la segunda mitad del siglo IX, así como a la profusa tradición exegética alrededor de este texto fundacional.[75]

También incipientes en nuestro texto son los postulados de la otra ramificación filosófica del sistema Trika: la escuela Pratyabhijñā. De acuerdo con tales postulados, todo lo que nos rodea, todas las criaturas son en realidad la manifestación inte-

74. Al respecto puede consultarse la monografía de M. Dyczkowski, *The Doctrine of Vibration*, en especial el cap. 3.

75. Aunque en sus respectivas glosas, tanto Bhagavadutpala (*Spandapradīpikā*), a finales del siglo X, como Kṣemarāja (*Spandanirṇaya*), un siglo después, recurren precisamente al *Vijñānabhairava* como una fuente canónica, es difícil establecer una influencia directa del *Vijñānabhairava* sobre la *Spandakārikā*. Más prudente parece en cambio hablar de una influencia indirecta. Del lado del *Vijñānabhairava*, las estrofas relevantes no suman más de una decena (por ejemplo, 24, 38, 65, 70-73, 94, etcétera); del lado de la *Spandakārikā* destaca el llamamiento a percibir la pulsación de la conciencia divina en emociones intensas pero ordinarias como la ira o el alborozo (estrofa 22).

rior de una única conciencia (*cit, citi*) autónoma y omnipotente. En términos teológicos, esa conciencia es la deidad suprema o Śiva. En términos filosóficos, esto significa que todo cuanto existe es la expresión del poder de la conciencia para representarse a sí misma dentro de sí misma. Nada hay afuera. Caracterizada como un principio luminoso (*prakāśa*), la conciencia es siempre ella más sus contenidos, su propio reflejo (*vimarśa*). En términos soteriológicos, esto significa, como defendieron los primeros *tāntrikas*, que el binomio puro-impuro es un espejismo: puesto que todo es conciencia y nada hay en realidad que ate o condene al sujeto, a fin de liberarse este debe simplemente vencer sus dudas (*śaṅkā*) y abrazar en su propio ser (*ātman*) el reconocimiento (*pratyabhijñā*) de que siempre ha sido, es y será Śiva. En el *Vijñānabhairava*, una media docena de estrofas anticipa de manera explícita el desarrollo de esta doctrina de la conciencia absoluta;[76] su articulación definitiva se produjo, sin embargo, en los siglos X y XI, y la debemos a los grandes exegetas Utpaladeva y Abhinavagupta,[77] en quienes el sistema Trika, y de manera indirecta por lo tanto los cultos tántricos a Śiva-Śakti, alcanzan una inesperada cúspide filosófica.

76. Véanse las estrofas 62-63, 98, 105 y 114. De manera implícita, el título de la obra apunta en la misma dirección.
77. Sobre todo en tres obras: la *Īśvarapratyabhijñākārikā* de Utpaladeva y los dos comentarios que Abhinavagupta dedicó a ella: la *Īśvarapratyabhijñāvimarśinī* y la *Īśvarapratyabhijñāvivṛtivimarśinī*. La obra de Utpaladeva fue precedida por la *Śivadṛṣṭi* de Somānanda, redactada a principios del siglo X. Aunque se asume que este texto inaugura el sistema Pratyabhijñā, en realidad la palabra (usada una sola vez, en 4.120) no posee aún el sentido técnico y designativo que le dará Utpaladeva.

6. El *Vijñānabhairava*

Filiación textual y fecha de composición

En el título mismo, el *Vijñānabhairava* parece insinuar su filiación textual con los Bhairavatantras, la primera división dentro del *mantramārga*. Esta es la escritura que versa sobre Bhairava desde la perspectiva de la conciencia absoluta (*vijñāna*).[78] El asunto se complica al intentar determinar a qué subdivisión o culto específico dentro de los Bhairavatantras pertenece esta revelación. Ese dato solo puede extraerse del contenido de la obra. Al ir a esta, sin embargo, nos tropezamos con un equívoco. Tanto el primer verso como las líneas finales establecen una relación de pertenencia con otra escritura, el *Rudrayāmalatantra*, e indirectamente, por lo tanto, con la tradición que subyace a esta. De hecho, el *Vijñānabhairava* se define a sí mismo como la «esencia» (*sāra*) del *Rudrayāmalatantra,* título que delata una filiación con las escrituras Yāmala, consagradas, literalmente, a la «unión» del dios y la diosa, una subdivisión paralela a los Śaktitantras, la categoría que conduce directamente al sistema Trika.[79] Más allá de si esto significa que el *Vijñānabhairava* originalmente formaba parte de una obra mayor, el problema radica en que entre sus enseñanzas y el espíritu de los Yāmalatantras, impregnado de la liturgia

78. Para más detalles sobre el significado del título, véase más adelante págs. 75-81.
79. Para todas estas subdivisiones, véase nota 54.

erótico-funeraria de los Kāpālikas, hay una insalvable distancia. Como anticipé, su filiación doctrinal más directa es con el sistema Trika, algo que el propio texto reconoce a la par que su supuesta filiación con el *Rudrayāmalatantra:* «Originada en el *Rudrayāmala [-tantra],* la vertiente *Trika* me ha sido revelada en su totalidad...» (estrofa 1). Si a esto añadimos que no nos ha llegado ninguna versión antigua de esta escritura y, más aún, que al parecer nunca hubo una,[80] todo parece indicar que la atribución persigue un fin distinto: obtener legitimidad y prestigio en una categoría más amplia y antigua. Al respecto contamos, además, con el testimonio de varios textos que recurrieron a la misma estrategia retórica, entre ellos uno cercano como el *Parātriṃśikātantra.*[81]

Al margen de esta especie de «metafiliación» puramente nominal, el dato decisivo lo aporta, como decía, la mención explícita de la «vertiente Trika» (*trikabheda*), en la que la diosa Bhairavī declara estar iniciada. En las siguientes estrofas, el texto abunda sobre dicha filiación. Así, entre las alternativas que la diosa enumera como posible respuesta a su búsque-

80. La opinión de T. Goudriaan y S. Gupta resume bien la situación: «El *Rudrayāmala* es tal vez el más misterioso de todos los [*tantras*] Yāmala. Lo hallamos en todas partes y pese a ello, tras una inspección más meticulosa, siempre se desvanece. Es incluso incierto si alguna vez existió un *Rudrayāmala* original» (*Hindu Tantric and Śākta Literature*, pág. 47). Las versiones que nos han llegado, entre ellas el *Uttaratantra*, son todas fragmentarias, recompuestas y muy tardías, y en ninguna aparece el *Vijñānabhairava*.
81. *Parātriṃśikātantra* 35. En efecto, decenas de textos presumen pertenecer al elusivo *Rudrayāmala*. La estrategia vale además para otras escrituras dentro del canon de los Yāmalas. Por ejemplo, el *Picumata* y el *Piṅgalāmata* se presentan como secciones del *Brahmayāmalatantra*. Véase T. Goudriaan y S. Gupta, *Hindu Tantric and Śākta Literature,* págs. 15 y 47.

da de la «esencia última» se encuentran los «nueve principios» (*navātman*), en realidad la forma cósmico-mántrica de Navātmabhairava, el consorte de la diosa Aparā; las doctrinas del *Triśirobhairavatantra*, una escritura Trika; y finalmente las 'tres potencias' (*śaktitraya*), cuya identidad queda al descubierto apenas unos versos más adelante: se trata desde luego del panteón Trika, las diosas Aparā, Parāparā y Parā (estrofas 3, 5). Alcanzada esta certeza y considerando que el culto a las tres diosas, como vimos, se compone de varios estratos, la siguiente pregunta sería de qué tipo de Trika hablamos. En las páginas anteriores situamos nuestro texto en el umbral entre la antigua tradición revelada y su apropiación exegético-filosófica. El tono interrogativo que enmarca la filiación del texto con el sistema Trika confirma esta posición, de camino a una nueva identidad sectaria, asociada retóricamente con la búsqueda de la «esencia última». Presentar entre signos de interrogación los «nueve principios» o las «tres potencias» es en realidad una forma de indicar su subordinación respecto al verdadero núcleo doctrinal de la obra: la preeminencia de la diosa Parā, la potencia misma de Bhairava, mencionada por separado o evocada más de una decena de veces (estrofas 17, 18, 23, 53, 64, 73, 74, 76, 77, 109, 139, 148). La sustancia de estas alusiones directas e indirectas es también sintomática de la fase tardía del sistema Trika. No hay instrucciones para adorar a la diosa ni, por lo tanto, sobre los elementos específicos de su culto (mantra, *maṇḍala*, *dīkṣā*, *ācāra*, etcétera). El antiguo impulso litúrgico se reduce ahora al mero acto de concebir imaginativamente a Parā como la potencia que subyace a cualquier realidad, física o mental, y cuyo omnipresente esplendor vuelve obsoleto cualquier rito exterior (estrofas 139cd-148). Así las cosas, como ha observado A. Sanderson, la filiación del texto con el sistema Trika es sui géneris e incluso paradójica:

> [El *Vijñānabhairava*] no se ocupa de los detalles concretos del rito tántrico de un modo que nos permitiera concluir que se trata de una escritura del sistema Trika o de alguna otra tradición ritual. Empero, su ascendencia Trika es evidente en las estrofas que establecen que trascender el rito significa trascender el ritual Trika. Dicho de otro modo, estamos ante un texto Trika que propone prácticas que prescinden de los detalles de sus deidades mántricas.[82]

De nuevo, estamos en un momento decisivo dentro del desarrollo del culto a las tres diosas de camino a una doctrina tántrica puramente contemplativa y monista, en un tono incluso más radical del que muestra el *Parātriṃśikātantra*, que se contenta con oponer conocimiento y rito, pero sin desplegar todo un yoga contemplativo, como hará nuestro texto.

Todo esto nos ayuda, desde luego, a determinar el periodo aproximado de composición de la obra. Si las fases temprana e intermedia del sistema Trika se extienden a lo largo de

82. «Śaiva Texts», pág. 23. Véase también de Sanderson, «The Visualization of the Deities of the Trika», pág. 74

los siglos VII y VIII, el *Vijñānabhairava* debe ser entonces un producto del siglo IX, contemporáneo o tal vez posterior al *Parātriṃśikātantra*. Como sustento pueden proponerse además dos argumentos léxicos: las palabras *āveśa* y *anuttara*. Como mencioné, en las fuentes antiguas, en especial entre los Kāpālikas, *āveśa* y otras formas afines, por ejemplo *samāveśa* o *āveśana,* designan el estado de posesión o trance del adepto. Respecto a dicho estado, el sentido literal de 'entrada' o 'penetración' posee, por lo tanto, una connotación de pasividad: la deidad «entra» en él. Sin embargo, en estratos posteriores, donde el ritual pierde fuerza frente a la contemplación interiorista, sobre todo entre exegetas como Abhinavagupta y Kṣemarāja, la palabra adquiere una connotación más activa. Es ahora el sujeto quien «entra» o «se absorbe» en un estado superior de conciencia.[83] En el *Vijñānabhairava*, la palabra y sus formas derivadas parecen adherirse, al menos de manera incipiente, a este último sentido (véanse las estrofas 68, 110, 125, 148 y 149). El caso de *anuttara,* literalmente 'sin superior', es aún más revelador. La palabra no aparece registrada en ninguna de las escrituras tempranas del sistema Trika, todas anteriores al siglo IX. Dentro del culto Trika, aparece en cambio tanto en nuestro texto (estrofa 32) como en el cercano *Parātriṃśikātantra*, para volverse conspicua como el nombre

83. Véase A. Padoux, «Transe, possession ou absorption mystique?», en especial págs. 139-142, y L. Biernacki, «Possession, Absorption, and the Transformation of Samāveśa», págs. 493-501, y C. Wallis, «The Descent of Power», págs. 256-257.

divino por antonomasia en la obra de Abhinavagupta, a finales del siglo x.[84]

Hacia adelante en el tiempo, las primeras referencias directas e indirectas en otras fuentes nos permiten concluir que el texto es anterior al siglo x y, por lo tanto, también nos conducen, en principio, al siglo IX. Se trata de los testimonios de Somānanda y Vāmanadatta, ambos fechados hacia los primeros años del siglo x. La influencia del *Vijñānabhairava* sobre el primero es tangible, a veces casi al pie de la letra, en numerosos pasajes de su *Śivadṛṣṭi*, la obra fundacional de la escuela Pratyabhijñā, e incluso cabe asumir, como apunta J. Nemec, que fue «una fuente primaria, tal vez la principal, en la mente de Somānanda en el momento de componer su *Śivadṛṣṭi*».[85] Algo similar hallamos en la obra de Vāmanadatta, al parecer un *tāntrika vaiṣṇava*, o quizá mejor *cripto-śaiva*, cuya obra no solo delata una profunda influencia del *Vijñānabhairava*, sino que incluye las primeras citas textuales de las que tenemos noticia.[86]

84. Véase *Parātriṃśikātantra* 1 y 3. Me he ocupado del tema con cierta amplitud en *El arte de desdecir*, cap. 5.

85. *The Ubiquitous Śiva*, pág. 49. Para un recuento de pasajes paralelos véanse págs. 44-47. Como mencioné (véase nota 76), la influencia del *Vijñānabhairava* sobre la *Spandakārikā*, redactada en la segunda mitad del siglo IX, es demasiado vaga como para considerarla aquí también un testimonio histórico contundente.

86. Vāmanadatta escribió el *Dvayasampattivārttika*, también conocido como *Bodhavilāsa*, breve disertación edificada sobre tres estrofas del *Vijñānabhairava* (88, 111 y 111bis), citadas expresamente (*Dvayasampattivārttika* 14cd-15ab, 20-21). Por otra parte, en el *Saṃvitprakāśa*, probablemente también de su autoría, y de manera especial en su *Svabodhoyamañjarī*, la influencia es palmaria (en este último texto, véanse por ejemplo las estrofas 12-15, 18, 20, 23, 39 y 42). La filiación *vaiṣṇava* se desprende del *Saṃvitprakāśa*

La combinación de todos estos elementos –el *terminus ante quem* proporcionado por los testimonios de Somānanda y Vāmanadatta, y hacia atrás, la trayectoria textual, doctrinal y terminológica de la escuela Trika– circunscribe el periodo de composición de nuestro texto, una vez más, al siglo IX, con la primera mitad de esa centuria como la fecha más probable.[87]

Ubicados en el tiempo y el espacio, así como en la atmósfera doctrinal que se infiere de ambas coordenadas, podemos ahora adentrarnos en el texto mismo.

Estructura, trama y estilo

Al ser un tratado breve, de apenas 161 estrofas, todas en la métrica simple *śloka*,[88] el *Vijñānabhairava* comprende una única secuencia narrativa y didáctica, sin capítulos ni secciones independientes. Pese a ello es posible identificar cinco grandes apartados: el intercambio dialógico entre el dios y la diosa que sirve de introducción (estrofas 1-23); el núcleo propiamente del texto, formado por 112 ejercicios contemplativos (estrofas 24-135); el breve desenlace narrativo que sigue al núcleo del

(véase por ejemplo 1.137). Sin embargo, su visión tanto en el *Dvayasampattivārttika* como en la *Svabodhoyamañjarī* está claramente impregnada del monismo *śaiva* que a partir de entonces, principios del siglo X, cobra preponderancia en Cachemira. Véase R. Torella, «On Vāmanadatta», págs. 485-487.

87. Mi estimación difiere, por lo tanto, del consenso implícito a asignarle una fecha anterior, por lo general el siglo VIII.

88. El *śloka* es la métrica sánscrita más común en virtud de su cadencia narrativo-conversacional. Cada estrofa está formada por cuatro pies octosilábicos.

texto (estrofas 136-139ab); una especie de apéndice dialógico que ahonda en la doctrina enseñada (estrofas 139cd-154), y el epílogo (estrofas 155-161).

Entonces, conforme al típico patrón narrativo de las escrituras reveladas tántricas, el texto abre con la pareja divina, aquí Bhairava y Bhairavī, en actitud dialogante. Un tanto confundida, la diosa inquiere sobre la esencia última de la doctrina Trika, de la que creía saberlo todo (estrofa 1). Su duda, por consiguiente, no se deriva tanto de una escasez de alternativas como de una abundancia de opciones perfectibles (estrofas 3-4). En medio de esa pluralidad, la diosa anhela discernir el sendero superior (*param*). Así, en un primer momento, el texto reduce el problema de la pluralidad al de la dualidad, en apariencia irreducible, entre inmanencia (*sakala*) y trascendencia (*niṣkala, paratva*) (estrofas 5-6). Simbólicamente, el contraste corresponde al que de tiempo atrás venía gestándose en el interior del culto a las tres diosas entre Aparā y Parāparā, por un lado, y la diosa Parā, por el otro. Como anticipé, el texto resuelve el conflicto reinterpretando la supremacía de Parā desde una perspectiva monista. El paso del dualismo al monismo no se produce, sin embargo, al margen de los dos teísmos que subyacen a nuestra obra: el teísmo trinitario del culto original y el teísmo de la pareja divina propio de la visión tántrica en general, vestigios que le dan al modelo resultante su idiosincrásico dinamismo: trascendencia es inmanencia, y viceversa. La apuesta monista coincide entonces con la emancipación de Parā respecto a las otras dos diosas del culto y respecto a sí misma como una diosa más de la tríada. Se trata, desde luego, de una emancipación paradójica –«el secreto supremo», como concede el propio Bhairava (estrofa 8ab)–, pues, en un claro juego de palabras imbuido del antiguo espíritu transgresor tántrico, la eminencia de Parā, la Suprema, radica en su capacidad para colmar y acoger dentro de sí todas las cosas, incluido, por supuesto, lo inferior, por definición impuro (estrofas 14-16). Esta posición es la que concede a Parā el privilegio de ser la «condición» (*avasthā*) de Bhairava, ahí donde este reside y se manifiesta, pero también el «umbral» (*mukham*) que abre la posibilidad de invertir el proceso y volver a la fuente divina (estrofas 17-21). Con esta certeza concluye el diálogo que inaugura la obra. Indicado el camino en términos doctrinales, la diosa parece haber recuperado en parte la confianza. Sus dudas son ahora de carácter práctico: «¿Por qué medios se alcanza la condición (*avasthā*) de Bhairava...?» (estrofa 23), es decir, de qué manera puede conocerse a Parā, la potencia divina, el umbral que comunica con el mundo plural y cambiante, de un lado, y con el fundamento indescriptible, del otro.

En este punto emerge el elemento que da celebridad al texto y que constituye, de hecho, su sello distintivo frente a otras escrituras tántricas y, en particular, frente al desarrollo de la tradición Trika: la convergencia paradójica de lo supremo y lo inmediato se articula a través de una reconfiguración contemplativa de la realidad con el poder de trastocar cualquier experiencia. Así, el texto enumera 112 coyunturas para alcanzar esa visión culminante (estrofas 24-135). Con este variado catálogo, el *Vijñānabhairava* en realidad reconoce que cualquier objeto puede servir como medio; el factor decisivo es el enfoque, el tipo de atención que el yogui debe cultivar y adoptar en cualquier circunstancia. Ese método universal es *bhāvanā*. Volveré a ello. Por ahora conviene notar que pese a tratarse de una llave maestra potencialmente útil en cualquier situación o experiencia, al mismo tiempo *bhāvanā* parece ser más compatible con ciertos ámbitos, concebidos entonces como el entorno idóneo para poner en práctica su efecto transformador: el sonido o mantra, la respiración, la percepción, la actividad mental, etcétera. La evidente predilección del texto por estas experiencias permite identificar algunas secuencias temáticas más o menos compactas. Conviene, sin embargo, no mantener una expectativa demasiado alta al respecto. A veces, estrofas sueltas con otro tipo de enseñanza se entrometen en estos ciclos temáticos mermando su cohesión; además, algunos de ellos introducen matices o variantes más que nuevos temas en sentido estricto. Finalmente, los ámbitos favorecidos no son cerrados; en realidad conforman una compleja red de asociaciones y, por lo tanto, casi cualquier secuencia presupone, a veces de manera explícita, a las demás; esto se traduce, a nivel lingüístico, en un discurso deliberadamente polisémico: una herencia tántrica que el *Vijñānabhairava* reclama a cada paso, de manera notable al concentrar en una sola palabra u oración sentidos luminosos, eróticos y sonoros, a menudo además con una implicación de género respaldada por el intercambio entre el dios y la diosa. Entonces, por mencionar un ejemplo tangible, Bhairavī es la diosa Parā que es Śakti, la potencia divina, que es la condición de Bhairava, que es la energía de la respiración, que es el mantra, que es el canal central en el cuerpo sutil, etcétera.

Por su parte, la relación una estrofa-una enseñanza da al núcleo del texto su característica densidad.[89] Estilísticamente, esto significa que los ejercicios contemplativos son expresados en un lenguaje muy conciso, un rasgo que realza su talante esotérico. En general, los tres primeros pies de cada estrofa enuncian el ejercicio concreto, mientras que el cuarto y último pie anuncian el resultado o fruto (*phala*) de la práctica. El tono es prescriptivo e impersonal en casi todos los casos. A la luz del formato dialógico del texto, la instrucción interpela desde luego a la diosa Bhairavī. En primera instancia, ella es el recipiente de la enseñanza y quien debe, por lo tanto, ponerla en práctica. Apenas unas cuantas veces, el texto hace explícito al personaje del que la diosa es en realidad un arquetipo: el adepto o yogui (por ejemplo, estrofas 63, 72, 104). Elípticamente, por lo tanto, cabe introducir a ese yogui como el sujeto de todas las enseñanzas prescritas.

La concisión no impide que la obra muestre un gusto por la textura lingüística, en especial a través de la aliteración (por ejemplo, estrofas 25, 44-45, 49 o 142). Más aún, a veces estos juegos aliterativos persiguen no solo el fin estético-formalista

89. Sobre los problemas que supone mantener esta relación sin alterar el hilo narrativo de la obra y la solución adoptada en la presente edición, véase más adelante págs. 127-129, así como las notas 169, 181, 182 y 185.

de crear versos fonéticamente atractivos, sino que enmarcan toda una retórica reiterativa con implicaciones a nivel conceptual. La densidad fonética de algunos versos puede, por ejemplo, evocar una correspondencia entre los aspectos inmanente y trascendente de la divinidad, entre el adepto y la deidad, entre el medio seguido y el fin que se ha de alcanzar, etcétera.

El sustrato dialógico-narrativo de la obra reaparece en la estrofa 136. Ahí se nos recuerda que las 112 estrofas previas, el núcleo doctrinal de nuestro texto, brotaron de la boca de Bhairava a petición de la confundida y a la vez anhelante diosa Bhairavī. El desenlace narrativo se extiende algunas líneas más, hasta el primer verso de la estrofa 139, y desde ahí bien podría haber desembocado en el epílogo sin fisuras. Sin embargo, en este punto, surge un nuevo impulso interrogativo (estrofas 139cd-141ab) del que a su vez se desprende una especie de apéndice doctrinal. La voz del *tāntrika* medio resuena en la nueva inquietud de la diosa: si la liturgia puramente contemplativa ocupa ahora el centro de la enseñanza revelada, e indirectamente por lo tanto el centro del culto Trika, qué valor tiene entonces la práctica ritual tradicional. La respuesta presupone, de nuevo, un movimiento de subordinación incluyente. Así, cada componente del rito tántrico es interiorizado conforme a la lógica de *bhāvanā* (estrofas 141cd-154). Aun cuando esta instrucción podría pasar como un apéndice, desde otra perspectiva, sobre todo en relación con el horizonte original tántrico, por definición ritualista e icónico, cabría interpretarla como una especie de examen final y, por consiguiente, como la principal enseñanza de la obra. Solo entonces comienza el epílogo (estrofas 155-161), rematado, en la última estrofa, por la unión física de los dialogantes. Bhairavī, en el fondo el único tema de la revelación de su consorte, reconoce al fin su verdadera naturaleza y ahora, literalmente, la abraza.

Conviene ahora dedicar algunas líneas al título de la obra, pues además de que nadie lo ha hecho antes, el asunto arroja información importante sobre la manera en que el texto se define a sí mismo frente a escrituras previas, y sobre la naturaleza de su apuesta doctrinal y práctica.

El título

Vijñānabhairava es un compuesto nominal (*samāsa*) formado por dos miembros: *vijñāna* y *bhairava*. Ambos son sustantivos, el primero significa 'discernimiento', 'conocimiento', 'conciencia'; el segundo es el nombre propio de la deidad que revela la enseñanza y, por lo tanto, preside sobre el texto. En sánscrito, las relaciones sintácticas y semánticas entre los miembros de un compuesto normalmente quedan implícitas. En consecuencia, para comprenderlo es necesario restituir tales relaciones. Normalmente, el análisis comienza con el último miembro, por definición el más importante, y desde él se avanza hacia los otros, de los que se obtiene información adicional. Por ejemplo, en un compuesto descriptivo (*karmadhāraya*) de dos palabras, la primera puede ser un adjetivo que ofrece información adicional sobre la segunda, normalmente un sustantivo: *mahā-devaḥ*, 'gran dios'; en un compuesto determinativo (*tatpuruṣa*) también de dos palabras, la primera de ellas ofrece información adicional sobre la última con base en la relación de caso: *deva-devaḥ,* 'dios de dioses', si la relación es de genitivo; *deva-upahāraḥ,* 'obsequio para dios', si la relación es de dativo, etcétera.

¿En qué sentido *vijñāna* ofrece información adicional sobre Bhairava? Una primera respuesta, la más obvia, se desprende de tomar el título como un compuesto descriptivo (*karmadhāraya*) formado por dos sustantivos en aposición: «Bhairava, la conciencia». El primer miembro del compuesto, el sustantivo abstracto *vijñāna,* tendría pues una carga adjetival respecto al segundo, Bhairava, al establecer su rasgo o cualidad esencial. En el verso que inaugura su comentario, Kṣemarāja ofrece dicha lectura: «Él es Bhairava [...] el Supremo cuya naturaleza es conciencia (*vijñānarūpaḥ*)».[90]

Todo bien hasta aquí, excepto que el contenido mismo de la obra no parece concordar plenamente con tal lectura. Aunque sus páginas enseñan que en última instancia Bhairava es en efecto conciencia, se trata más de una implicación que de un motivo abordado temáticamente. De hecho, la palabra *vijñāna* figura apenas un par de veces (estrofas 63 y 103), y si bien ambos casos sugieren una conexión con la deidad, la

90. Al parecer tal es también la lectura de J. Singh, el traductor de la versión inglesa del texto, cuando explica que la «naturaleza esencial de Bhairava es *vijñāna* o *bodha* o *mahābodha, cit* o *caitanya* [conciencia]... Es a este *Vijñānabhairava* al que el buscador espiritual debe integrarse» (págs. xxvii-xxviii).

cuota es sin duda muy pobre a la luz de la expectativa que proyecta el título.

En parte, esto explica la extendida práctica de traducir el compuesto invirtiendo la prioridad semántica de las palabras, una inversión provocada por una comprensible expectativa lingüística en la dirección del adepto. Tómese como ejemplo las siguientes lecturas: «La discrimination de la Réalité ultime», «La conoscenza del Tremendo» o incluso algunas más literarias como *Divine Consciousness* y *Das göttliche Bewusstsein*.[91] En los cuatro casos, ostensiblemente en los dos primeros, se asume que entre ambas palabras existe una relación de genitivo, sea este objetivo o subjetivo. Además, la plausibilidad semántica de esa relación descansa en una inversión, de modo que *vijñāna* tiene ahora primacía, funciona como el miembro final del compuesto, mientras que *bhairava* aporta la información adicional. Es una solución interpretativa que indirectamente siembra dudas sobre la suficiencia de la lectura aposicional.

¿Cabría una lectura adicional del título que tenga su punto de partida en esta extendida práctica interpretativa y de traducción, y que al mismo tiempo ofrezca un fundamento gramatical, con apego a la forma original *vijñānabhairava*? Tal vez. En particular, vienen a la mente las estrategias que los

91. La primera opción aparece en la traducción francesa de L. Silburn (pág. 7), las otras tres son los títulos de las traducciones italiana (A. Sironi), inglesa (J. Singh) y alemana (B. Bäumer). Ciertamente, cabría entender estas dos últimas como una solución literaria derivada de la aposición original (*vijñāna-bhairava*).

especialistas urdieron para lidiar con los títulos de célebres dramas sánscritos: los clásicos de Kālidāsa *Abhijñāna-śakuntalā* y *Vikrama-urvaśī*, o *Svapna-vāsavadattā*, de Bhāsa, entre otros. Los títulos de todas estas obras son compuestos nominales formados por dos miembros, el primero, un sustantivo abstracto y el segundo, un nombre propio, como en *vijñānabhairava*. En todos los casos, sin embargo, la relación sintáctica, y por lo tanto semántica, entre las dos palabras no es del todo clara; de hecho, al escuchar los títulos, la inclinación natural, basándonos en nuestras expectativas, es interpretarlos invirtiendo el orden: el 'reconocimiento de Śakuntalā' (*śakuntalā-abhijñāna*), el 'sueño de Vāsavadattā' (*vāsavadatta-svapna*), etcétera.

Desde luego, tratándose de obras tan insignes, el equívoco fue advertido desde los inicios de la indología y suscitó variadas respuestas, todas iluminadoras para nuestro caso. Debemos a Stephan H. Levitt la recapitulación más completa de tales respuestas, así como la solución gramatical hasta hoy más convincente que deshecha interpretaciones previas. De esas interpretaciones, una en particular es relevante porque gozó de amplio reconocimiento y porque bien podría aplicarse a nuestro caso aquí justificando una salida sencilla. Me refiero a la idea de que títulos así pueden explicarse mediante lo que técnicamente se conoce como *uttarapadalopa*, la omisión de una palabra, por lo general un participio. La teoría se remonta al gramático Kātyāyana (siglo III a. C.) y se basa en la supuesta insuficiencia de algunos compuestos para comunicar toda su carga semántica y sintáctica a partir únicamente de las palabras que lo conforman, por lo que resulta necesario presuponer una pieza faltante. Entonces, al leer *vijñānabhairava* cabría presuponer la presencia omitida de un participio como *jñāta* o *praptā*, con el siguiente resultado: 'Bhairava [conocido, alcanzado] mediante el discernimiento'.

Sin embargo, basado en las reglas de Pāṇini y en el testimonio de un amplio número de glosas tradicionales y tratados sobre poética, así como en las variantes que presentan los títulos de los dramas mencionados, Levitt concluye que la relación semántica y sintáctica entre los miembros de estos compuestos se explica directamente, sin presuponer una omisión, siempre y cuando el segundo de ellos, el principal, sea entendido no como el nombre propio de la protagonista (Śakuntalā, Vāsavadattā, etcétera), sino como una referencia a su historia o relato.[92]

En nuestro caso, aunque no se trata de una obra literaria en sentido estricto y aunque la constitución fonológica de la palabra *bhairava* impide que sea visible la forma alterna correspondiente,[93] esta lectura gana credibilidad por el hecho de que el título, como sucede en general con los títulos de escrituras similares, presupone la categoría *tantra*, entendida como un género literario: *vijñāna-bhairava-tantra*. Esto permitiría establecer una relación ya no entre Bhairava, sino entre «el *tantra* de Bhairava» y el sustantivo abstracto *vijñāna*.

92. «Why are Sanskrit Play Titles Strange?», pág. 211.
93. Tal como sucede con el segundo miembro en títulos como *Daridra-cārudatta* y *Mudrā-rākṣasa*, también considerados por Levitt como casos que caen dentro de esta lectura (*ib.*, pág. 206).

Al respecto, la propuesta de Levitt es que los títulos de los dramas mencionados son compuestos determinativos (*tatpuruṣa*), cuyos miembros guardan una relación sintáctica que puede entenderse en locativo –la historia de Vāsavadattā respecto a un sueño– o mejor aún en instrumental –la historia de Vāsavadattā a través de un sueño, usando como medio un sueño–. En el contexto de la composición literaria, esta construcción buscaría subrayar con el primer miembro precisamente «el motivo usado por el poeta para desarrollar la historia [...] el elemento más importante y distintivo de su versión de la historia».[94] A ello subyace desde luego un rasgo esencial del *kāvya,* el arte literario sánscrito: toda creación es recreación; el genio de poetas y dramaturgos no consiste tanto en inventar nuevas historias, sino en contar de una manera distinta, con un enfoque novedoso, las mismas historias, historias consagradas, notablemente, los antiguos ciclos míticos o los episodios de las grandes epopeyas, el *Rāmāyaṇa* y el *Mahābhārata*. Así las cosas, el título mismo de estas obras buscaría sugerir, en el primer miembro, esa nueva perspectiva o énfasis, y su inusual construcción buscaría despertar el interés del que escucha, casi como si se tratara de un acertijo.

En nuestro caso, leer «[el tantra de] Bhairava a través de *vijñāna*»,[95] es decir, desde la perspectiva de *vijñāna,* posee esa

94. *Ib*., pág. 212.
95. En su introducción a la versión italiana de la obra, R. Gnoli parece acercarse a esta interpretación, aunque sin ofrecer una razón gramatical explícita, cuando afirma que si Bhairava es el principio absoluto, la verdad que subyace a todo proceso cósmico y el

dosis de novedad, solo que en un contexto doctrinal. Habría, pues, un reconocimiento implícito de otros *tantras* de Bhairava, revelados desde una perspectiva distinta a la que aquí se ofrece. La carga comparativa tendría desde luego una implicación jerárquica. Si vale la pena contar de nuevo la misma historia, es porque es posible contarla no solo de otra manera, sino de una manera que promete una mayor eficacia doctrinal y soteriológica. La repercusión de este énfasis confirmaría además la posición de la obra respecto al desarrollo histórico del sistema Trika y más aún respecto al modelo de competencia incluyente con el que la tradición tántrica buscó racionalizar el cambio y la innovación.

Como he adelantado y como se verá con detalle, el *Vijñānabhairava* apuesta por una subordinación del ritual, la práctica dominante en el corpus antiguo, respecto a una visión puramente contemplativa de la realidad. Así pues, aunque aplicada a nuestro caso aquí, esta lectura tal vez sea un tanto excesiva y no resuelve la exigua presencia de la palabra *vijñāna* en el texto, ciertamente permite redondear la lectura apositiva ('Bhairava, la conciencia'), al ampliar la fuerza semántica de *vijñāna*, entendido ahora no solo como el atributo esencial de Bhairava, sino como el eje de la práctica tántrica y, por lo tanto, como principal vehículo de transformación es-

---

fundamento de la vida mental, entonces, desde ese punto de vista, el *Vijñānabhairava* «es el texto que trata de Bhairava, que tiende a Bhairava a través de la conciencia (*vijñāna*)» (pág. 16).

piritual. El título parece, pues, apuntar en ambas direcciones. Doctrinalmente, Bhairava es *vijñāna* y, por lo tanto, se explica aquí desde esa perspectiva, pero al abrazar tal posibilidad el texto establece asimismo la vía que el adepto debe cultivar para forjarse una identidad gnóstica o contemplativa, de la que ahora depende su liberación, es decir, su unión con Bhairava.

Doctrina

El sustrato mítico-teológico. Como vimos páginas atrás, la personalidad mítica de Bhairava recoge la marginalidad del veleidoso Rudra respecto al orden sacrificial védico y la recicla en la forma de una rivalidad con el dios Brahmā con un desenlace macabro: Bhairava castiga la arrogancia del dios puritano brahmánico cortándole una cabeza que luego porta como estigma de su transgresión, mientras lleva una vida de errante penitencia. Más allá de las adiciones y apostillas a la historia que buscaron aliviar el conflicto, el núcleo del mito posee todos los ingredientes para situar a Bhairava del lado de lo impuro y las fuerzas del caos, y convertirlo en la deidad de aquellos que con su visión del mundo y su praxis pusieron también en entredicho el discurso hegemónico, los yoguis y adeptos que se asomaron al otro lado del binomio puro-impuro, invocaron las potencias que colman esta creación, representadas como hordas de diosas frenéticas, y se dejaron poseer por ellas a fin de adquirir una nueva identidad, de la que depende su salvación.

La etimología de la palabra *bhairava* ofrece una pauta en una dirección similar. Si bien al parecer el adjetivo *bhairava* se remonta a la forma *bhīru,* 'temeroso', derivada a su vez de la raíz verbal *bhī-,* 'temer', en el uso corriente la palabra significa justo lo contrario: 'aterrador', 'espantoso', 'horripilante', acepción que registra ya en el siglo VI el tesauro de Amarasiṃha: «Aquello que inspira temor» (*bhayānakam*).[96] Transformado en nombre propio, el término designa a Rudra-Śiva en su aspecto irascible, lo que en el contexto brahmánico ortodoxo necesariamente remite a todo aquello que amenaza la estabilidad y el ideal de pureza. Bhairava inspira temor precisamente desde la perspectiva de dicho orden y los valores que este propugna. Ya en el seno de las corrientes tántricas *śaivas* y *śāktas*, el sentido básico de terror y lo que este evoca respecto al orden védico se diversificaron a través de una ingeniosa aplicación del antiguo *ars interpretandi* sánscrito conocido como *nirukti*, al que me referí a propósito del significado de la palabra *tantra*. La técnica se remonta al periodo védico y debemos su sistematización a cierto Yāska (aprox. siglo IV a. C.). De acuerdo con este, el análisis descansa en la posibilidad de reducir cualquier forma nominal a una acción o, en términos gramaticales, a una raíz verbal.[97] Puesto que se trata de un flexible procedimiento hermenéutico y no de una indagación etimológica en sentido

96. *Amarakośa* 1.7.20. Sobre esta inversión semántica, véase S. Kramrisch, *The Presence of Śiva*, pág. 265.
97. *Nirukta* 1.12.

estricto, el análisis necesariamente presupone las premisas doctrinales que subyacen a un texto o tradición en particular. Esto justifica el uso de criterios que a nosotros podrían parecernos poco científicos, por ejemplo una simple afinidad fonética.[98] Además, es posible obtener un resultado plural, que admite varios sentidos para una misma palabra al mismo tiempo,[99] posibilidad particularmente explotada por la tradición tántrica. De vuelta a la palabra *bhairava,* el análisis se repite en diversas fuentes con algunas variantes. Casi todas reconocen el sentido básico de 'terror', pero añaden nuevas connotaciones. Por ejemplo, algunos textos interpretan *bhairava* como el nombre de la deidad cuyo aullido (*rava,* de la raíz *ru-,* 'aullar', 'gritar') es aterrador, es decir, provoca temor (*bhī*). Para otros, en cambio, la palabra designa al dios que auxilia a quienes lanzan gritos de temor (de nuevo, *bhī* + *rava*) a causa del *saṃsāra.* Desde luego, la pluralidad de interpretaciones responde a la posición de cada texto en el desarrollo histórico de la tradición tántrica. Así, algunos empezaron a derivar la palabra ya no de la raíz *bhī-,* sino de la raíz *bhṛ-,* 'sostener', 'nutrir', atenuando con ello la connotación básica de terror y la parafernalia fúnebre, y reinterpretando el elemento transgresor en términos más abstractos. De dios terrible, Bhairava pasa poco a poco a ser un dios supremo: el que 'sostiene' y 'nutre' el universo entero. Nuevas lecturas también de corte especulativo contribuyeron

98. 2.1.
99. 2.27.

a la construcción de esta imagen: la raíz *bhā-*, 'iluminar', para explicar la primera sílaba, o las raíces *rā-*, 'dar', 'conceder', *vā-*, 'expandir', *īr-*, 'irrumpir', *av-*, 'proteger', etcétera, para las posteriores. La manera en que el *Vijñānabhairava* se suma a este ejercicio pone de manifiesto esta tendencia a la vez que la legitima para nuevos intérpretes; de hecho, aunque no presenta la sofisticación gnóstica de los exegetas en siglos posteriores, su influencia sobre Abhinavagupta y Kṣemarāja es palmaria.[100]

Entonces, hacia el final de la secuencia de 112 ejercicios contemplativos, leemos: «La palabra *bhairava* [significa] 'aquel que con su luz hace resonar todas las cosas, el que todo lo concede, el que colma el universo entero'. Quien [con este entendimiento] la repite sin cesar, alcanza a Śiva» (estrofa 127). Dejando de lado por ahora su aplicación práctica, esta «definición» retrata perfectamente la evolución de la imagen mítica de Bhairava hacia un significado más especulativo. En su propia textura fonético-silábica, la palabra *bhairava* evoca sentidos luminosos, sonoros, devocionales y cósmicos.[101] Más importante aún, la combinación de todas estas connotaciones revela una preocupación por vincular a Bhairava con el mundo manifiesto, aunque sin confinarlo a él. Así, las primeras dos definiciones, en especial la segunda, lo presentan como un dios creador, el principio detrás de todo cuanto existe; la tercera, en cambio,

100. Del primero, véase por ejemplo *Tantrāloka* 1.95-100 y *Parātriṃśikāvivaraṇa*, pág. 63; del segundo, la estrofa que abre su comentario a nuestro texto. Sobre estas interpretaciones, véase E. Kahrs, *Indian Semantic Analysis*, págs. 61-82.
101. Los detalles pueden apreciarse en el comentario que acompaña a la traducción.

nos sorprende con una personalidad más próxima. Bhairava otorga todas las cosas (*sarvadaḥ*) y, no obstante, habita en todas ellas (*vyāpakaḥ*); es agente (*kartṛ*) y objeto (*karma*). En esta coyuntura debe comprenderse ahora su ferocidad y marginalidad: su disidencia mítica es entendida como una trascendencia que es omnipresencia, y viceversa, en un intercambio continuo que «transgrede» el discurso brahmánico de la estabilidad jerarquizada y excluyente, y la inmutabilidad metafísico-teológica. Esta disidencia más «filosófica» y universal presupone, sin embargo, el sustrato sectario. La combinación de las dos dimensiones se aprecia mejor al leer la presente estrofa a la luz de la estrofa paralela en el preámbulo de la obra, donde se establece también «hermenéuticamente» la identidad femenina del impulso de Bhairava hacia la manifestación: «... tal es la condición (*avasthā*) de Bhairava, [conocida como] Bhairavī porque colma todas las cosas (*bharitākārā*). Su plenitud inmaculada y omnímoda, eso es lo que en verdad debes conocer. Y en una realidad tan excelsa, ¿a quién cabría adorar, a quién propiciar?» (estrofas 15cd-16).

He aquí el núcleo mítico-teológico de nuestro texto. El intercambio dinámico de trascendencia e inmanencia hunde sus raíces en la imagen de la pareja divina, Bhairava y Bhairavī. En particular, desde el punto de vista de la manifestación, Bhairava es Bhairavī, definida obsesivamente a lo largo del texto como *avasthā*, 'condición' (además de esta estrofa, véase 17, 20, 23, 71, 74, 113, 140). La palabra posee una riqueza semántica que difícilmente puede capturar mi traducción. Si la unidad trascendente deviene pluralidad, significa que de algún modo sale de sí misma, se exterioriza y «desciende» a otros planos de realidad, su propia manifestación. Eso es precisamente lo que evoca la palabra. La libertad creadora de la deidad se expresa a través de este «descenso», de esta «posición abajo», indicada por la forma sustantivada de la raíz *sthā-*, 'estar', más el prefijo *ava-*, 'abajo'. En este contexto, no es accidental que la palabra sea femenina. En realidad, *avasthā* es una forma codificada de referirse a la diosa.[102] El dinamismo descendente que conviene a Bhairava, abunda el texto, es Bhairavī, definida «hermenéuticamente» del mismo modo que aquel: como omnipresencia. La conclusión de esta red de asociaciones es simple y a la vez poderosa: si Bhairava colma todas las cosas, es porque es Bhairavī, porque goza de esta «condición», de esta «forma» o «apariencia» en la que toma residencia, otra acepción de *avasthā*. El siguiente verso redondea el énfasis en la inmanencia femenina de la divinidad a través de otro par de términos técnicos, introducidos con apremio soteriológico: *vapus* y *pūrṇa*. Los dos evocan las ideas de extensión y corporalidad, así como de plenitud y esplendor. Empero, una vez inmersos en esta divinización de la realidad manifiesta, sin más, el texto dirige nuestra atención de nuevo hacia lo alto. La «condición» de Bhairava es el plano «supremo» (*param*). La conclusión, una vez más, es simple y a la vez poderosa y trae a la mente la imagen mítica de la columna de luz con la que Śiva despliega su

102. Detalle que, hasta la fecha, todos los traductores han pasado por alto.

superioridad sobre el dios Brahmā: abajo es arriba, la plenitud horizontal de Bhairava coincide con su eminencia vertical.[103]

Por si esto fuera poco, la siguiente estrofa (17) hace explícito el trasfondo teísta-sectario de esta inesperada y, en última instancia, paradójica vuelta a la trascendencia. No se trata de cualquier «superioridad», en abstracto, sino de aquella que, a través de un evidente juego de palabras, define a la diosa Parā, la diosa suprema del panteón Trika. En particular, la identificación entre Bhairavī y Parā confirma los rasgos que caracterizan al desarrollo del sistema Trika en sus fases tardías, entre ellos, como mencioné, la tendencia a colocar a Parā por encima de la triada original y de camino a un monismo antirritualista. No es una casualidad entonces que en la estrofa siguiente (18) el texto adopte de nuevo un tono universal y llamé a Bhairavī-Parā simplemente *śakti*, la potencia de Śiva-Bhairava.

Si lo que hay aquí es un monismo *in limine*, es necesario redondear la sospecha con el ingrediente decisivo: para ser realmente una, la deidad debe admitir como atributos esenciales la acción, el cambio y la temporalidad. En nuestro texto, la noción de *śakti* comprende todos estos aspectos.

He aquí, pues, la transgresión transformada en filosofía: afirmar la naturaleza divina de la actividad y la temporalidad es extrapolar al ámbito especulativo la experimentación tántrica con el deseo, la muerte y, en general, con lo prohibido. La convergencia dinámica de trascendencia e inmanencia es

103. Véase antes págs. 37-38.

la expresión final del llamado a ir más allá del binomio puro-impuro. Aunque cueste trabajo asimilarlo, sobre todo iconográficamente, el horripilante y sangriento Bhairava es ahora un símbolo de la unidad sin par. En particular, el *Vijñānabhairava* entiende esta extrapolación como un esfuerzo permanente para impedir que la noción de «superioridad» se convierta en una categoría estable. Así, al desplazar como contrapeso nuestra atención hacia la energía, el modelo permite postular una divinidad omnipresente, pero atesorando el secreto. En efecto, a través de la diosa, dios se presenta en todas las cosas, pero en ese mismo movimiento permanece oculto. Esta dimensión apofática alcanza a su vez a la propia diosa. Ella también posee ahora una doble identidad: en tanto manifestación y pluralidad, y en tanto el inescrutable Bhairava. En el primer caso es dinamismo y cambio; en el segundo, disolución y vacío. La apuesta soteriológica de nuestro texto consiste precisamente en alcanzar el punto intermedio (*madhya*) donde convergen ambos impulsos. De ahí que también en estas primeras estrofas el texto llame a la diosa el «umbral» o, literalmente, la «boca» (*mukha*) de Bhairava (20, 23). Reservemos los pormenores para el siguiente apartado, dedicado a la praxis propiamente, y completemos este recorrido por la doctrina de nuestro texto con las dimensiones cosmológica y psicológica de la potencia divina.

Cosmología y psicología. Hacia «abajo», la energía de Bhairava ilumina dos ámbitos en particular, el fenoménico y el mental, íntimamente conectados entre sí. La interrelación no es un axioma exclusivo del sistema Trika o de la tradición tántrica; se trata en realidad de un postulado básico del pensamiento indio en general y sus orígenes se remontan a la escuela Sāṅkhya. Como se sabe, a fin de lidiar con las impurezas del cambio y la actividad, la fuente última de la ignorancia y el sufrimiento, el Sāṅkhya defendió un estricto dualismo entre el espíritu (*puruṣa*) y la materia (*prakṛti*). Así, del lado de la materia, organizadas en una secuencia de niveles sucesivos llamados *tattvas,* se encuentran ahora todas las posibilidades de la realidad psíquica y somática. La diferencia es únicamente de grado, en una secuencia de lo sutil a lo burdo que comienza con la inteligencia (*buddhi*) y termina en el elemento tierra (*pṛthivī*). En un sentido extremo, como señala Juan Arnau, esto significa que «la distinción convencional entre lo subjetivo y lo objetivo obedece a diferencias evolutivas y no esenciales o de raíz»; el mundo físico posee una dosis de inteligencia, el intelecto, algo de tosca objetividad.[104]

En el caso de las tradiciones *śaivas*, la enorme aceptación que alcanzó esta doctrina se resiente sobre todo en la tendencia a establecer una homologación simbólica entre el cosmos y el cuerpo humano, y entre el cosmos y la conciencia. Esa tendencia, como mencioné, es visible desde los movimientos ascéticos de Pāśuptas y Lākulas, y se caracteriza por vincular los distintos *tattvas,* a veces ahora llamados «senderos» (*adhvan*), y la capacidad de acción de la divinidad. Lo que

104. *Cosmologías de India*, pág. 74.

observamos es, pues, una tendencia a insertar la doctrina del Sāṅkhya en la visión teísta tántrica. Como puede anticiparse, el resultado fue una visión más afirmativa de los *tattvas* y, finalmente, un distanciamiento respecto al dualismo. El giro decisivo, como también sugerí, coincide con el surgimiento de los cultos Kaulas, centrados en la veneración de deidades femeninas, representadas como las fuerzas que colman la realidad entera, dentro y fuera, y presiden sobre cada uno de los planos que la conforman. Nuestro texto hereda esta visión al explicar el despliegue psicofísico a partir directamente de la diosa Bhairavī-Parā. La realidad exterior objetiva y la realidad interior subjetiva son las dos principales manifestaciones de la potencia de Bhairava; en este par de ámbitos, la diosa, pese a ser una, se diversifica y fragmenta, y pese a ser un torrente de energía, se contrae y coagula.

Sin embargo, el texto abunda poco sobre esta condición y su efecto en la identidad individual. Menciona tan solo dos *tattvas* por su nombre, *māyā* y *kalā*, la ilusión y el poder limitado de acción, ambos indicativos de la apropiación *śaiva* del modelo propuesto por el Sāṅkhya, que no los contempla (estrofa 93). Igualmente escueta es la alusión a la «secuencia de los [seis] senderos» (*ṣaḍadhvan*) (estrofas 55-56), un modelo que gozó de popularidad, como indican los testimonios en otras fuentes, incluidas las del sistema Trika.[105] En suma, la mención de este par de mapas de la creación confirma apenas una adherencia

105. Sobre el tema puede consultarse A. Padoux, *Vāc*, cap. 6.

doctrinal en lo general, pero sin ofrecer mayores detalles. En realidad, su función es soteriológica: establece que, sometido a esta doble emanación, el individuo es incapaz de reconocer su verdadera naturaleza, y subraya la necesidad de emprender un movimiento en la dirección contraria, de vuelta a la fuente divina. La información que nuestro texto aporta en materia cosmológica y psicológica pasa, pues, por el llamamiento práctico a escalar cada uno de los *tattvas* en sentido inverso, en un proceso involutivo de disolución sucesiva que culmina precisamente en la diosa Parā (estrofa 53). En este contexto, la noción más iluminadora es sin duda *vikalpa*.

Pese a su ubicuidad en el discurso filosófico sánscrito, *vikalpa* es un término sumamente elusivo en el momento de intentar explicarlo, y ya no se diga traducirlo. Proviene de la raíz *kḷp-*, 'formar', 'configurar', 'construir', más el prefijo *vi-*, que hace explícito el proceso de diferenciación inherente al acto de dar forma. En primera instancia, el término remite al pensamiento discursivo-analítico que ordena la realidad delineando entidades particulares que excluyen, explícita o implícitamente, las demás y, más importante aún, la fuente última. Empero, su alcance es más amplio, pues comprende cualquier proceso formativo; no solo conceptos, sino asimismo imágenes, sensaciones, afecciones, etcétera. Todas estas experiencias, una vez consumadas, provocan una especie de turbación o trastorno que alejan al individuo de la visión más elevada, un matiz también presente en el uso de la palabra. Ante un término tan complejo semánticamente cabe, pues, esperar lecturas diversas. Algunos han propuesto opciones neutrales como 'representación', 'constructo' o 'actividad mental'; otros lo traducen de distintas maneras dependiendo del contexto y algunos más defienden su intraducibilidad. Aunque 'constructo' sería una opción cercana al sentido literal, me parece que tiene el defecto de sugerir un proceso demasiado rígido o mecánico; además, la RAE le asigna un valor puramente teórico o conceptual. En el uso corriente 'representación' admite, en cambio, un abanico semántico más amplio. Esta es, por lo tanto, la alternativa que adopté en la traducción, a veces complementada con el adjetivo «mental»; además, con el fin de recalcar su heterogeneidad, he privilegiado la forma plural, «representaciones mentales».

Ahora bien, guiado por sus profundas inquietudes soteriológicas, nuestro texto favorece las formas negativas *avikalpa* y *nirvikalpa,* usadas con mayor frecuencia que *vikalpa*. En todo caso, el insistente llamamiento a trascender el entramado de *vikalpas* indirectamente establece su centralidad, junto con la realidad físico-cósmica, para entender el proceso de fragmentación y condensación del flujo emanantista de la deidad. El señalamiento, sin embargo, no viene acompañado del tono derogatorio y hostil que hallamos en otros sistemas filosóficos.[106] En ninguna parte el *Vijñānabhairava* repudia o rechaza los

106. Tal vez el mejor ejemplo de esa hostilidad sea el monismo ilusionista de un Śaṅkara, en cuya obra *vikalpa* y demás formas derivadas de la raíz *klp-* se asocian casi de manera sistemática con la ignorancia (*avidyā*). En nuestro texto, unas cuantas estrofas hacia el final parecen abrazar una visión próxima al ilusionismo (estrofas 100, 130, 132) y, por lo tanto, aunque el término *vikalpa* no aparece, podría inferirse una actitud menos neutral.

vikalpas; exhibe apenas cierto recato fundado en su apuesta soteriológica.

Los *vikalpas* son una expresión más, si bien burda y enajenante, de la energía divina. Para el yogui, esta certeza representa una oportunidad única: transformar su relación con la actividad de los sentidos y la mente. Precisamente a este cambio de enfoque apuntan las formas negativas *nirvikalpa* y *avikalpa*; no instruyen al adepto a repudiar los *vikalpas*, sino a mirarlos de una manera distinta, ya no en su condensación final –diferenciadora, dicotómica, etcétera–, sino en su dinamismo, esto es, desde la perspectiva del flujo de energía que los hace posibles y en el que además cabe reinsertarlos. Sin este valor agregado, por sí solos, los *vikalpas* explican el proceso ordinario de construcción de pensamientos, imágenes, sensaciones, etcétera, es decir, atendiendo únicamente y casi por inercia a las formas acabadas. Este tipo de atención dispersa la energía y tiene un efecto limitante; la atención yóguica la acrecienta y tiene un efecto liberador. El contraste entre estas dos modalidades, *vikalpa* y *nirvikalpa*, tiene, pues, una implicación didáctica y finalmente, de nuevo, soteriológica: es posible cultivar otro tipo de enfoque, reeducar la atención de modo que la manifestación apabullante de energía que llamamos actividad mental pueda adquirir nueva vida. No es, pues, difícil percatarse de que las instrucciones de Bhairava coinciden en un mismo hecho: basta apenas un sutil giro de atención para que en medio de la aparente consistencia del mundo, incluso en los lugares más inesperados y extravagantes, destelle su potencia ilimitada, el torrente de energía que colma todas las cosas. Sin negar ni rechazar esta asombrosa creación, la persistencia del deseo y el cambio, la diferencia y las jerarquías, el yogui aspira a ver en todo ello un «umbral». En este punto, desde luego, la teoría describe un giro definitivo hacia la práctica. Al otro lado de la psicología elemental de los *vikalpas,* hacia esa modalidad acrecentada de atención que el texto asocia con el término *nirvikalpa,* nos sale al encuentro otra noción fundamental: *bhāvanā*.

Praxis

Bhāvanā. A la pregunta inicial de la diosa por la esencia última de la divinidad, Bhairava responde en el preámbulo de la obra con Parā, su propia condición o umbral (*avasthā, mukham*). La respuesta satisface la inquietud de Bhairavī en un nivel teórico, mas no en uno práctico. De hecho, el prurito soteriológico transforma la respuesta «teórica» en una invitación para avanzar hacia las implicaciones prácticas. Así, el preámbulo concluye con el deseo expreso de conocer a Parā *en tanto umbral*. Como acabamos de ver, hacia la manifestación, abajo, ese umbral se diversifica y coagula en la realidad psicofísica ordinaria: el mundo diferenciado y el aparato mental que le permite al individuo conocer ese mundo y afirmar una identidad. Esa ruta no es, desde luego, la que le interesa a la anhelante Bhairavī. Su clamor apunta hacia lo alto, hacia Bhairava mismo: «¿Cómo puede la diosa suprema ser un umbral hacia él?» (estrofa 23ab).

El núcleo del texto ataca esta nueva inquietud de 112 maneras. Empero, la respuesta se asoma incluso antes de que la diosa formule la pregunta. Aparece condensada en una palabra introducida sin más para rematar la interrelación entre Śiva y su potencia: «La *bhāvanā* de quien se adentra en la condición [de Śiva], en Śakti, es indistinta [de Śiva]; entonces, él mismo adquiere la forma de Śiva. [Por eso] aquí llamamos "umbral" a la energía de Śiva» (estrofa 20). A primera vista, el argumento parece obvio: puesto que Śakti y Śiva son uno, al entrar en aquella el individuo consigue hacerse como este; por lo tanto, Śakti es el umbral. Esta lectura deja de lado, sin embargo, la fuerza causal de un tercer ingrediente en juego: *bhāvanā*. Al respecto, la glosa de Kṣemarāja ofrece un buen punto de partida. Explica este que el tránsito de la inmersión en Śakti a la adquisición de la forma de Śiva está mediado por una *bhāvanā* que ha trascendido las diferencias (*nirvibhāga*), una idea que remite a la noción de *nirvikalpa*. Esto significa que *bhāvanā* también posee un valor instrumental en la consecución de la meta final. Ella es también un umbral y, por lo tanto, en un sentido extremo, comparte la naturaleza de Śakti que es indistinta de Śiva. La profundidad del nexo podría desconcertarnos. Por un lado, esta primera mención introduce el nombre común de los 112 ejercicios que conforman el núcleo del texto, 112 *bhāvanās*;[107]

107. Así lo corrobora el grueso de la obra. *Bhāvanā* y formas afines, sobre todo verbales, aparecen con tal frecuencia (en casi una cuarta parte de las estrofas) que no hay duda de que es el nombre que mejor conviene a los 112 ejercicios. En este contexto, resulta un tanto extraño que la recepción académica del texto suela agrupar sus enseñanzas bajo la

por el otro, anuncia algo que va más allá de un simple método. Conviene, pues, avanzar con tiento. ¿Qué significa *bhāvanā* y qué significa en el *Vijñānabhairava*?

La palabra proviene de *bhū-*, una de las dos raíces en sánscrito, junto con *as-*, para decir «ser». Empero, a diferencia de esta, con un valor más estático o sustancial que no considera la duración o la acción, la raíz *bhū-* comunica un proceso ('llegar a ser', 'convertirse'). En particular, *bhāvanā* es una forma sustantivada del causativo de *bhū-*, es decir, 'el acto de hacer que algo sea'. A partir de este sentido general, la palabra adquirió una connotación más especializada en diversos contextos con evidentes puntos de contacto entre sí, sobre todo la tradición exegética ortodoxa (*mīmāṃsā*), la teoría literaria (*alaṅkāraśāstra*) y la práctica contemplativa. Dejando aquí de lado los dos primeros ámbitos, en el interior de la rica tradición contemplativa india *bhāvanā* designa el esfuerzo meditativo del adepto con un énfasis, derivado de la propia etimología de la palabra, en su poder causativo. No es cualquier contemplación, sino una que «hace ser» el objeto contemplado, en el sentido de que instaura su presencia y le restituye un valor

---

etiqueta de *dhāraṇā*, pese a que este término no aparece ni una sola vez (la única excepción sería la forma verbal *dhārayet* en la estrofa 73). Más aún, el uso de un léxico variado para instruir al adepto se explicaría a partir del significado de *bhāvanā*. Así, aunque mi traducción reproduce de manera más o menos consistente dicha variedad ('meditar' para la raíz *cint-*, 'contemplar' para la raíz *dhyā-*, 'evocar' para la raíz *smṛ-*, etcétera), hay que tener en cuenta que a todas estas opciones subyace *bhāvanā*. En este mismo sentido cabría entender otro par de expresiones empleadas para definir los 112 ejercicios, a saber, *nistaraṅgopadeśa*, 'enseñanzas para alcanzar reposo' (estrofa 136) y *yukti*, 'métodos unitivos' (estrofa 145).

profundo. De ahí que a menudo los especialistas propongan traducciones más explicativas como 'contemplación creadora', 'contemplación activa', etcétera. Desde luego, esto significa que hablamos de una contemplación imaginativa, en el sentido básico de que opera con imágenes, no a costa de ellas o en abstracto. *Bhāvanā* es, pues, una especie de aplicación especializada, consciente, del proceso figurativo inherente a la actividad mental, la capacidad para crear y sostener imágenes. Desde luego, cada tradición fijó y legitimó el rumbo que debía seguir este cultivo deliberado y vigilante de la imaginación. Por ejemplo, dentro de la tradición budista, aun cuando Dharmakīrti reconoce que *bhāvanā* posee una eficacia en cualquier ámbito de la experiencia, sin importar su calidad moral o valor soteriológico,[108] en realidad su sentido más profundo solo puede apreciarse en un contexto propiamente meditativo; y puesto que la meditación presupone adhesión a ciertas verdades canónicas, en última instancia *bhāvanā* está subordinada a dichas verdades. Su función más alta consiste, pues, en «hacer ser» o «dar realidad» meditativamente al único objeto que, según el consenso budista, es real, a saber, las Cuatro Nobles Verdades.[109]

Dentro de la tradición tántrica, la palabra remite en primera instancia al extendido uso litúrgico de la imaginación. Los

108. Es lo que le permite al enamorado, por citar el ejemplo más obvio, recrear intensamente la presencia de la amada incluso en su ausencia. Véase *Pramāṇavārttika* 3.282-384.
109. *Pramāṇavārttika* 3.286-287.

ritos de visualización y adoración asociados con los panteones tántricos y la propia iconografía de esos panteones son casi impensables sin este correlato interior de carácter contemplativo-imaginativo. De hecho, a menudo la representación externa (*bāhya*) de la deidad en un ídolo (*mūrti, vigraha*) descansa en una recreación sostenida de su forma imaginal (*svarūpa*).[110] Las escrituras tempranas del sistema Trika no son la excepción y así suelen instruir al adepto a visualizar internamente (*āntara, mānasa*) la triada de diosas.[111] Más cercano a nuestro texto, el *Parātriṃśikātantra* ordena instalar, de manera imaginativa, a la diosa Parā sobre un altar hecho de flores y venerarla con una atención que tome en cuenta sus dimensiones mántrica y cósmica, además de la propiamente icónica.[112]

Pero las escrituras tántricas parecen ir más lejos de lo que podemos hallar en otras tradiciones. Así lo sugieren los constantes elogios. Por ejemplo: «Se libera incluso en esta vida quien abraza por completo esta *bhāvanā*», o más lacónicamente: «El conocimiento supremo no es otro sino *bhāvanā*».[113] Y es que la preeminencia del elemento contemplativo-imaginativo en la praxis tántrica no necesariamente termina en la vívida

110. Véase entre otros S. Gupta *et al., Hindu Tantrism,* pág. 8; H. Brunner, «L'image divine dans le culte āgamique de Śiva», en especial págs. 27-29; G. Bühnemann, *The Iconography of Hindu Tantric Deities,* vol. 1, introducción, y G. Flood, «The Purification of the Body in Tantric Ritual Representation», págs. 28-33.
111. Véase A. Sanderson, "The Visualization of the Deities of the Trika", pág. 32 y ss.
112. *Parātriṃśikātantra* 29-33. Para ejemplos del uso de *bhāvanā* en algunas fuentes tántricas, no solo *śaivas* sino asimismo budistas, véase F. Chenet, "Bhāvanā et créativité de la conscience", págs. 64-84.
113. Respectivamente *Svacchandatantra* 7.259ab y *Mālinīvijayottaratantra* 17.20cd.

aprehensión del objeto contemplado; en última instancia, esa aprehensión puede reconfigurar también la identidad del meditador. Los ritos del *mantramārga*, desde la iniciación hasta la experiencia culminante de la liberación, presuponen la posibilidad de alcanzar, manipular y transformar el alma del adepto, y en todo ello *bhāvanā* desempeña una función decisiva.[114] En un sentido extremo, esto significa que *bhāvanā* es una noción reflexiva: «hace ser» al sujeto en función de la imagen contemplada, en la que ve cumplida su verdadera identidad.[115] Idealmente, esta transformación conlleva la fusión de sujeto y objeto, y por lo tanto *bhāvanā* deja de ser un simple medio para convertirse en la meta misma.

La adhesión del *Vijñānabhairava*, al que aquí volvemos, a tan honda conclusión ha de entenderse a la luz del lugar que ocupa en el desarrollo del sistema Trika. Dicho de otro modo, el alcance semántico de *bhāvanā* en la obra depende directamente de su apuesta doctrinal. Como vimos, esa doctrina establece la naturaleza de Śakti como umbral a Śiva en cualquier circunstancia. En un sentido radical, esto significa que el consenso en torno a la eficacia soteriológica de *bhāvanā* constituye la doctrina completa, prescindiendo del resto, es decir, del aparto ritual. Esta es, al final, la verdad que *bhāvanā* busca actualizar: la omnipresencia de la propia *bhāvanā*. De

114. A. Sanderson, «Śaivism and Brahmanism in the Early Medieval Period», pág. 3.
115. Véase L. Bansat-Boudon, «On Śaiva Terminology», pág. 84, y F. Chenet, «Bhāvanā et créativité de la conscience», págs. 47 y 86-87.

entrada, esto significa que su fuerza causativa permite sustituir la construcción ordinaria de la realidad, fundada en la noción de *vikalpa,* por «una conciencia intuitiva y no discursiva centrada en la realidad última»,[116] es decir, en la propia Śakti. Así, *bhāvanā* transforma la densidad diferenciada de la experiencia ordinaria en un torrente expansivo que reinstaura la presencia de la potencia divina en cada acto cognitivo. Con esta novedosa aplicación contemplativa del antiguo imaginario tántrico y sus hordas de diosas frenéticas, entidades y acontecimientos ordinarios son ahora concebidos como manifestaciones de una misma energía: la respiración es un flujo rítmico de energía; la percepción, un engarce de formas objetivas y subjetivas de energía; sentimientos básicos como el placer, el miedo y el dolor, irrupciones de energía; el cuerpo, un vasto campo de energía formado por canales (*nāḍī*), centros (*cakra*) y sellos gestuales (*mudrā*); el propio ritual es ahora un suceso interior o energético ininterrumpido.

La instauración de esta realidad contemplativa no termina aquí, pues, como anticipé, necesariamente acaba trastocando también al sujeto: en la misma medida en que este la «hace ser», esa realidad lo «hace ser» a él. De nuevo, el sentido último, soteriológico, de *bhāvanā* es reflexivo. Tal sentido aparece con toda su profundidad en la siguiente estrofa hacia el final del texto: «La *bhāvanā* que sin cesar es concebida (*bhāvyate*) en la realidad suprema (*parabhāva*) es aquí la recitación de mantras

116. L. Bansat-Boudon, «On Śaiva Terminology», pág. 87.

(*japa*). El sonido espontáneo, el alma de todos los mantras, es el mantra que conviene a tal [*bhāvanā*]» (estrofa 142).

Por un lado, la estrofa hace explícita la ascendencia verbal de *bhāvanā,* a saber, el causativo de la raíz *bhū-*; por el otro, sin embargo, el uso de la voz pasiva introduce un giro inesperado: *bhāvanā* no solo «hace ser» tal o cual objeto, como lo establecen los 112 ejercicios contemplativos; literalmente, ahora ella misma «es causada ser» (*bhāvyate*). El giro desplaza así la posición del adepto como agente de la práctica contemplativa. Ya no es tan solo algo que él hace, sino más bien algo que acontece de manera continua (*bhūyo bhūyaḥ*). Esto justifica la asociación con la recitación continua de un mantra (*japa*), cuya meta consiste precisamente en alcanzar el punto donde el flujo de sonido es espontáneo (*ajapajapa*). Tampoco es una casualidad que el texto remate la analogía revelando el mantra que mejor encarna la práctica del *japa* y, por lo tanto, que mejor ejemplifica lo que es *bhāvanā:* el sonido primordial (*nāda*), definido como aquel que resuena por sí mismo (*svayam*), sin que nadie ni nada lo produzca (estrofas 38, 111bis), lo que a su vez explica el nexo con el ritmo respiratorio (estrofa 24). La dimensión performativa del mantra converge así con la dimensión performativa de la contemplación. Al final, ambos dinamismos, sónico y visual, describen a la deidad misma. El paralelismo confirma, pues, que *bhāvanā* no es únicamente algo que lleva a cabo el adepto, sino además algo que a él le sucede. La pregunta se impone: si el adepto debe rendirse ante este impulso imaginativo del que en última instancia depende su identidad más profunda, ¿quién es en este caso el agente que hay detrás de *bhāvanā*? El texto no lo revela abiertamente, lo hace, sin embargo, de manera codificada al indicar el locus de esta realización espontánea, a saber, la «realidad suprema» (*parabhāva*), una expresión que reitera el juego fonético-semántico que da su peculiar densidad a la estrofa. Derivado directamente de la raíz *bhū-*, *bhāva* suele traducirse como 'realidad' o 'existencia'; empero, como *bhāvanā*, también es posible derivar la palabra del causativo, en cuyo caso designa no un estado fijo o estático, centrado en lo que es, sino un estado sujeto a un proceso dinámico y creador, centrado en lo que debería ser.[117] En nuestro texto, *bhāva* designa precisamente esta condición en la que el adepto ve cumplida su verdadera naturaleza (véase asimismo las estrofas 52 y 60-61). Por lo tanto, el *bhāva* supremo (*para*), ahí donde *bhāvanā* es causada ser (*bhāvyate*) de manera ininterrumpida, solo puede corresponder, tal como lo evoca el propio término *para*, al plano de la diosa Parā, identificada en nuestro texto con la potencia (*śakti*) de Śiva-Bhairava.

Apenas unas estrofas más adelante, el texto vuelve a esta *bhāvanā* superior para reiterar su nexo con la diosa Parā: «El altar es aquí la *bhāvanā* suprema (*parā*): absorberse en la potencia de Rudra» (148ab). De un lado, el verso define *bhāvanā* como un simple medio en los mismos términos de la estrofa

117. Tanto la escuela Mīmāṃsā (respecto a la «actualización» de una prescripción védica en el contexto del ritual) como la tradición poética (respecto a la «actualización» del contenido estético de una obra literaria) emplean la palabra en este último sentido.

20, citada arriba: a través de ella, el adepto se «adentra» o «absorbe» (*samāveśa*) en Śakti. Del otro, sin embargo, la manera de enunciarlo evoca un sentido más profundo: *bhāvanā parā* bien puede leerse como una aposición de sustantivos, en cuyo caso *parā* funcionaría no como un adjetivo, sino como el nombre propio de la diosa y *bhāvanā* como el aspecto que en este caso quiere subrayarse: Parā en tanto *bhāvanā*, lo que en última instancia permite, como *avasthā*, una personificación: Parā que es Bhāvanā.

La repentina identificación de *bhāvanā* con la deidad misma tiene además un inesperado efecto sobre la noción de *samāveśa*. Como mencioné, el uso de *samāveśa* y formas afines en nuestro texto confirma, al menos en principio, la tendencia dentro del Tantra a entender esta «penetración» en un sentido activo, desde la perspectiva del adepto que se «interna» contemplativamente en una realidad superior. La connotación original, sin embargo, es pasiva y se inscribe en el espíritu abiertamente transgresor de los primeros cultos frente a la obsesión brahmánica por el control y la estabilidad: a través de sus potencias, la deidad «entra» en el individuo, lo posee.[118] En nuestro pasaje, *samāveśa* parece, pues, retener algo del antiguo sentido de «posesión», dado que no se trata ya tan solo de la *bhāvanā* que el sujeto cultiva activamente, sino de aquella que lo «hace ser». La traducción resultante –'El altar es aquí Bhāvanā, [la diosa] Parā: ser poseído por la potencia de Rudra'– confirma

118. Véase antes pág. 67.

la riqueza semántica de *bhāvanā* en la obra. Desde luego, la correlación entre *bhāvanā* y *samāveśa* está en sintonía con las doctrinas del texto. No es la antigua posesión ritual y orgiástica, sino una posesión contemplativa. Al contemplar la potencia de Śiva e identificarse con ella, el adepto mismo se convierte en un medio para la acción divina; la diosa entra en él y lo envuelve sustituyendo su experiencia ordinaria por una más elevada. Paradójicamente, esa experiencia extraordinaria también es *bhāvanā,* el impulso contemplativo de la diosa misma. Una vez más, si *bhāvanā* es «hacer ser» el objeto contemplado, y si ese objeto es Śakti, el umbral a Śiva, del que depende la identidad final del adepto, entonces, en su caso, contemplar equivale a *hacer ser la realidad suprema* (bhāva) *que lo hace ser.* De nuevo, *bhāvanā* es medio y fin, proceso y resultado; en el primer caso hablamos de un esfuerzo progresivo; en el segundo, de un acaecimiento súbito y completo desde el principio.

El texto no abunda en el hecho de que la deidad misma tenga como atributo *bhāvanā,* o más aún que pueda ser Bhāvanā. De ello se ocuparon, un par de siglos después, exegetas como Abhinavagupta y Kṣemarāja. En todo caso, una vez más, la influencia es tangible. En particular, el *Vijñānabhairava* contiene todos los ingredientes que prefiguran los postulados de la escuela Pratyabhijñā, a saber, como mencioné, la visión de la pareja divina como una conciencia absoluta (*cit, citi, prakāśa*) que por su libre e irrestricta libertad (*svātantrya*) despliega dentro de sí misma, como imágenes sobre un lienzo, tanto la vida mental como la realidad física, su propio reflejo (*vimarśa*).

Tal sería la implicación más honda, filosófica, de *bhāvanā* en nuestro texto.[119]

¿Cómo traducir un término con una carga semántica tan fecunda y con un impacto tan decisivo en las enseñanzas del texto? Inevitablemente, esta tortuosa exposición ha sugerido algunas posibilidades, aunque ninguna del todo satisfactoria. Como vimos, la secuencia avanza de una intensa contemplación imaginativa a la eficacia ontológica de esa imagen a la identificación reflexiva a la universalización y, por último, a una divinización que parece reiterar el sentido básico, etimológico, de la palabra.[120] De hecho, la lectura que mejor capta la extrapolación soteriológica del poder causativo de *bhāvanā*, es decir, respecto a la identidad del sujeto, es la lectura etimológica, no la contextual (la práctica contemplativa).

En inglés, como ha sugerido recientemente L. Bansat-Boudon, a diferencia de opciones comunes como *contemplation* o *meditation*, la voz *realization* comunica mejor las connotaciones reflexivo-soteriológicas de *bhāvanā*.[121] La palabra denota tanto el acto de volver algo real en un contexto gnoseológico como un logro personal, es decir, la eficacia reflexiva de dicho acto. En español, aunque desde una perspectiva puramente etimológica la palabra «realización» posee un sentido similar, en el uso corriente su fuerza causativa es, sin embargo, menos

119. Sobre el tema puede consultarse mi libro *La mirada anterior*, caps. 4 y 5.
120. B. Bäumer, «Creative Contemplation in the Vijñāna Bhairava Tantra», pág. 67.
121. «On Śaiva Terminology», págs. 84, 89-91.

explícita. En cualquier caso sería necesario, además, un calificativo que ciña esa «realización» al ámbito contemplativo. Más que una «contemplación creadora», *bhāvanā* es una «realización contemplativa» o «contemplativo-imaginativa». En la práctica, sin embargo, me pareció excesivo traducir la palabra así. Sin otra alternativa, opté por mantener el original sánscrito (estrofas 20, 46, 61, 142, 148).

Desde luego, tan elemental maniobra es inviable respecto al uso de formas verbales (estrofas 43, 44, 71, 83, 85. 86, 92, 98, 102, 103, 118, 123, 124, 134, 142), mucho más frecuentes en el texto, por igual en voz activa y pasiva, que el sustantivo *bhāvanā*, a menudo además intensificadas por los prefijos *vi-*, *anu-* y *pari-* (estrofas 19, 40, 45, 46, 62, 81, 105). Bansat-Boudon no lo dice, pero al ventajoso uso de la voz inglesa *realization* correspondería, en el terreno verbal, *realize,* cuyas acepciones incluyen 'volver real', 'hacerse consciente', 'intuir' y 'lograr'. En español, aunque el uso pronominal del verbo «realizar» evoca la dimensión reflexivo-soteriológica –«sentirse satisfecho por haber logrado cumplir aquello a lo que se aspiraba», dice la RAE–, el problema de nuevo es que en el uso corriente la carga causativa no tiene preponderancia. A diferencia de muchos otros verbos formados con el sufijo *-izare* (que el latín tomó prestado del griego *-ízein,* 'convertir en', 'hacer'), por ejemplo «pulverizar» = 'hacer polvo', o «sacralizar» = 'volver sagrado', el verbo «realizar» significa primariamente 'hacer', 'llevar a cabo', y no 'hacer real'. Así las cosas, de usarlo en la traducción, además de tener presente el sentido etimológico, sería necesario, como en el caso de «realización», el complemento explicativo «contemplativamente». De ahí que haya tenido que recurrir a las opciones comunes, más cercanas al sentido contextual: contemplar, imaginar, concebir, etcétera. De estas, elegí 'concebir', en virtud de que reúne la idea de «formarse una imagen» y la fuerza causativa del original ('engendrar', 'crear').

De vuelta a la dimensión práctica de nuestro texto, es necesario explorar otro aspecto fundamental, directamente relacionado con la doble naturaleza, divina y humana, de *bhāvanā*, y articulado a través de un amplio repertorio de vocablos con un nexo semántico y simbólico. Me refiero a la imagen de un espacio intermedio (*madhya*).

El espacio intermedio y los ámbitos para su realización. La descripción de Śakti como el umbral o la boca de Śiva adquiere un peso específico a lo largo del núcleo práctico de la obra a través de la noción de «espacio intermedio», «centro» o «intervalo» (*madhya*), insinuada casi obsesivamente (de manera explícita en las estrofas 26, 35-36, 48, 60-61, 67, 80, 101, 123). La noción evoca la naturaleza «intermedia» de Parā-Śakti, entre el mundo manifiesto y diferenciado, por un lado, y la inescrutable trascendencia de Śiva, por el otro, y en ese sentido constituye una especie de metacategoría que enmarca el despliegue de las 112 *bhāvanās*.

El texto representa ese espacio intermedio de dos maneras aparentemente contradictorias entre sí: como plenitud y como vacuidad. Nos tropezamos con el primero de estos aspectos en la definición misma de la diosa como aquella que colma la creación entera (*bharitākārā*). Un tanto más inesperado es el segundo de ellos, de carácter negativo; en realidad son complementarios. Varias nociones concurrentes, algunas con importantes resonancias en la tradición religiosa india, sugieren esta complementariedad: «abismo» (*ādhāra*), «vacío» (*śūnya*), y de manera particularmente expresiva «éter» (*ākāśa*) y «firmamento» (*viyad, vyoman*). Cada una de ellas abraza la tentativa de transmutar la experiencia ordinaria, caracterizada por la compacidad y la división, en una visión dinámica y expansiva: la visión de las cosas como energía divina. Y si a todo subyace esta potencia plena e ilimitada, entonces en sí mismas, en su condición limitada y plural (*sakala*), las cosas son inanes, vacías. Dicho de otro modo, para apreciar la potencia es necesario vaciar los objetos de toda determinación y sostener esta oquedad envolvente como su realidad más profunda. La máxima plenitud exige la máxima vacuidad. La correlación tendría como secuela un ilusionismo, insinuado también en la obra a través de las ideas de espejismo o encantamiento (estrofas 100, 130, 132). Empero, la lectura positiva, centrada en la potencia misma, predomina: es posible representar la superabundancia de la divinidad como vacuidad precisamente porque es irrepresentable (*nirvikalpa*). Estamos de nuevo en el entrecruce natural de cosmología y psicología.

El adepto vive la búsqueda de este intervalo al mismo tiempo pleno y vacío como una inmersión en el impulso natural de la mente hacia objetos estables, de perfiles bien delineados, sin fisuras. Y puesto que la mente aborrece los resquicios abiertos, los abismos repentinos, y más aún asume que su deber es combatirlos, llenar el vacío con categorías estables, ese ejercicio, es todo menos sencillo. Es necesario un instrumento diferente, capaz de reconectar la actividad de la conciencia, de la que depende mi imagen del mundo, con la actividad de la potencia. Ese instrumento es *bhāvanā*.

La definición de la potencia divina como espacio intermedio reclama la intervención de *bhāvanā*, con toda su fuerza imaginativa. Y puesto que, según vimos, *bhāvanā* es en última instancia Śakti, entonces su tarea más alta consiste precisamente en servir ella misma como un umbral hacia el misterio divino. Es el medio para realizar con imaginación la plenitud vacía de cada acto cognitivo. No solo reconfigura la realidad como un tejido de implacables energías en movimiento; ahora permite además profundizar en tal hecho con una intención soteriológica, buscando actualizar la condición de la energía como umbral. La clave está, de nuevo, en el punto medio (*madhya*).

A manera de ejemplo puede citarse la estrofa 39: «Si se recita la sílaba sagrada OM o cualquier otra, y al final de la vibración se concibe el vacío, gracias a la potencia suprema del vacío uno alcanza el estado de vacuidad, ¡oh, Bhairavī!». El adepto persigue con su *bhāvanā* el rastro del sonido OM hasta su última y más sutil vibración y luego, en vez de llenar el fugaz intervalo con una nueva experiencia sonora, concibe con su imaginación esta vacuidad, es decir, la afirma y sostiene permitiendo que impregne el entorno. De esta manera, el vacío particular se alinea con la gran corriente de energía divina, por definición también vacía en virtud de su plenitud. De nuevo, el alcance final de esta realización imaginativa (*bhāvanā*) es reflexivo. Cultivar con imaginación el punto medio tiene un efecto ontológico definitivo: el adepto se hace uno con su objeto, y entonces es el vacío mismo quien lo hace ser, *quien le da el ser*.

Una aspiración similar subyace a las 112 *bhāvanās* que componen el núcleo del texto, en realidad una forma de decir que cualquier circunstancia, cualquier coyuntura de cualquier tipo, contiene en sí misma la posibilidad de servir como umbral. A la vez, sin embargo, está claro que la obra delinea ciertos ámbitos idóneos. Aunque su compleja interrelación dificulta un análisis por separado, destacan cuatro tipos de actividad. Se trata, además de la actividad sonora o mántrica (estrofas 24, 30, 38-42, 88-89, 111bis) –por obvias razones mantras como OM y SO'HAM, investidos con la naturaleza espontánea de la divinidad–, de la actividad respiratoria (estrofas 24-28, 54, 63), la actividad mental y sensorial (estrofas 60-61, 79, 87, 92, 103-104, 110, 114, 117, 119, 126) y la actividad sexual y volitivo-apetente (estrofas 64-73, 94-96, 99, 103). De manera cotidiana, todas ellas se despliegan conforme a un patrón diferenciado; gracias a *bhāvanā,* el adepto puede, sin embargo, reconfigurarlas como flujos de energía divina y con ese fin debe recurrir al elusivo punto intermedio, respectivamente, entre la inspiración y la espiración, entre una imagen y otra, entre una idea y otra, entre la excitación y el orgasmo.

Otro ámbito igualmente idóneo –y de manifiesta ascendencia tántrica– es la realidad corporal. El adepto reconfigura su cuerpo como un campo de energía, lo que a menudo se conoce como cuerpo sutil, esotérico o yóguico; luego, inmerso en este cuerpo formado por canales (*nāḍī*), coyunturas especiales (*cakra*), puentes (*setu*) y puntos luminosos (*bindu*), debe volcar su atención en el canal central (*madhya, suṣumnā*), al mismo tiempo pleno y vacío (estrofas 28-29, 31, 35-37, 49-50, 151). Por esa vena central asciende la propia diosa Parā desde la base de la columna vertebral hasta la cavidad craneal y la coronilla de la cabeza, concebidas a su vez como el umbral corporal entre el plano terrenal y el celestial. Aunque el *Vijñānabhairava* no llama *kuṇḍalinī* a esta energía ascendente dentro del cuerpo sutil, a menudo personificada como Kuṇḍalinī, se trata de una de las primeras alusiones a una de las doctrinas tántricas con mayor popularidad hoy en día, en especial por influencia de la literatura sobre *haṭhayoga*.[122]

Al otro extremo de esta sofisticada representación, el texto llama insistentemente a aprehender el vacío en acontecimientos que podríamos catalogar como «inusualmente cotidianos», ya sea que el adepto los induzca o que le sobrevengan espontáneamente. Me refiero a experiencias intensas o únicas pero

122. En general, las descripciones explícitas de esta energía serpentina o, literalmente, «enroscada» (*kuṇḍalī, kuṇḍalinī*), en alusión a su aspecto mientras reposa en la base de la columna, provienen de fuentes posteriores, comenzando con Abhinavagupta en el siglo XI hasta llegar a compendios clásicos como el *Ṣaṭcakranirūpaṇa* en el siglo XVI. Dentro del sistema Trika son pocas las referencias que preceden al *Vijñānabhairava*, por ejemplo *Tantrasadbhāva* 15.128-130. Sobre el tema, véase S. Hatley, «Kuṇḍalinī».

comunes, como escuchar música (estrofas 41, 72), saborear un manjar (estrofa 71), experimentar dolor (estrofa 91), sentir miedo (estrofas 85, 86), perder el equilibrio (estrofa 109) o simplemente sobrecogerse ante una escena de vastedad (estrofas 43-46, 59, 83, 90, 112, 125). Todas ellas abren una grieta en la aparente homogeneidad de lo cotidiano generando un exceso de energía que el yogui puede aprovechar para reconocer y afirmar su verdadera identidad, la identidad de la que en última instancia depende su salvación.

La liberación. A diferencia de las escrituras tempranas del sistema Trika, donde la búsqueda de la salvación (*mukti, mokṣa*) es paralela a la búsqueda de poderes mágicos (*siddhi*), la soteriología del *Vijñānabhairava* se concentra en la primera de estas metas. Su significado en el texto puede apreciarse a partir de la complementariedad de vacuidad y plenitud. Hay, pues, dos maneras de describir la liberación, una negativa y una positiva, aunque al final la una lleva a la otra, y viceversa.

Entonces, por un lado, la apropiación de la potencia como umbral es representada en la obra como una experiencia de absorción (*laya*). El adepto se abisma en la sutil abertura que de manera permanente subyace a su aprehensión ordinaria de la realidad y en ella disuelve contemplativamente su identidad limitada. Esta absorción es a veces descrita como un estado de reposo en el plano trascendente, pero inefable (vacío), de Śiva.

Por el otro, como complemento, algunas estrofas ofrecen descripciones más afirmativas. En estos casos, la liberación es representada como una experiencia de plenitud y omnipresencia por la que el adepto no es más una simple imagen en el dinamismo emanantista de la deidad, sino que además está en condiciones de abrazar el prodigio como su naturaleza más honda. Es una experiencia de divinización con un fuerte elemento estético que nos recuerda que la trascendencia siempre es devenir, el vacío plenitud, Śiva Śakti. Tal vez el mejor ejemplo son los versos que rematan el núcleo del texto, donde Bhairava compara abiertamente al yogui consumado con la deidad misma en virtud de su capacidad de acción, su poder para devenir pluralidad y colmar la creación sin perder su unidad esencial: «¡Oh, diosa!, de manera sumaria te he comunicado estas ciento doce enseñanzas para alcanzar reposo. La persona que las conoce, conquista el [verdadero] conocimiento. [De hecho] basta que abrace una sola para que él mismo se transforme en Bhairava; [entonces] sus palabras son hechos, y bien y mal están bajo su designio» (estrofas 136-137).

Legado

Como mencioné a propósito de su posible fecha de composición, el *Vijñānabhairava* parece haber alcanzado un estatus canónico apenas unas décadas después de su redacción, como se desprende de los testimonios de Vāmanadatta y Somānanda, fechados en los primeros años del siglo x. En los dos casos hablamos no de una simple presencia tangencial o secundaria, de meras evocaciones o, como se dice coloquialmente, de cierto aire de familia, como el que delata por ejemplo la *Spandakārikā*;[123] lo que en cambio tenemos son extensos pasajes, o, en el caso de Vāmanadatta, obras enteras, edificadas sobre el modelo que aporta el *Vijñānabhairava*.[124]

Este temprano pero sólido legado alcanzaría su clímax un siglo más tarde en la obra de Abhinavagupta, el genio de la época. La cantidad de veces que este cita nuestro texto en su prolífica obra es suficiente para calibrar su importancia: tan solo el *Tantrāloka*, su *magnum opus*, contiene decenas de alusiones. Esta recurrencia posee desde luego un tono reverencial. Abhinavagupta no duda por ejemplo en llamarlo «la Upaniṣad sobre la conciencia de Śiva» (*śivavijñānopaniṣad*).[125] Pero más allá de la presencia cuantitativa o la retórica de respeto hacia una escritura autoritativa, el *Vijñānabhairava* fue para Abhinavagupta una verdadera fuente de inspiración doctrinal en más de un sentido. El texto prefigura varias enseñanzas que en la exégesis del gran maestro adquieren sofisticación escolástica y consistencia teórica. Piénsese en la doctrina de los *tattvas* y su reabsorción sucesiva, en la articulación de la pareja divina como el intercambio dinámico de trascendencia e inmanencia, en los conceptos de punto intermedio (*madhya*) y vacuidad (*śūnyatā*), en la representación de la diosa como una energía corpórea sutil, o a nivel léxico en nociones como

123. Véase antes nota 75.
124. Véase antes pág. 68.
125. Véase *Īśvarapratyabhijñāvivṛtivimarśinī ad* 1.7.14.

bhitti y *anuttara*. Pero quizá el legado de mayor envergadura es la redefinición de la práctica ritual como un evento interior, con el consecuente énfasis en una realización puramente contemplativa. En suma, el esoterismo gnóstico y no dual de Abhinavagupta, y sobre todo su decidida defensa de una única conciencia absoluta en la que se reflejan, como imágenes sobre un lienzo, la vida cósmica y mental, el postulado central de la escuela Pratyabhijñā, están profundamente en deuda con las enseñanzas del *Vijñānabhairava*.[126]

Desde luego, por todo lo que Abhinavagupta significa para la tradición *śaiva* de Cachemira, no sorprende que a partir de él el texto haya conseguido perpetuar su legado. Así lo demuestra de manera notable y en un primer momento Kṣemarāja, quien también lo cita profusamente, y después de él Jayaratha (siglo XII), autor de un monumental comentario al *Tantrāloka* que constantemente recurre a la autoridad del *Vijñānabhairava* incluso cuando Abhinavagupta no lo refiere. Y gracias a Abhinavagupta y Kṣemarāja, la influencia del texto rebasaría el ámbito local como parte del complejo proceso de diseminación de la cultura sánscrita de Cachemira por todo el subcontinente. Así, de manera especial, se ganaría un sitio en el seno de la tradición tántrica del sur de la India. Por ejemplo, en el siglo XIII, Maheśvarānanda, una figura importante de dicha tradición, lo cita en su autocomentario a la *Mahārthamañjarī*.[127] Por todas estas razones, no

126. Véase antes págs. 62 y 105.
127. *Mahārthamañjarīparimala* 58 (en la recensión sureña).

debe extrañarnos entonces que hoy el texto ocupe asimismo un indisputable sitio en el corpus de lo que de manera popular se conoce como «Shivaísmo de Cachemira», y que especialistas y traductores lo reconozcan como una pieza clave en dicho corpus.

Juntos, todos estos elementos nos hablan, pues, de una influencia continua y profunda, robustecida exegéticamente a lo largo de varios siglos y ratificada académicamente en las últimas décadas. Un tanto inverosímil resulta, por consiguiente, que hasta la fecha no exista un estudio temático completo sobre la influencia del texto y su peso específico en esta línea bien definida de desarrollo.[128]

Empero, más allá de esta trayectoria, el texto dejó su huella en otras tradiciones, no solo afines como el sistema Spanda, por ejemplo a través de la glosa de Bhagavadutpala a la *Spandakārikā*,[129] sino en algunas aparentemente distantes como el budismo: Advayavajra (siglo XI), también conocido como Maitrīgupta, una figura clave para la difusión del budismo tántrico en el Tíbet, lo cita con respeto.[130] De vuelta al hinduismo, la estela de influencia de nuestro texto prevalece, si bien implícitamente, incluso varios siglos después en la tradición yóguica de los *nāths* (sánscrito, *nātha*).[131]

128. Al respecto los intentos más logrados, pero lejos aún de ser exhaustivos, son los de V. V. Dvivedī y A. Sironi, respectivamente, en la edición y la traducción italiana de la obra, y a ellos puede remitirse el lector.
129. Véase antes nota 75.
130. *Advayavajrasaṅgraha*, pág. 29.
131. El *Siddhasiddhāntapaddhati* atribuido a Gorakhnāth, el legendario maestro de este linaje de yoguis, es un buen ejemplo. En especial, el libro segundo enseña una atención

Finalmente, en la época contemporánea, como parte de la avidez de Occidente por la «espiritualidad» india y, en respuesta, como parte de la aventura proselitista de maestros indios a Occidente, el *Vijñānabhairava* vio renovado su añejo legado religioso ahora en un contexto transcultural y dentro del mercado global religioso, tendencia que continúa hasta el día de hoy. Bastan dos ejemplos: entre 1972 y 1973, el controvertido gurú Bhagwan Shree Rajneesh, mejor conocido como Osho, le dedicó horas de estudio y enseñanzas orales, luego compiladas, publicadas y reimpresas en varias ocasiones.[132] Más o menos por la misma época, Swami Muktananda, el fundador de la organización mundial Siddha Yoga, escribió un comentario a la estrofa 24 del *Vijñānabhairava* y a menudo lo cita en sus charlas y en otras obras suyas.[133]

De manera natural, esta persistencia nos invita, pues, a reflexionar, a manera de epílogo, sobre el significado que guarda la tradición tántrica, y por lo tanto indirectamente el presente libro, para la sociedad contemporánea.

---

concentrada en diversos tipos de objetos a fin de discernir en ellos la presencia de la energía divina. Varios de esos objetos traen a la mente el modelo del *Vijñānabhairava*: no solo los componentes del cuerpo sutil y la respiración, sino objetos exteriores, como sonidos agradables, horizontes abiertos o cielos despejados, o, más adelante, el espacio infinito (*ākāśa, vyoman*), caracterizado como vacuidad envolvente.

132. La primera edición, en cinco volúmenes, es de 1974: *The Book of the Secrets. Discourses on Vigyana Bhairava Tantra* (Puna, Rajneesh Foundation). Hay traducciones a varios idiomas.

133. *I Am That. The Science of Hamsa from the Vijñana Bhairava* (Ganeshpuri, Siddha Yoga Publications, 1978). Por ejemplo, Muktananda cita e interpreta casi una veintena de estrofas en *Nothing Exists that is not Śiva* (Madrás, Chitshakti Publications, 1997), una compilación de glosas escritas originalmente en hindi sobre diferentes textos *śaivas*.

7. El Tantra en la sociedad contemporánea

Como mencioné, la sociedad brahmánica favoreció la construcción de una imagen negativa del adepto tántrico, asociándolo con un estilo de vida inmoral e impuro. En especial, la tradición literaria sánscrita alimentó el estereotipo del *tāntrika* como una especie de nigromante y agorero, y en un tono más duro como un charlatán que usa la religión para justificar sus bajas pasiones.[134] La hostilidad y aversión hacia el Tantra que proyecta el discurso hegemónico brahmánico fueron reproducidas más tarde, aunque no siempre de manera explícita, en numerosas fuentes vernáculas devocionales (*bhakti*). Poemas, romances y hagiografías *vaiṣṇavas* escritas en diversas lenguas del norte de la India no solo repiten la imagen del *tāntrika* como un hechicero experto en el uso de mantras, sino que además insisten en la ineficacia de sus métodos, sobre todo en un contexto religioso, es decir, cuando se trata de curar la enfermedad del *saṃsāra* o, en términos devocionales, la separación (*viraha*) respecto al Amado.[135]

En buena medida, todos estos antecedentes condicionaron la primera recepción moderna del fenómeno tántrico, durante el periodo colonial. Al respecto cabe recordar que la ortodoxia brahmánica desempeñó una función capital en la construcción de la identidad religiosa de la India moderna. Como parte de

134. Véase antes pág. 26.
135. Véase P. Burchett, «Bitten by the Snake», págs. 8-13.

este ambicioso proyecto de afirmación nacional, la antigua preeminencia de la cultura brahmánica derivó en un renacimiento hinduista o neo-hinduismo, de inspiración vedántica. En este contexto, el Tantra fue representado de nuevo como impureza y aberración. Por ejemplo, Swami Vivekananda, cuya influencia dentro del movimiento neo-hinduista rebasó los confines indios, solía lamentar la progresiva decadencia histórica que exhiben los Tantras en comparación con la sabiduría védica, sinónimo de Edad de Oro.[136] Desde luego, la aversión a menudo fue encauzada a través de estrategias de domesticación y desinfección.[137]

Todas estas actitudes tendrían eco en Occidente, primero, en la forma de una condena abierta entre los misioneros cristianos de la India colonial y, más tarde, a través de la lectura orientalista de las religiones indias. Al respecto, lo que David Lorenzen ha dicho sobre la categoría «hinduismo» en general[138] vale también para el caso concreto del Tantra: más que un «invento» británico o europeo, lo que hizo Occidente fue afirmar, subrayar o ampliar tendencias previas y en varios casos bien arraigadas. Entonces, como ha mostrado H.B. Urban, la moral victoriana exageró el sentimiento de repulsión y le añadió una dosis de vergüenza que robusteció la asociación entre Tantra y amoralidad, y lo catapultó como lo Otro de lo Otro,

136. Véase por ejemplo *The Complete Works*, vol. 3, pág. 457, entre muchos otros pasajes.
137. Véase H. B. Urban, *Tantra*, cap. 4.
138. En «Who Invented Hinduism?».

lo más exótico de la exótica India.[139] Ni siquiera los primeros indólogos occidentales pudieron impugnar o al menos matizar este juicio; antes bien, a menudo lo legitimaron. Esta especie de reiteración académica europea del horror brahmánico hacia lo impuro cobró la forma de teorías que buscaron garantizar la dignidad del objeto de estudio de la naciente disciplina indológica, y bajo ese ideal proliferaron las opiniones sobre el origen tribal, no ario, o incluso extranjero del Tantra, así como las lecturas literales o superficiales.[140] Por ejemplo, en los primeros años del siglo XIX, H.T. Colebrooke abrazó la imagen idealizada que William Jones y otros pioneros se formaron de la cultura védica, la única donde cabía hallar «la unidad de lo divino», y así no solo desacreditó la tradición tántrica, sino que además la culpó del decaimiento de los Vedas en la sociedad india: «Los ritos basados en los Purāṇas y las observancias tomadas de una fuente peor –los Tantras– son los principales responsables de que las instituciones védicas hayan caído en desuso».[141]

El recelo prevalece hoy dentro y fuera de la India. Sin embargo, como cualquier construcción histórica y social, la imagen ha incorporado nuevos matices y experimentado cambios. En especial, en las últimas décadas la sutil dosis de fascinación que subyace a esta añeja hostilidad ha conseguido emanciparse y producir una imagen opuesta: un Tantra celebrado en virtud

139. Véase H. B. Urban, *Tantra*, cap. 1, y R. Inden, *Imagining India*, págs. 263-264.
140. Sobre esta retórica y los prejuicios que entraña, véase C. Wedemeyer, *Making Sense of Tantric Buddhism*, págs. 24-31.
141. «On the Vedas», pág. 495.

precisamente de los rasgos que llevaron a otros a condenarlo. Me refiero desde luego a la representación del Tantra como un culto orgásmico, como «una religión que combina espiritualidad con sensualidad, experiencia mística con alcohol y mujeres», ofreciendo así un correctivo a la sociedad contemporánea occidental, tenida por mojigata y represora.[142] Estamos en las antípodas de lo que se inició como un esfuerzo marginal para sacralizar el deseo, la vida corporal y en general todo aquello que la india brahmánica consideraba tabú en virtud de su efecto contaminante, trátese del contacto con las castas inferiores o el consumo de carne y alcohol. Paradójicamente, la apuesta por una *afirmación soteriológica de todos los ámbitos de la realidad en el contexto tradicional indio* ha sido acogida por la sociedad contemporánea como una *afirmación del ethos secular occidental*, donde el sexo, la carne y el alcohol son todo menos un tabú. Debido a esta secularización posmoderna del Tantra con énfasis en las libertades sexuales, lo más exótico de lo exótico se ha convertido en lo más próximo, en una moda y en una exitosa marca, dentro de los mercados religioso, del bienestar personal y la autoayuda.

En términos generales, la recepción popular en Occidente del llamado «Shivaísmo de Cachemira» y, dentro de esta categoría, del *Vijñānabhairava* se inscribe en esta tendencia, con un matiz añadido. La subordinación en las propias fuentes de la práctica ritual a la gnosis contemplativa –como vimos, un giro

142. H.B. Urban, *Tantra*, págs. 2-3 y 204.

novedoso dentro de la tradición tántrica– ha sido usada para reafirmar la retórica del experiencialismo y el perenialismo religiosos, según la cual las diferencias culturales e históricas entre las distintas religiones se trascienden en el encuentro privado, interior, con la divinidad, concebido como criterio último de verdad.[143] La lectura del *Vijñānabhairava* como un manual diseñado para proporcionar al individuo una sensación de bienestar, aderezada con alguna experiencia oceánica, constituye, incluso si se deja de lado el tema sexual, una faceta más de la recepción popular del Tantra, con sus pretensiones de domesticación y secularización, en la sociedad contemporánea.

Al final, todos estos procesos de interpretación intercultural –ya se tome el Tantra como una degradación de los nobles ideales brahmánicos, y por extensión de las buenas costumbres occidentales, o bien como una fórmula religioso-terapéutica que promueve una vida sexual placentera o experiencias místicas a la medida de las necesidades modernas– nos devuelven una imagen caricaturesca y estereotipada de lo que fue un fenómeno sumamente complejo y heterogéneo. Es un discurso que repudia, normaliza y maquilla, o bien mistifica y exalta, pero que pocas veces se arriesga más allá, a pensar el Tantra, hasta donde tal cosa sea posible, en sus propios términos, no en los nuestros.

En las últimas dos décadas, la indología ha conseguido sacudirse el peso de esta imagen y ha comenzado a estudiar la

143. Véase Ó. Figueroa, *El arte de desdecir*, págs. 83-89.

tradición tántrica con sentido crítico y con rigor histórico y filológico. De hecho, quizá no haya un campo de la indología que registre avances tan significativos en los últimos años.[144] Sin embargo, se trata de un esfuerzo muy reciente y su impacto apenas se resiente más allá de los círculos de especialistas como para augurar una acogida definitiva al lado de la imagen popular del Tantra. En particular, en el mundo de habla hispana, donde los estudios indológicos padecen un endémico rezago, la demora será sin duda más larga y el desenlace previsiblemente abigarrado: el estereotipo se seguirá reciclando y el Tantra seguirá siendo reinventado para satisfacer modas contemporáneas. En el mejor de los escenarios, más que desplazar el discurso popular, el enfoque académico debería representar una opción para el lector común, el sitio donde puede obtener información seria y objetiva. La esperanza más alta de este libro descansa precisamente en contribuir a ese escenario desde la perspectiva específica de nuestro texto, reinsertándolo, como se dijo en el exordio, en su con-texto original, atendiendo a la riqueza de la cultura india antigua mientras se resisten las resonancias modernas y posmodernas de las palabras «tantra» y «tantrismo».

144. Para un recuento actualizado de esos avances, así como de las tareas aún pendientes, véase D. Goodall y H. Isaacson, «Tantric Traditions»; también S. Hatley, «Tantric Śaivism in Early Medieval India».

8. Sobre la presente edición y traducción

Hace casi ya un siglo, en 1918, que el *Vijñānabhairava* abandonó la antigua cultura del manuscrito para convertirse por primera vez en un producto de imprenta. Dos ediciones no exactamente críticas, ambas a cargo del *paṇḍit* Mukunda Rāma Shāstrī, se publicaron de manera simultánea dentro de la célebre colección Kashmir Series of Texts and Studies (KSTS, vols. 8 y 9). Una de ellas ha gozado de mayor estima, en varios casos incluso hasta el grado de alcanzar el estatus de edición estándar, por acompañarse de un comentario, el *Uddyota*, firmado por Kṣemarāja (siglos X-XI), el prolífico discípulo de Abhinavagupta. Por desgracia, dicho comentario termina abruptamente en la estrofa 23, es decir, solo cubre la introducción de la obra; no sabemos si porque el resto se extravió, o bien porque jamás se escribió.[145] El hecho es que pese a la celebridad del *Vijñānabhairava* no nos ha llegado ningún otro comentario antiguo. Es necesario aguardar más de 500 años para ver atenuada esta infeliz laguna: en el siglo XVII, un brahmán oriundo de Cachemira de nombre Ānandabhaṭṭa o también Bhaṭṭaraka Ānanda escribió una breve glosa titulada *Kaumudī*. La otra edición de la KSTS recoge este comentario pero no el de Kṣemarāja, razón por la que no se la consulta con mucha

145. Un indicio que parece inclinar la balanza hacia la primera opción es la alusión que hace Maheśvarānanda, autor del siglo XIII, a dicho comentario, pero en conexión con la estrofa 71 del *Vijñānabhairava*. Véase *Mahārthamañjarīparimala* 58 (en la recensión sureña).

frecuencia, a pesar de ofrecer algunas variantes textuales y de anteceder por un siglo la glosa de Śivopādhyāya, el *Vivṛti*, redactada precisamente a partir del punto donde queda trunco el comentario de Kṣemarāja.[146] La edición con el comentario de Kṣemarāja recoge también el comentario de Śivopādhyāya.

En las últimas décadas del siglo XX, V.V. Dvivedī volvió a editar el texto y, para ello, recurrió, más que a nuevos manuscritos, a las múltiples citas incluidas en obras afines. Al final, con excepción de unos cuantos casos, su versión no es muy distinta de las dos ediciones que le anteceden. Cabe advertir que esta edición incluye además un comentario sánscrito y uno en hindi, ambos de la pluma del propio Dvivedī, aunque la influencia de Śivopādhyāya es tangible, a veces hasta el extremo de repetir pasajes enteros.

Como es de esperar, un texto de esta índole, que fue sometido a un intenso proceso de transcripción en virtud de su popularidad,[147] presenta un número importante de variantes, a las que habría que agregar las que pueden establecerse a partir de los innumerables versos citados en otras fuentes. Por donde se mire, la tarea de ofrecer todos esos detalles rebasa, pues, el

146. Sabemos la fecha aproximada de composición por los versos que sirven de colofón al comentario. Ahí Śivopādhyāya agradece a su benefactor, el rey Sukhajīvana, quien gobernó Cachemira aproximadamente entre 1753 y 1763. También gracias al colofón sabemos que Śivopādhyāya escribió su glosa con el fin expreso de completar la de Kṣemarāja, de la que no halló ningún manuscrito que fuera más allá de la estrofa 23. Esto significa que ya en el siglo XVIII el trabajo de Kṣemarāja circulaba en la versión fragmentaria que nos ha llegado.

147. Como lo indica el gran número de manuscritos que se han preservado, casi todos de los siglos XVIII y XIX.

propósito de este libro.[148] La publicación de una verdadera edición crítica de la obra, que dé cuenta de todas esas variantes de manera sistemática, es aún un desiderátum. Mientras eso sucede, la presente edición ha tenido como «materia prima» la edición «estándar», esto es, la edición basada en los comentarios de Kṣemarāja y Śivopādhyāya (en adelante abreviada K-Ś). A esta se incorporó una docena de variantes en virtud de su pertinencia, casi todas a partir de la edición con el comentario de Ānandabhaṭṭa (en adelante abreviada Ā), así como de la versión de autoridades clásicas como Abhinavagupta y Kṣemarāja, o de especialistas como Alexis Sanderson. En todos los casos, las variantes aparecen indicadas en negritas en el texto sánscrito, con una breve aclaración a pie de página.

Las enmiendas más notorias tienen que ver con la necesidad de adecuar la secuencia de estrofas a la suma de 112 contemplaciones que, de acuerdo con el propio Bhairava, contiene el texto. El cómputo comienza en la estrofa 24 y, al menos narrativamente, lo lógico es que concluyera ahí donde Bhairava anuncia: «¡Oh, diosa!, de manera sumaria te he comunicado estas ciento doce enseñanzas...» (estrofa 136 de la presente edición). Sin embargo, en términos puramente numéricos no sucede así. La edición K-Ś presenta 115 estrofas entre uno y otro punto,

148. Hasta la fecha, los trabajos más iluminadores en esa dirección, aunque de ningún modo exhaustivos, son, por un lado, la mencionada edición de V.V. Dvivedī, en cuyas notas se incluye una relación de versos citados en fuentes clásicas, y, por el otro, la reseña a la traducción de Silburn escrita por J. Masson, quien incluyó una relación de variantes presentes en la versión de Ānandabhaṭṭa.

tres más de las que esperaríamos en el supuesto de que a cada una de esas estrofas corresponde una enseñanza. Desde luego, el problema vale no solo para esta edición; en realidad, afecta a todas las ediciones y traducciones. Cada una ha intentado resolverlo de distinta manera. Por ejemplo, la diferencia en el número de estrofas que presenta la edición Ā respecto a la edición K-Ś sin duda tiene su origen en esta inconsistencia. Así, a fin de hacer valer la afirmación de Bhairava, la edición Ā recurrió a la solución más simple: descartar estrofas. Y lo mismo hizo Dvivedī. Estrategias menos burdas son visibles en las traducciones modernas, por ejemplo asumir que algunas enseñanzas vienen expresadas en dos estrofas o tratar alguna estrofa como un resumen de enseñanzas previas y no como un ejercicio contemplativo propiamente. Lo cierto es que nadie ha abordado temáticamente el problema, ni ha hecho explícita su estrategia para lidiar con él. En la ausencia, de nuevo, de una edición propiamente crítica se trata, por lo tanto, de medidas poco satisfactorias y de todo menos definitivas.

Debido a ello, en la presente edición se ha optado por hacer manifiesta la ambigüedad en vez de disimularla con una solución poco convincente. Entonces, aunque se ha adoptado como criterio último la consistencia del hilo narrativo, de modo que en efecto sea posible sumar 112 contemplaciones antes de la proclamación concluyente de Bhairava (las estrofas 24-135 de la presente edición), esto se ha hecho sin eliminar estrofas ni alterar la relación una estrofa-una enseñanza. En cambio, dos estrofas con evidentes signos de interpolación fueron fusionadas en una sola (véase la estrofa 44), y a dos más se les otorgó el beneficio de la duda: se las incluyó, tradujo y comentó, pero a fin de indicar su estatus se las transcribió entre corchetes y con el adverbio numeral «bis» (véanse estrofas 82 bis y 111 bis).

En cuanto a la traducción, aunque siempre se han tenido a la vista las glosas de Śivopādhyāya y Ānandabhaṭṭa, y se han utilizado cuando se consideró que arrojaban luz sobre el contenido, en general se han seguido con cautela, como hicieran antes otros traductores. Las razones para ello son obvias: casi un milenio separa a ambos exegetas de la época de composición del *Vijñānabhairava*, una distancia temporal considerable que a menudo aflora a través de lecturas más bien ortodoxas, próximas a los ideales del Vedānta o el yoga clásico.

Cabe señalar, sin embargo, que la misma cautela vale para la interpretación parcial de Kṣemarāja o para las glosas indirectas de Abhinavagupta, redactadas en un espíritu de continuidad o incluso de culminación respecto a las enseñanzas del *Vijñānabhairava*. El problema en este caso, como ocurre con casi todos los grandes pensadores sánscritos, es que el impulso exegético funciona más como un medio para legitimar teorías propias que para ofrecer un escrutinio objetivo.[149] Aunque en términos temporales, la distancia es de apenas un par de siglos, la profundidad doctrinal de estos dos grandes pensadores a menudo presupone la intrusión de categorías y

149. Sobre el tema puede consultarse Ó. Figueroa, «El arte de la interpretación en la India sánscrita».

posturas inexistentes en el texto comentado o alejadas de su programa original.

La observación viene además a cuento por tratarse del sello distintivo de cuatro de las traducciones que anteceden a la presente: la de Lilian Silburn al francés (1961), la de Jaideva Singh al inglés (1979) y las de Bettina Bäumer al inglés (2002) y al alemán (2008). Todos estos trabajos vieron la luz en el contexto de una adhesión personal a la figura de Swami Lakshman Joo (1907-1991), concebido como el último depositario de una milenaria tradición de sabiduría transmitida sin merma a través de una línea ininterrumpida de maestros que se remonta precisamente a la figura de Abhinavagupta.[150] De hecho, una versión abreviada de los comentarios del célebre Swami acompaña la traducción inglesa de Bäumer.[151] Desde luego, tal adhesión en modo alguno descalifica estos esfuerzos traductores, todos realizados por manos expertas, y por lo tanto muy meritorios. Se trata simplemente de un rasgo que no puede soslayarse en virtud de su palmario influjo sobre el resultado final.

En todo caso, contamos además con una traducción, igualmente seria y meritoria, que de manera expresa busca distanciarse de las anteriores y ofrece en cambio una versión más sobria y apegada al texto original. Me refiero a la traducción

150. A. Sanderson ha puesto en duda esta atribución con base en criterios filológicos e históricos en un controvertido ensayo, al menos para los seguidores de Lakshman Joo, titulado «Swami Lakshman Joo and His Place in the Kashmirian Śaiva Tradition». En especial véanse págs. 95-96, 105-106 y 113-122.

151. Con base en siete horas de grabaciones en audio, existe además un volumen independiente que recoge la versión completa de sus enseñanzas orales sobre el *Vijñānabhairava*.

italiana de Attilia Sironi (1989), publicada con el respaldo del insigne indólogo Raniero Gnoli, autor de la introducción.

Huelga, pues, decir que en la elaboración del presente libro, además de las glosas de Śivopādhyāya y Ānandabhaṭṭa, apenas referidas, se han tenido siempre a la vista todas estas traducciones, así como los dos comentarios, en sánscrito y en hindi, que Dvivedī incorporó a su edición del texto (1978).

Desde luego, debido a su popularidad el texto ha sido objeto de ejercicios de traducción sin un valor académico. De estos, conozco al menos dos en francés y dos en español, pero en ningún caso se emplearon en esta traducción.[152]

En comparación con todas las traducciones consultadas, podría decirse que la presente ha buscado un equilibrio entre la versión literal de Sironi y las versiones más libres de Silburn, Singh y Bäumer, que, como se dijo, a veces se permiten licencias interpretativas basadas en la autoridad espiritual de Lakshman Joo y, a través de este, basadas en la visión de autoridades antiguas como Abhinavagupta. Al mismo tiempo,

152. En francés, las versiones de Pierre Feuga, *Cent douze méditations tantriques: le Vijnana-Bhairava Tantra* (París, Accarias/L'Originel, 1988), y de Daniel Odier, *Tantra Yoga. Le Vijñānabhairava Tantra: le Tantra de la conaissance supreme* (París, Albin Michel, 1998). En español, la de Ramiro Calle, *Vijnana Bhairava Tantra. Técnicas de meditación* (Madrid, Ediciones Librería Argentina, 2014) y una anónima que circula en la red (véase http://anuttaratrika.com/download.php, consultado el 1 de enero de 2017). Todas estas obras carecen de un aparato crítico o información que establezca el procedimiento que se siguió para traducir el texto y con base en qué fuentes, directas o indirectas. A estas «traducciones populares» cabría agregar la versión libre –en inglés, pero retraducida a un sinfín de lenguas– que Bhagwan Shree Rajneesh, mejor conocido como Osho, ofreció como parte de sus dilatadas enseñanzas orales inspiradas en el *Vijñānabhairava* (véase nota 132).

desde luego, como cualquier otra traducción, también aquí se ha aspirado a alcanzar la elusiva convergencia de fidelidad al original –de modo que el lector pueda sentir el temperamento del sánscrito– y solvencia en la lengua destino –de modo que el mensaje sea comprensible en un español estándar–. O para decirlo con las enseñanzas del propio *Vijñānabhairava*, se ha aspirado a alcanzar el punto medio (*madhya*), por definición inasible (*śūnya*), entre literalidad y literatura.

Al respecto, el lector notará a veces un esfuerzo deliberado por mantener un poco la ambigüedad y el laconismo del original, aunque cuidando de no caer en la ilegibilidad. En contraste, a fin de evitar esto último, el lector habrá de sobrellevar el uso de corchetes con información indispensable para completar tal o cual idea. En cambio, limité la extendida práctica académica de referir entre paréntesis el equivalente sánscrito de conceptos clave y términos técnicos. Como mencioné, en el caso de *bhāvanā*, en virtud de su riqueza semántica y trascendencia doctrinal, opté por mantener el original sánscrito. *Dvādaśānta* y *bindu* son términos técnicos con profundas connotaciones esotéricas que también preferí no traducir y mejor explicar en el comentario. Otro término que no traduje, pues se usa con cierta frecuencia en las lenguas modernas, es *brahman*, el absoluto.

Por otra parte, con el fin de verter el texto a un español idiomático opté por traducir en voz activa algunas sentencias expresadas originalmente en voz pasiva. De la misma manera, varias construcciones abstractas en sánscrito aparecen traducidas en un español idiomático, y algunas oraciones nominales aparecen como oraciones verbales. También, con el fin de hacer más tangible el flujo narrativo, decidí presentar agrupadas algunas estrofas tanto en la introducción como en el diálogo final. La secuencia de 112 enseñanzas (estrofas 24-135), que conforma el núcleo del texto, aparece en cambio estrofa por estrofa.

El comentario que acompaña la traducción busca servir a las dos audiencias, especialistas y no especialistas. Así, por un lado, contiene información sobre implicaciones históricas o filológicas, o justificaciones interpretativas basadas en la opinión de los distintos comentaristas y traductores, etcétera; por el otro, sin embargo, el grueso del comentario está dirigido al lector general y, en ese contexto, ofrece elementos para seguir el hilo narrativo o para establecer asociaciones entre las diversas enseñanzas. Por último, sobre todo para conveniencia también de la audiencia general, en una sección aparte se ofrece una traducción continua sin ningún tipo de anotación. El lector interesado en las variantes textuales, en la forma sánscrita de los términos más importantes, en la polisemia de los conceptos clave, en las implicaciones doctrinales o en los detalles hermenéuticos podrá saciar y, al mismo tiempo, estimular su curiosidad en la traducción comentada; en cambio, aquel que simplemente desee disfrutar el cadencioso intercambio sapiencial entre el dios y la diosa, sin duda se sentirá más cómodo con la versión continua.

Vijñānabhairava

El tantra de la contemplación

II
Texto sánscrito y traducción comentada

Abreviaturas

Ś-K La edición del *Vijñānabhairava* en la Kashmir Series of Texts and Studies con los comentarios de Kṣemarāja y Śivopādhyāya

Ā La edición del *Vijñānabhairava* en la Kashmir Series of Texts and Studies con el comentario de Ānandabhaṭṭa

Las referencias a las opiniones de los traductores modernos del *Vijñānabhairava* se ofrecen simplemente por apellido: Silburn, Singh, Sironi, Bäumer. El mismo procedimiento vale para las referencias a la edición de Dvivedī y al comentario de Joo.

Vijñānabhairava

śrīdevy uvāca

śrutaṃ deva mayā sarvaṃ rudrayāmalasambhavam |

trikabhedam aśeṣeṇa sārāt sāravibhāgaśaḥ | | 1 | |

adyāpi na nivṛtto me saṃśayaḥ parameśvara |

La venerable diosa dijo:

1-2ab. Originada en el *Rudrayāmala [-tantra]*, la vertiente *Trika* me ha sido revelada en su totalidad, ¡oh, dios!, de manera íntegra, parte por parte, en su quintaesencia. Pese a ello mis dudas no cesan, ¡oh, Señor supremo!

Conforme al formato dialógico de muchas escrituras tántricas, el texto abre con la diosa Bhairavī, quien, aquejada por la duda, acude al dios Bhairava. La actitud dialogante de la pareja divina reproduce el mecanismo tradicional de transmisión del saber a través del oído, es decir, oralmente de maestro a discípulo. Desde esa perspectiva, la diosa representa al devoto avanzado; el dios, al maestro. En un sentido más alegórico, según explica Kṣemarāja, el diálogo pone en escena la capacidad de la conciencia suprema para devenir diferencia sin dejar de ser unidad; así, en sentido estricto, el mismo principio divino asume el papel del que pregunta y el que responde: la revelación es autorrevelación y la meta es el reconocimiento de esta identidad.[153]

153. Véase V. Ivanov, «The Exegesis of Kṣemarāja on the Vijñānabhairava-tantra», págs. 51-53. Kṣemarāja hereda esta lectura de Abhinavagupta, su maestro. Al respecto, véase

Al mismo tiempo, sin embargo, el diálogo posee coordinadas precisas en términos textuales y doctrinales, tal como lo indica el nexo explícito con las enseñanzas y las prácticas de la «vertiente Trika» o, literalmente, la 'división Trika' (*trikabheda*). Con ello, la obra reconoce que la revelación de Bhairava comprende varias divisiones y que de estas el Trika es la más elevada. En parte, la prerrogativa se desprende de que tenga su «origen» (*sambhava*) en el *Rudrayāmala,* lo que puede entenderse de dos maneras: por un lado, en el sentido de que el *Rudrayāmala* es la «fuente» textual del Trika; por el otro, en el sentido de que el Trika «nace de la unión (*yāmala*) de Rudra [y Śakti]». En el primer caso, el término haría referencia al célebre pero misterioso Tantra homónimo, sobre cuyo problemático estatus abundé en el estudio preliminar.[154] A favor de esta lectura, el dato más obvio es la afirmación al final del texto donde la diosa agradece a Bhairava haberle enseñado la verdadera «esencia del *Rudrayāmalatantra*», despejando así todas sus dudas (estrofa 160). Empero, en su comentario, Kṣemarāja otorga un valor secundario a esta interpretación y privilegia, en cambio, la lectura simbólica. Si el *Rudrayāmalatantra* lleva ese nombre es precisamente porque versa sobre la unión de los aspectos trascendente (masculino) e inmanente (femenino) de la divinidad, y tal unión es, por lo tanto, la verdadera fuente de donde surgió el culto a

---

por ejemplo *Parātriṃśikāvivaraṇa*, pág. 191, junto con el estudio de S. Timalsina, «The Dialogical Manifestation of Reality in Āgamas», en especial págs. 12-18.
154. Véase pág. 64.

las tres diosas, el culto Trika. Es también este hecho, y solo de manera tangencial su procedencia textual, lo que de acuerdo con Kṣemarāja da al Trika un carácter especial, culminante, respecto a otras tradiciones o enseñanzas.

En este sentido, las diferentes enseñanzas están organizadas de forma jerárquica y el adepto las aprende al extraer sucesivamente su esencia (*sāra*); entendido como la quintaesencia de todas las doctrinas, el culto Trika corona la secuencia precisamente por su capacidad para incluir «esencias» inferiores y perfectibles, incluso aquellas, como explica Kṣemāraja, al margen de la revelación propiamente de Bhairava (por ejemplo, los Vedas y otras escrituras tántricas).

En todo caso, sin embargo, el énfasis en la excelsa sabiduría que la diosa ha alcanzado es proporcional a su ignorancia respecto a la verdad que, se intuye, ofrecerá a continuación el dios Bhairava. El contraste indica, además, que la esencia que la diosa anhela conocer es simplemente de otro orden. De esa verdad enigmática, no jerárquica, trataría el propio *Vijñānabhairava*. En suma, como en muchos otros Tantras, la hipérbole tiene una función retórica en la dirección contraria, en la dirección del secreto.[155]

155. Sobre el tema, puede consultarse Ó. Figueroa, *El arte de desdecir*, págs. 140-144.

kiṃ rūpaṃ tattvato deva śabdarāśikalāmayam / / 2 / /
kiṃ vā navātmabhedena bhairave bhairavākṛtau /
triśirobhedabhinnaṃ vā kiṃ vā śaktitrayātmakam / / 3 / /
nādabindumayaṃ vāpi kiṃ candrārdhanirodhikāḥ /
cakrārūḍham anackaṃ vā kiṃ vā śaktisvarūpakam / / 4 / /

2cd-4. Respecto a Bhairava, respecto a su manifestación, ¿cuál es, ¡oh, dios!, la esencia última? ¿Es la secuencia de fases fonéticas o bien los nueve [principios]? ¿Es acaso la división triple [que enseña] el *Triśiro[-bhairavatantra]* o bien las tres potencias? ¿Es sonido y luz primordiales, o bien [los planos sutiles conocidos como] «la media luna», «la barrera», etcétera? ¿Es el sonido inaudible que asciende a través de los centros sutiles o es simplemente Śakti?

Esta vertiginosa secuencia interrogativa pone de manifiesto el carácter eminentemente esotérico –y técnico– en el que se inscriben las enseñanzas del texto. No es una casualidad que ante estrofas como estas las traducciones modernas muestren importantes discrepancias. De entrada, más que preguntar por la esencia última de Bhairava en cuanto tal, el pasaje desvía nuestra atención hacia su aspecto manifiesto, hacia su «forma aparente» (*ākṛti*), de la que, según explica Kṣemarāja, se deriva el *saṃsāra*. El dilema de la diosa tiene que ver con que el poder inherente a la realidad divina puede entenderse de múltiples maneras. ¿Cuál de ellas es la más excelsa y, por lo tanto, la más próxima a Bhairava mismo? Las opciones enunciadas parecen privilegiar dos dimensiones, ambas sutiles y en cierto sentido interconectadas: la sónica y la luminosa. Además, todas las opciones presuponen una dimensión yóguica o práctica. Conviene ofrecer algunos detalles por separado.

La idea de una «secuencia de fases fonéticas» (*śabdarāśikalā*) encierra la visión tántrica del universo como una expansión continua de sonido. El cosmos es mantra; el mantra, manifestación. Desde esa perspectiva, a cada nivel o «fase» (*kalā*) de la creación corresponde un valor fonético. A su vez, este se obtiene de la propia constitución fonética de la lengua sánscrita. Tradicionalmente, la secuencia comprende 50 fonemas (*pañcāśat lipi*), desde los más puros (los vocálicos) hasta los más burdos (los consonánticos).[156] Estas unidades mínimas de emisión sonora pueden representarse asimismo como potencias divinas o energías creadoras. Sea en su aspecto fonético propiamente o en su dimensión cosmológica, la secuencia es una expresión de la libertad de la conciencia y, por lo tanto, remite a ella.

Respecto a «los nueve principios» o, literalmente, la 'división de nueve principios' (*navātmabheda*), explica Kṣemarāja que se trata de los nueve «planos», «principios» o «categorías» (*tattva*) superiores, es decir, los cinco asociados directamente con el dios Bhairava y cuatro más. Ahora bien, debido al principio de inclusión (*vyāpti*), esta secuencia presupone en realidad

156. Al respecto pueden consultarse las fuentes que cito en *El arte de desdecir*, págs. 191-197.

también los niveles inferiores, de modo que es una forma de referirse a la manifestación entera a la luz de la doctrina de los *tattvas* (sobre esta, véase el comentario a la estrofa 53). Empero, una vez más, hay involucradas connotaciones sonoras o mántricas, pues a cada *tattva* corresponde un valor fonético. El propio Kṣemarāja da cuenta de esto al mencionar el mantra nónuple HRKṢMLVYNŪM (veáse asimismo la estrofa 42). En un sentido más elemental, la alusión es a Navātmabhairava, el consorte de la diosa Aparā.

Con *triśiro,* literalmente 'tres cabezas', el texto se refiere de manera simultánea al título de una influyente escritura, hoy perdida, del culto Trika (el *Triśirobhairavatantra*: el *Tantra del Bhairava de las tres cabezas*), a la deidad que da nombre a esta y a la doctrina que esta habría defendido.[157] En la misma línea, «las tres potencias» corresponden a las tres diosas que dan nombre al culto Trika, las diosas Parā, Parāparā y Aparā, asociadas respectivamente con las ideas de trascendencia, trascendencia-inmanencia e inmanencia.

A continuación, el texto describe un giro más explícito hacia la dimensión práctica, yóguica, de todas estas doctrinas, en particular, de nuevo, en conexión con el aspecto fonético o sónico de la deidad. Entonces, el sonido y la luz primordiales (*nāda* y *bindu*) se relacionan con estados interiores. Por su parte, «la media luna» (*candrārdha*) corresponde a un estadio incluso

157. Sobre la fase a la que esta escritura pertenece en el desarrollo del sistema Trika, véase el estudio preliminar, pág. 58.

superior, asociado con una inmersión perfecta en el «vacío» (*vyoman*). La «barrera» u «obstáculo» (*nirodhikā*), de acuerdo con Kṣemarāja, designa la línea o espacio sutil que separa los estados más elevados de conciencia de los ordinarios. Se la llama así precisamente porque, por un lado, impide (*nirodha*) que los yoguis inexpertos accedan al nivel de *nāda* y, por el otro, resguarda a los más avanzados de caer de nuevo en el plano de las diferencias.

El sonido inaudible (*anacka*), o en un sentido más técnico «sin vocales», es un típico oxímoron tántrico que reúne las retóricas de *grandeur* y de secreto. Es la forma más perfecta y pura de sonido (impulso jerárquico) porque carece de fuente de emisión (impulso apofático). Este sonido increado, jamás tañido (*anāhata*), corresponde, pues, a la representación yóguica de la deidad como vibración primordial.

Para terminar, la diosa enuncia la opción que de algún modo sintetiza todas las demás: Śakti. Esto podría sonar redundante dado que ya se hizo alusión a las tres *śaktis* o potencias del culto Trika. ¿De qué otra energía podría tratarse? Al respecto, Alexis Sanderson sugiere que la alusión quizá sea a una cuarta diosa, cuya presencia aquí se explicaría por el proceso de sincretismo entre los cultos Trika y Krama.[158] Como mencioné en el estudio preliminar, los testimonios indican que, asociada con la diosa Kālasaṅkarṣinī, una advocación de Kālī en las

158. «The Visualization of the Deities of the Trika», pág. 75, n. 177. Sobre el tema, véase también de Sanderson, «The Saiva Exegesis of Kashmir», pág. 279.

escrituras Krama, la diosa Parā comenzó a adquirir una doble identidad, ya no solo como una de las diosas de la triada, sino además como una cuarta diosa por encima de las otras tres en virtud de su capacidad para incluirlas. Versos más adelante, los redactores del *Vijñānabhairava* se suman a esta tendencia de una manera más abierta al presentar a la diosa Parā por sí sola como la potencia de Bhairava (véase, por ejemplo, las estrofas 18 y 20). Desde luego, en esa condición, como la diosa que trasciende la triada al contenerla dentro de sí, Parā es la propia Bhairavī.

Y con Bhairavī volvemos al tono interrogativo del texto que, como puede intuirse, apunta a una negativa generalizada. Ninguna de las opciones enunciadas representa fielmente la esencia de la deidad, como lo confirmará el propio Bhairava en las estrofas 11-12. El verdadero prodigio permanece, pues, oculto. De nuevo, el espíritu inquisitivo de la diosa, la vehemencia y aun angustia que transmiten sus palabras acaban haciendo más hondo el misterio. Sus dudas son profundas, incluso paradójicas, no porque las respuestas falten, sino justo porque estas parecen sobrar.

parāparāyāḥ sakalam aparāyāś ca vā punaḥ /
parāyā yadi tadvat syāt paratvaṃ tad virudhyate / / 5 / /
na hi varṇavibhedena dehabhedena vā bhavet /
paratvaṃ niṣkalatvena sakalatve na tad bhavet / / 6 / /
prasādaṃ kuru me nātha niḥśeṣaṃ chindhi saṃśayam /

5-7ab. ¿Son [las diosas] Aparā y Parāparā inmanentes? ¿Y qué hay de Parā? Pues si esta, sinónimo de trascendencia, lo fuera, se caería en llana contradicción. ¿Acaso no donde prolifera la diversidad de formas y colores es imposible que haya trascendencia? La trascendencia es lo contrario a la inmanencia, y por lo tanto donde hay esta, aquella no puede existir. Señor, concédeme tu gracia, elimina mis dudas de una buena vez.

Las dudas de la diosa se centran ahora en una sola de las opciones apenas enunciadas, a saber, en el panteón triple que enmarca las enseñanzas del texto: las diosas Aparā, Parāparā y Parā. De este modo, el texto confirma su identidad Trika, pero desde una perspectiva crítica. En primer lugar, el discurso teísta es reinterpretado de un modo más conceptual, como trascendencia e inmanencia; en segundo lugar, la aparente incompatibilidad entre estos dos ámbitos insinúa un modelo más dinámico y con este la necesidad de depurar la noción misma de superioridad. ¿Es posible pensar la deidad como trascendencia e inmanencia, sin sacrificar ninguna? El texto reproduce así, a partir de sus propias premisas y aspiraciones, un dilema que se remonta a las reflexiones de las Upaniṣads y a las respuestas que a esas reflexiones urdieron las primeras escuelas filosóficas indias –el Sāṅkhya, el budismo, el Vedānta–: ¿pueden coexistir la unidad y la pluralidad, la identidad y la diferencia, la permanencia y el cambio?

En este mismo contexto, las opciones enunciadas en la estrofa anterior quedan ahora contenidas en la noción de *sakala*. El término designa cualquier realidad 'compuesta', es decir, dotada de partes, niveles, etcétera. Puede tratarse de una realidad corporal, lingüística, mental o cualquier otra. Desde luego, en el contexto litúrgico del culto, *sakala* tendría como primer referente la realidad icónica de la deidad. Para ser suprema (*paratva*), sin embargo, la deidad, en este caso la diosa Parā, no puede reducirse a una forma icónica, inmanente. Al mismo tiempo, la sospecha apunta a la ineficacia de desvincular trascendencia e inmanencia. Para ser suprema, la deidad debe abrazar la inmanencia, debe ser manifestación. ¿Cómo determinar entonces su esencia? He aquí el dilema. Como veremos, el texto explorará un amplio número de senderos en esa elusiva dirección, empujando constantemente cualquier categoría estable hacia su vacuidad.

Y ante tal dilema, la petición final de gracia (*prasāda*) parece ser una reacción sincera y no un simple giro retórico. La noción y la actitud que le da voz remiten además al contexto de intimidad esotérica, entre maestro y discípulo, que exige una sabiduría tan ambiciosa. Solo el discípulo avanzado puede tocar un fondo de esta índole, ahí donde ninguna categoría se sostiene por sí misma.

[bhairava uvāca]
sādhu sādhu tvayā pṛṣṭaṃ tantrasāram idaṃ priye | | 7 | |
gūhanīyatamaṃ bhadre tathāpi kathayāmi te |

7cd-8ab. [Bhairava respondió:] ¡Hurra, bravo! Eso que preguntas, ¡oh, querida!, constituye la esencia de los Tantras; ¡oh, afortunada!, es el secreto supremo. Pese a ello, te lo revelaré.

En medio del abismo que evocan las agónicas dudas de la diosa, la respuesta de Bhairava nos sorprende con su tono celebratorio y afirmativo. El inesperado contraste le da una singular fuerza narrativa a este preámbulo. Bhairava elogia las preguntas de su consorte porque dan en el blanco: la 'esencia' (*sāra*) de las escrituras tántricas. Así, entre líneas, entendemos que la confusión de la diosa comunica, a su manera, una verdad: la anhelada esencia se sitúa más allá de cualquier definición, de cualquier categoría estable. En un sentido extremo, ¿está reconociendo Bhairava que las dudas de la diosa no tienen respuesta, que el secreto es la respuesta, es decir, que *el secreto es la esencia*?

yat kiñcit sakalaṃ rūpaṃ bhairavasya prakīrtitam / / *8* / /
tad asāratayā devi vijñeyaṃ śakrajālavat /
māyāsvapnopamaṃ caiva ***gandharvanagaropamam***[159] / / *9* / /

8cd-9. Sabe, ¡oh, diosa!, que todas las formas manifiestas que se predican de Bhairava carecen de esencia: no son más que un artilugio, se asemejan a la ilusión y el sueño, son como un castillo en el aire.

Al otro lado de la enigmática esencia que inspira las preguntas de la diosa se encuentra, de nuevo, el mundo de lo que tiene forma y nombre, todo lo que acepta clasificaciones y grados. El contraste es, pues, explícito entre *sāra* y *sakala*. La verdadera esencia no puede reducirse a una fórmula concreta; lo que acepta nombre y forma no puede ser tal esencia.

Hasta aquí, el texto parece hacer una concesión de corte vedántico. La presencia del término *māyā*, 'ilusión', parecería corroborarlo. Como veremos, lo que el texto propone es distinto y, en cierto sentido, más radical que la mera oposición entre una trascendencia inefable y excluyente, y una inmanencia ilusoria y falaz.

El compuesto *gandharvanagara* significa, literalmente, 'la ciudad de los *gandharvas*', seres semidivinos versados en las artes musicales; es, pues, una expresión idiomática sánscrita

159. Sigo la enmienda de A. Sanderson en «The Visualization of the Deities of the Trika», pág. 74, n. 171. Tanto K-Ś como Ā leen *gandharvanagarabhramam*.

para referirse a un lugar fantástico, mágico o ilusorio. Coincido con A. Sironi en que la expresión «castillos en el aire» (italiano: *un castello in aria*) capta bien la idea.

dhyānārthaṃ bhrāntabuddhīnāṃ kriyāḍambaravartinām /
kevalaṃ varṇitaṃ puṃsāṃ vikalpanihatātmanām / / 10 / /

10. Si se las enseña es únicamente con el fin de que los hombres de inteligencia errática, que son presa del fragor de la acción y están profundamente trastornados por las representaciones mentales, tengan qué contemplar.

Todos los principios que la diosa enumeró, pese a su profundidad esotérica, son meras herramientas con un fin didáctico. Dicen menos sobre la esencia divina y más sobre el individuo limitado, para quien pueden servir como una guía temporal, pero nunca como la verdad última.

La práctica de la contemplación (*dhyāna*) tiene aquí el sentido restringido de centrar la mente en un objeto; es un pensamiento dirigido o disciplinado. Sin contemplación, el individuo vive expuesto a dos tipos de indisciplina o dispersión: de pensamiento y de acción. La contemplación contrarresta tanto la falta de discernimiento (*buddhi*) como el extravío en la acción (*kriyā*). En un sentido más específico, en este último caso el texto se refiere sobre todo a la actividad ritual. Empero, el elemento más importante, pues interviene en los dos ámbitos, es *vikalpa*, una noción que, como mencioné en el estudio preliminar, es omnipresente en la filosofía india y es particularmente significativa en el planteamiento general del *Vijñānabhairava*. Como también mencioné, la riqueza semántica del término dificulta una traducción única o definitiva. Opto, sin embargo, por «representaciones» en virtud de la flexibilidad del término para designar cualquier proceso formativo (conceptual, discursivo, sensorial, afectivo, etcétera).

tattvato na navātmāsau śabdarāśir na bhairavaḥ |
na cāsau triśirā devo na ca śaktitrayātmakaḥ || 11 ||
nādabindumayo vāpi na candrārdhanirodhikāḥ |
na cakrakramasambhinno na ca śaktisvarūpakaḥ || 12 ||

11-12. En realidad, Bhairava no es los nueve [principios], tampoco la secuencia de fonemas; no es el dios de tres cabezas, ni su esencia son las tres energías; no es sonido ni luz primordial; tampoco [los planos sutiles de] la media luna, la barrera, etcétera; no es la secuencia de centros sutiles, ni es Śakti su esencia.

Finalmente, ofrece Bhairava la conclusión que ya anticipaban las dudas de la diosa: la realidad última, la verdadera esencia de la deidad, no se reduce a ninguna de las fórmulas antes enunciadas. Una vez más, el rechazo tiene aquí un alcance que va más allá de tal o cual doctrina concreta. Al negar esta secuencia de doctrinas tántricas, el texto niega en realidad cualquier doctrina posible, toda categoría estable que pretenda definir la esencia divina. Los versos resuenan, por lo tanto, con el eco apofático de incontables pasajes dentro del corpus tántrico y, más allá, dentro de las escrituras indias; son una expresión más de la arraigada tendencia india de poner la verdad fuera del alcance del pensamiento y el lenguaje.

aprabuddhamatīnāṃ hi etā bālavibhīṣikāḥ |
mātṛmodakavat sarvaṃ pravṛttyartham udāhṛtam || 13 ||

13. Todas estas [doctrinas] son en realidad espantajos para niños o como los dulces que una madre [da a su hijo]: si se mencionan es [únicamente] con el fin de hacer progresar a quienes están confundidos.

El valor de todas estas doctrinas, conceptos y prácticas se circunscribe, de nuevo, a la condición limitada, no despierta o confundida (*aprabuddha*) del individuo; son una especie de paliativos didácticos, de placebos, que permiten contextualizar la búsqueda del adepto y sustentar su supuesto progreso, pero en modo alguno describen plenamente la esencia de Bhairava. Desde esta perspectiva radical y tal como lo sugieren las metáforas aquí empleadas, el camino espiritual es una especie de «ardid» necesario, un juego de estímulos y amonestaciones que infunden atracción y temor en el individuo a fin de conducirlo de manera preliminar hacia la verdad; una verdad, desde luego, que en última instancia exigirá negar tales artilugios. Solo el adepto que alcanza la madurez, que supera el estadio infantil, está preparado para abrazar esa exigencia, para comprender que había que empezar por alguna parte, pero que llegado el momento es necesario desnudar el ardid, reconocer su valor relativo.

Evidentemente, la diosa representa aquí al adepto maduro, dispuesto a dejar atrás las doctrinas e ideas que por un tiempo dieron sentido a su búsqueda, pero que, desde la perspectiva más alta, son también un obstáculo. Bhairavī está, pues, preparada para abismarse en una verdad que escapa a la lógica de la progresión, las jerarquías y las definiciones. Todas estas pueden servir como punto de partida, pero jamás serán el punto de llegada, la meta, ya que, como insistirá Bhairava, la única meta que conviene a la esencia divina por mor de su plenitud sin par es que no hay meta, ni por lo tanto camino.

dikkālakalanonmuktā deśoddeśāviśeṣiṇī |
vyapadeṣṭum aśakyāsāv akathyā paramārthataḥ | | 14 | |
antaḥsvānubhavānandā vikalponmuktagocarā |
yāvasthā bharitākārā bhairavī bhairavātmanaḥ | | 15 | |
tad vapus tattvato jñeyaṃ vimalaṃ viśvapūraṇam |
evaṃvidhe pare tattve kaḥ pūjyaḥ kaś ca tṛpyati | | 16 | |

14-16. Libre de las condiciones espaciotemporales, ajena a las determinaciones de dirección y nombre, más allá de las representaciones mentales, la suya es la dicha de la experiencia interior; imposible describirla, supremamente inefable: tal es la condición (*avasthā*) de Bhairava, [conocida como] Bhairavī porque colma todas las cosas (*bharitākārā*). Su plenitud inmaculada y omnímoda, eso es lo que en verdad debes conocer. Y en una realidad tan excelsa (*para*), ¿a quién cabría adorar, a quién propiciar?

Estas estrofas ponen en escena, por primera vez, la peculiar radicalidad del discurso negativo de Bhairava. El impulso excluyente que hasta aquí parecía sugerir el texto desemboca en un movimiento contrario, de vuelta a la inmanencia. En ese sentido, las estrofas pueden verse como la respuesta del dios a las preguntas de la diosa en torno a la pertinencia de las categorías de trascendencia e inmanencia para hablar de la realidad última (estrofas 5-7ab). Esa respuesta, insisto, es elocuentemente inesperada: la absoluta inefabilidad de la deidad, su indeterminación espaciotemporal, lingüística y conceptual, que, como afirma Kṣemarāja, impiden tratarla como un objeto (*idantā*), acontecen no al margen de la realidad manifiesta, sino más bien en medio de esta. El texto identifica esa elusiva posición o condición con el término femenino *avasthā*. La vuelta a la inmanencia posee así una evidente dimensión teísta a través de una imagen de totalidad típicamente tántrica, la de la unión dinámica de los principios masculino y femenino: Bhairava es inefable porque tiene una residencia y esta solo puede ser la propia Bhairavī, su potencia o *śakti*. Si Dios deviene, significa que de algún modo sale de sí mismo, se exterioriza y desciende a otros planos de realidad, su propia manifestación. Como mencioné en el estudio preliminar, eso es precisamente lo que evoca la etimología de la palabra *avasthā*.[160]

Ahora bien, Bhairava y Bhairavī son además los dialogantes de esta enseñanza, un hecho que aquí claramente invita a una lectura alegórica. Sin saberlo, la diosa misma es la respuesta a sus preguntas; la respuesta de Bhairava, el protagonista de este diálogo místico, es Bhairava mismo que es Bhairavī. Para reforzar este juego de identidades compartidas, en este punto, como señalé en el estudio preliminar, el texto reproduce el análisis semántico tradicional (*nirukti*), usado en otras fuentes, de la palabra Bhairavī.[161] De la raíz *bhṛ-*, 'llenar', 'colmar', se la llama así porque 'colma' o 'nutre' la creación entera

160. Véase págs. 86-87.
161. Véase pág. 83 y ss.

(*bharitākāra*). El que está por encima de todo es también el que todo lo penetra, y viceversa. La sensación de dinamismo es inmediata; es una unidad llena de actividad. De este modo, el texto llama al adepto a ir más allá del arraigado entendimiento que opone trascendencia e inmanencia. El asunto es más complejo y enigmático. Hacia ese enigma se dirigirán los ejercicios que Bhairava delineará en el núcleo de la obra.

Por ahora cabe notar la presencia de otro elemento positivo en las palabras de Bhairava. Me refiero, desde luego, a la alusión a la intimidad de la experiencia interior (*antaḥsvānubhava*), caracterizada como beatitud o dicha (*ānanda*). Por último, el texto anticipa las profundas limitaciones de las prácticas cultuales respecto a una divinidad como esta. La duda final es, desde luego, retórica y anticipa la enseñanza de varias estrofas, en especial el apéndice que sigue al núcleo del texto (estrofas 139cd-154): respecto a esta esencia divina, las ideas de culto, adoración, propiciación, etcétera, son simplemente absurdas; la relación ritual e icónica con la deidad forma parte del ardid y, en cierto sentido, lo perpetúa.

evaṃvidhā bhairavasya yāvasthā parigīyate |
sā parā pararūpeṇa parā devī prakīrtitā | | 17 | |

17. La condición de Bhairava es aclamada como la Suprema (*parā*), también conocida como la diosa suprema (*parādevī*) en virtud de su naturaleza suprema (*para*).

La estrofa confirma el sentido esotérico de la palabra femenina *avasthā*. Esta «condición» o «residencia» en realidad es la diosa misma, la potencia que subyace a cualquier tipo de manifestación. Además, la estrofa hace explícita la identidad sectaria de la diosa: Bhairavī o la condición de Bhairava es la diosa Parā, la Suprema. El juego de asociaciones lingüísticas no termina aquí. La reiteración de la palabra *para,* 'superior', va más allá del simple dato etimológico –se llama Parā porque es «superior»–. Lo que el texto parece subrayar, en cambio, es que Parā es «superior», y a través de ella necesariamente el propio Bhairava, porque su eminencia es de otro orden, excepción que la distingue de las otras dos diosas del culto Trika y respecto a sí misma. Como el texto lo sugiere y como insistirá en ello, la «eminencia» que aquí se predica no es una eminencia vertical ni jerárquica.

śaktiśaktimator yadvad abhedaḥ sarvadā sthitaḥ I
atas taddharmadharmitvāt parā śaktiḥ parātmanaḥ I I 18 I I
na vahner dāhikā śaktir vyatiriktā vibhāvyate I
kevalaṃ jñānasattāyāṃ prārambho'yaṃ praveśane I I 19 I I

18-19. Todos coinciden que entre Śakti y Śiva no existe diferencia alguna, y puesto que aquella posee los atributos de este, entonces la potencia suprema solo puede pertenecer al ser supremo. El poder de quemar no es distinto del fuego; si se les concibe [por separado], es únicamente como preámbulo de camino al conocimiento verdadero.

La identidad entre el absoluto y su manifestación, entre el dios y la diosa, se explica ahora en términos más filosóficos como la identidad entre la sustancia o la 'esencia' (*dharmin*) y sus atributos o 'cualidades' (*dharma*). Para ilustrar la idea, la siguiente estrofa usa la metáfora del fuego (la esencia) y su calor (la cualidad), o literalmente el 'poder de quemar' (*dāhikā śaktir*). Entre ambos aspectos hay, pues, una especie de continuidad que le permite a la potencia suprema servir como vía de acceso a la verdad. Me parece, por lo tanto, que el texto no propone un sistema plural de vías o medios (*upāya*) como el que hallamos en otras escrituras Trika, sobre todo en el *Mālinīvijayottaratantra*, y más tarde en Abhinavagupta, al menos no explícitamente. O, para decirlo de otra manera, al ser la potencia el único medio, cualquier otro es reducible a esta como su expresión.

De este modo, el texto establece cuál es el punto de partida para el adepto: la propia potencia suprema en su infinita diversidad, el mundo de la inmanencia. Este será también el ámbito de las diversas técnicas que Bhairava revelará a su consorte para enseñarle que nada hay que no lleve a la deidad precisamente porque todo es su energía. Se trata, desde luego, de una sutil retracción pedagógica que da respuesta a la pregunta hasta aquí implícita: cómo conocer la esencia divina si escapa a toda determinación, si es irrepresentable conceptual y lingüísticamente. La estrategia consiste en usar el aspecto manifiesto de la divinidad como medio sin reducir la esencia inefable a ninguna expresión concreta de su propio poder. El error sobreviene cuando lo trascendente es reducido a la inmanencia; en cambio, cuando la inmanencia es puesta a la altura de lo trascendente, se convierte en el umbral de camino a la verdad.

śaktyavasthāpraviṣṭasya nirvibhāgena bhāvanā |
tadāsau śivarūpī syāt śaivī mukham ihocyate | | 20 | |
yathālokena dīpasya kiraṇair bhāskarasya ca |
jñāyate digvibhāgādi tadvac chaktyā śivaḥ priye | | 21 | |

20-21. La *bhāvanā* de quien se adentra en la condición [de Śiva], en Śakti, es indistinta [de Śiva]; entonces, él mismo adquiere la forma de Śiva. [Por eso] aquí llamamos «umbral» a la energía de Śiva. Al igual que gracias a la luz de una lámpara o los rayos del

sol podemos orientarnos espacialmente, del mismo modo gracias a Śakti reconocemos a Śiva, ¡oh, querida!

El texto reitera el principio expuesto en los versos previos. Literalmente, Śakti es el 'rostro' o la 'boca' (*mukham*) de Śiva, es decir, el medio para penetrar en la esencia divina. En este contexto y para cerrar su primera intervención, Bhairava introduce por primera vez la noción cardinal de *bhāvanā*. Como expliqué en el estudio preliminar, la palabra da nombre a las técnicas contemplativas que componen el grueso del texto y, al mismo tiempo, es otra forma de referirse a la verdad a la que conducen dichas técnicas, es decir, es otro nombre de la diosa. Al cultivar su *bhāvanā,* el adepto puede alcanzar a Bhāvanā: la energía creadora de la deidad. Esto significa que *bhāvanā* es, como la diosa, el umbral: es la vía para acceder a la esencia divina no directamente sino *a través de la inmanencia:* es el medio para actualizar la presencia de la energía divina, de la Śakti, en cualquier circunstancia, en cado acto cognitivo, en cada proceso corporal. En un sentido extremo, esto significa que *bhāvanā* integra ambas dimensiones, la humana y la divina, en una experiencia de carácter reflexivo: no solo reconfigura la relación del adepto con el universo entero, sino además consigo mismo como una relación con la potencia de Śiva-Bhairava, en la que ve restituida su identidad más profunda. Así pues, la carga etimológica, causativa, de la palabra, literalmente 'el acto de hacer ser', acaba siendo tan importante como el contexto contemplativo-imaginativo en el que dicho acto se despliega. La importancia es desde luego soteriológica: *bhāvanā* «hace ser» al sujeto en el sentido de que revela su verdadera naturaleza. Entonces, antes que una 'contemplación creadora' o 'imaginativa', la traducción más común, *bhāvanā* es algo así como una 'realización contemplativa'. En todo caso, como también mencioné en el estudio preliminar, a fin de no sacrificar la riqueza semántica del término, he preferido mantener el original sánscrito. En cambio, en el caso de formas verbales, donde esta estrategia es simplemente inviable, traduzco 'concebir', en el doble sentido de 'engendrar', 'crear' y 'formarse una imagen'.[162]

[devy uvāca]
devadeva triśūlāṅka kapālakṛtabhūṣaṇa |
digdeśakālaśūnyā ca vyapadeśavivarjitā || 22 ||
yāvasthā bharitākārā bhairavasyopalabhyate |
kair upāyair mukhaṃ tasya parādevī kathaṃ bhavet |
yathā samyag ahaṃ vedmi tathā me brūhi bhairava || 23 ||

22-23. [La diosa dijo:] ¡Oh, dios de dioses, tú cuyo emblema es el tridente y vas ataviado con cráneos!, ¿por qué medios se alcanza la condición (*avasthā*) de Bhairava, vacía de tiempo y espacio,

162. Véase el estudio preliminar, pág. 95 y ss.

indescriptible, y que [no obstante] lo colma todo? ¿Cómo puede la diosa suprema ser un umbral hacia él [Bhairava]? Enséñame, ¡oh, Bhairava!, de modo que pueda entender correctamente.

La segunda intervención de la diosa confirma que la estrategia de Bhairava consiste en acometer el tema de la esencia divina (*sāra*), por definición inefable e inalcanzable, desde el punto de vista de su energía, que al ser idéntica al dios supremo, constituye el medio idóneo para acceder a él. De hecho, la diosa reproduce el léxico de las primeras lecciones de Bhairava. Como dijimos, la palabra femenina *avasthā*, 'condición', es una forma codificada de referirse a la energía divina, es decir, a la propia Bhairavī o Parā, «situada por debajo» del dios supremo, en una posición intermedia entre este y la realidad manifiesta y plural. De ahí su doble naturaleza, aquí expresada muy vívidamente a través del contraste entre lo vacío (*śūnyā*) y lo pleno (*bharitākārā*), al que el texto volverá una y otra vez.

De este modo, el preámbulo narrativo del texto ofrece en realidad toda una declaración de principios, aquí asimilada por la diosa como enseñanza básica. El aprendizaje se resiente en el giro que han experimentado sus dudas. Estas transmiten ahora una preocupación de índole claramente práctica. Si Dios es potencia y esta es, por lo tanto, el camino a Dios, la pregunta ahora es entonces cómo se penetra en esa energía, cómo se la reconoce en medio de este mundo plural y cambiante, qué tipo de atención se debe desarrollar para percibirla.

El trasfondo práctico de la nueva duda de la diosa está encerrado en la noción de *upāya,* los medios para alcanzar la condición de Bhairava. Como apenas mencioné, el texto parece desconocer el modelo de tres *upāyas* desarrollado en escrituras como el *Mālinīvijayottaratantra* y más tarde consagrado doctrinalmente por Abhinavagupta. O al menos no es explícito al respecto y se limita a hablar de *upāyas* en general, todos, como vimos, reducibles al medio por antonomasia, es decir, a la energía divina. Desde esa perspectiva, podría decirse que las enseñanzas del *Vijñānabhairava* competen a *śāktopāya* únicamente. Esta preponderancia respecto a la pluralidad de medios valdría asimismo en el caso de *bhāvanā*: la práctica que subyace a todas las *bhāvanās* enseñadas es precisamente *bhāvanā*, lo que equivale, una vez más, a identificar a *bhāvanā* con *śakti,* o, aún más, a Bhāvanā y Śakti.

Sin embargo, como se verá, más allá de este reconocimiento parcial de la noción de *upāya,* con frecuencia el texto se aventurará a explorar los límites de tal noción hasta el extremo paradójico de sugerir la ineficacia y aun nulidad de cualquier medio (*anupāya*). En esos casos, el texto se yergue como un notable antecedente del modelo defendido por Abhinavagupta, cuya reflexión constantemente desemboca también en la noción de *anupāya*.

La diosa termina su intervención con la petición de que Bhairava le comunique todo lo que sea necesario para entender correctamente, y con tal petición concluye también la introducción del texto. Con la siguiente estrofa inicia propiamente el núcleo de la obra, conformado por 112 *bhāvanās*, una por estrofa, reveladas por Bhairava a fin de responder a las inquietudes de la diosa. Aquí concluye también la guía de Kṣemarāja, cuyo comentario, al menos tal como nos ha llegado, se interrumpe abruptamente en este punto.

[bhairava uvāca]
ūrdhve prāṇo hy adho jīvo visargātmā paroccaret |
utpattidvitayasthāne bharaṇād bharitā sthitiḥ || 24 ||

24. [Bhairava respondió:] Arriba la espiración, abajo la inspiración: la [diosa] Suprema, *cuya naturaleza es devenir / formada por dos puntos* (*visargātmā*), debe resonar mántricamente. Con la expansión contemplativa del sitio donde surgen ambas, [la espiración y la inspiración, sobreviene] el estado de plenitud.

La primera vía que el texto enseña para aprehender la potencia divina es la respiración. De hecho, se trata de toda una secuencia dedicada al mismo tema (estrofas 24-31). La prerrogativa no es fortuita. Pone de manifiesto el horizonte yóguico en el que se inscriben las enseñanzas del texto. A la luz de ese horizonte, la respiración es quizá el fenómeno corporal vinculado más estrechamente a la potencia divina y, por lo tanto, constituye un umbral idóneo para transitar de la realidad ordinaria a la realidad energética.

El proceso respiratorio comprende el aire que asciende con la espiración (*prāṇa*) y el aire que desciende con la inspiración (*apāna*), aquí llamado simple y elocuentemente «vida» (*jīva*), pues esta depende de aquel: en su sentido más básico, la vida es posible por el reingreso del *prāṇa* expulsado. Las ideas de ascenso y descenso son correlativas a las de exterioridad e interioridad: la espiración lleva el aire de dentro hacia fuera, la inspiración de fuera hacia dentro. A esta observación básica de carácter fisiológico, el texto añade elementos propiamente yóguicos. Dos puntos o «sitios» (*sthāna*) señalan el «límite» (*anta*) del ritmo respiratorio: hacia dentro y abajo el aire alcanza una distancia de doce dedos (*dvādaśānta*) hasta fundirse en el corazón (*hṛt, hṛdaya*); hacia fuera y arriba, el aire se funde también a una distancia de doce dedos. Desde ese sitio, tomamos nuevamente el aire que acabará fundiéndose dentro, en el corazón, para emerger una y otra vez.

Es posible, sin embargo, reconfigurar este ciclo y eso es lo que instruye esta primera *bhāvanā*. La identificación entre la respiración y la propia potencia divina, la diosa Parā, constituye el primer paso. Los siguientes pasos descansan en una lectura sensible a la riqueza semántica y simbólica de los términos *visarga, uccāra* y *bharaṇa* en el contexto de la tradición tántrica.

En el caso de *visarga*, término que aquí califica a la diosa misma y, en un sentido más específico, a la potencia divina en la forma de la respiración, mi traducción busca capturar esa riqueza a través de una lectura doble: «cuya naturaleza es devenir / formada por dos puntos». En efecto, en su sentido más básico, el término remite a las ideas de devenir, emanación o creación. Pero la palabra posee asimismo una acepción más técnica en el campo de la fonética, donde designa la aspiración sorda que puede acompañar a un sonido vocálico y que en la práctica equivale a un ligero eco, por ejemplo, *bhairavaḥ* se pronuncia [*bhairava-ha*]. En el contexto tántrico, ambos sentidos están entrelazados: el universo surge o deviene como energía sonora; el sonido es una fuerza creadora. La respiración sería entonces una reproducción a escala de este evento cardinal: la vida surge constantemente gracias a esta emisión de aire y, por lo tanto, de sonido. La respiración es vibración, resonancia (*spanda*).

Ahora bien, tanto en el alfabeto *devanāgarī* como en *śāradā,* el antiguo alfabeto de Cachemira, el *visarga* se representa gráficamente con dos puntos (por ejemplo भैरवः, transcrito *bhairavaḥ*). La estrofa comunica este significado en conexión con los dos puntos que marcan el ritmo de la respiración o, más exactamente, los dos sitios donde el flujo incesante de aire comienza y acaba, dentro y fuera, abajo y arriba. En ese sentido, la representación visual del *visarga* evoca la idea de reposo (*viśrānti*) en medio de una incesante actividad, evoca el sutil espacio intermedio (*madhya*), fuera y dentro, donde se regenera el ciclo respiratorio.

El trasfondo yóguico-esotérico de la estrofa se asoma asimismo en el uso de la palabra *uccāra,* aquí en la forma verbal *uccaret,* que he traducido como 'debe resonar mántricamente'. *Uccāra* significa 'pronunciación', 'recitación', el acto de proferir o emitir un sonido. En el contexto religioso tántrico, esa recitación normalmente se inserta en un entendimiento del sonido como mantra. En nuestro caso, es la diosa misma, y por lo tanto la respiración, la que emite ese sonido-mantra, es ella quien debe «resonar». Al desplazarse cíclicamente entre los puntos finales de la espiración y la inspiración, la respiración emite un sonido, cuya forma más sutil, de nuevo, puede entenderse como vibración. Entonces, lo que el texto afirma, literalmente, es que la diosa respira en nuestra respiración y al hacerlo resuena, reverbera. De acuerdo con gurús contemporáneos como Swami Lakshman Joo y Swami Muktananda, la emisión sonora a la que se refiere el texto sería el mantra «natural» HAM-SA –al inspirar, la respiración emite el sonido HAM; al espirar, el sonido SA–. Y es «natural» o «espontáneo» porque no depende del esfuerzo ni de la voluntad del sujeto: es el ritmo mismo de la vida en forma de aliento. Se repite sin que nadie lo repita (*ajapajapa*). Cabe notar, que el propio texto menciona explícitamente el mantra HAṂSA en la estrofa 153. Pero el asunto no termina aquí. Etimológicamente, la palabra *uccāra* (de la raíz *car-*, más el prefijo *ut-*) sugiere además un movimiento ascendente. Se llama *uccāra* al acto de proferir un sonido porque este «asciende» desde algún punto del aparato respiratorio hasta salir por la boca. Este sentido aún más básico se presiente en el texto a través de la alusión indirecta al practicante. Si el mantra resuena espontáneamente, entonces el esfuerzo del adepto es más bien de índole contemplativa. En sentido estricto, él no tiene que repetirlo; lo que debe hacer es fijar su atención en la respiración hasta percibirla como mantra y sostener la experiencia con su efecto ascendente. Esa tarea está indicada en el texto con otro término polisémico: *bharaṇa*, aquí traducido como 'expansión contemplativa'.

De la raíz *bhṛ-*, la palabra está emparentada con el calificativo que, tanto aquí como apenas unas estrofas atrás (15 y 23), describe a la diosa: *bharitā*, y por consiguiente está emparentada con los nombres Bhairavī y Bhairava. Como vimos, el texto «explica» hermenéuticamente los nombres femenino y masculino de la deidad a partir de las ideas de plenitud y expansión (*bharita*). Al usar las palabras *bharaṇa* y *bharitā* una después de la otra en el último pie de la estrofa, el texto busca claramente transmitir ese sentido («debido a la expansión [sobreviene] el estado expansivo o pleno») al tiempo que refuerza la connotación de ascenso de la palabra *uccāra*.

Con excepción de Sironi, el resto de los traductores ha sacrificado este sentido y, basándose en una lectura un tanto rígida del comentario de Śivopādhyāya, ha privilegiado el sentido secundario o derivado de 'concentración', 'contemplación', es decir, el acto de mantener (aquí la idea de expansión) una imagen o una idea en la mente. La propia glosa de Śivopādhyāya es *upalakṣaṇa*, 'observación'; Dvivedī ofrece *dhāraṇa*, 'atención'. En suma, detrás está la noción de *bhāvanā*. En realidad, ambos sentidos están implicados: la idea de nutrir o mantener es aquí metafórica y remite a un evento interior; las ideas de atención y concentración tienen aquí la connotación de mantener, nutrir o prolongar y, en ese sentido, remiten a las ideas de expansión y ascenso.

Más adelante, el texto asociará esta representación mántrica y expansiva (*uccāra*) de la respiración con un reencauzamiento vertical y puramente interior de la respiración –del corazón a la coronilla de la cabeza–, asociado a su vez con el movimiento ascendente de la potencia divina dentro del cuerpo, a través de canales y centros sutiles (estrofas 28-29).

Empero, la instrucción aquí se circunscribe a la posibilidad de fijar la atención en los límites exterior e interior de la respiración (los dos puntos del *visarga*), ahí donde surgen la espiración y la inspiración, con el fin de expandirlos, prolongarlos o hacerlos crecer (*uccāra*). Y expandir la respiración en estos dos puntos es expandir la emisión de sonido, es perpetuar la pulsación mántrica.

La respiración se convierte así en el antídoto para trascender la inercia dicotómica de la propia respiración. Con la expansión contemplativa de la espiración y la inspiración, la respiración desemboca en un elusivo instante de quietud o reposo intermedio, cuya vastedad y homogeneidad diluyen la sensación de dualidad. En el bosque de la inmanencia se abre un claro de trascendencia. Principio y fin se confunden; las categorías fuera y dentro pierden su gravedad. La potencia divina se revela en su propia identidad intermedia, con un pie en el mundo manifiesto y el otro en el misterio sagrado. La respiración es, pues, un umbral que conduce al umbral –Śakti– que conduce a Śiva.

maruto'ntar bahir vāpi viyadyugmānivartanāt |
bhairavyā bhairavasyettham bhairavi vyajyate vapuḥ || 25 ||

25. Cuando el aire no retorna de los dos vacíos, dentro y fuera, entonces se manifiesta el esplendor de Bhairava a través de Bhairavī, ¡oh, Bhairavī!

La experiencia de plenitud expansiva enseñada en la estrofa anterior puede entenderse asimismo como una experiencia de vaciedad. De eso trata este ejercicio. La diferencia respecto al anterior es apenas de énfasis: prolongar el espacio intermedio entre la espiración y la inspiración es también abrir un vacío. El corazón, dentro, y el punto a una distancia de doce dedos hacia fuera, son ahora representados como un espacio abierto o vacío (*viyad*).

La experiencia sobreviene al impedir que el aire retorne de sus límites interior y exterior. Eso es lo que indica, literalmente, el término *anivartana,* usado en la versión de Śivopādhyāya. En su glosa, Śivopādhyāya ofrece además la variante *nivartana,* 'cesación', 'interrupción'. Por su parte, Ānandabhaṭṭa incluye la variante *anuvartana,* 'prolongación'. Por encima de estas diferencias, la idea es la misma: el adepto debe prolongar el aire al final de cada inspiración y espiración, es decir, debe interrumpir la inercia cíclica de la respiración impidiendo su retorno dualizante. El ejercicio remite, pues, a otro término técnico del yoga, *kumbhaka,* la 'retención' del flujo de aire, abordado no casualmente dos estrofas más adelante.

La estrofa reitera además la posición intermedia de la potencia divina, como umbral a la esencia trascendente e inefable. Tal vez, la diferencia respecto a la estrofa previa es que al centrarse en el vacío, la enseñanza aquí hace explícita la conexión entre Bhairavī y Bhairava en un aliterativo juego de palabras rematado por el vocativo «oh, Bhairavī».

na vrajen na viśec chaktir marudrūpā vikāsite |
nirvikalpatayā madhye tayā bhairavarūpatā | | 26 | |

26. Al expandirse el centro debido a la cesación de representaciones mentales, la potencia en la forma de la respiración deja de entrar y salir. A través de ella [se manifiesta entonces] la realidad de Bhairava.

La estrofa da continuidad a las instrucciones de los dos ejercicios previos. El espacio pleno o vacío, según como se vea, entre la inspiración y la espiración recibe ahora el nombre técnico de *madhya,* el espacio intermedio, el centro o intervalo donde la representación dicotómica del proceso respiratorio cede ante la presencia de una única potencia. De nuevo, esta se despliega gracias a la retención del flujo de aire y, en ese mismo acto, se convierte en el umbral a la realidad trascendente de Bhairava.

La novedad radica en la alusión al efecto cognitivo del ejercicio. La retención expansiva del aire coincide con la cesación de la actividad mental o, en un sentido más técnico, con la supresión del mecanismo de formación conceptual (*nirvikalpa*). El texto confirma así un principio básico de la tradición yóguica: la conexión entre la respiración y la vida mental, de modo que la primera es un medio para influir sobre la segunda; al ejercitar el control sobre la respiración, el adepto puede modificar su estado de conciencia.

Por último, el despliegue expansivo de la potencia posee en este caso una dimensión paralela secreta. Tal como mencioné a propósito del término *uccāra,* la experiencia aquí se desenvuelve asimismo en el ámbito de la fisiología mística del yoga: con *madhya*, el texto se refiere también al canal central o *suṣumnā* en el cuerpo sutil o energético.

kumbhitā recitā vāpi pūritā vā yadā bhavet /
tadante śāntanāmāsau śaktyā śāntaḥ prakāśate / / 27 / /

27. Tanto al espirar como al inspirar es necesario retener la potencia [en la forma de la respiración]. Conocida al final de este [ejercicio] como la «Pacífica», a través de ella resplandece el «Pacífico».

La estrofa introduce las nociones técnicas *recaka* y *pūraka*, literalmente los actos de 'vaciar' y 'llenar' el cuerpo con aire, es decir, la espiración y la inspiración. El énfasis parece estar ahora en el propio ritmo respiratorio entendido como un mecanismo de retención (*kumbhaka*) –otro término técnico– capaz de suspender la tensión dicotómica y provocar una sensación de paz o quietud. Esta sensación da identidad a la propia energía de la respiración y, a través de ella, necesariamente a la esencia divina. A través de la tranquilidad respiratorio-mental, el adepto arriba a la paz trascendente del absoluto.

ā mūlāt kiraṇābhāsāṃ sūkṣmāt sūkṣmatarātmikām |
cintayet tāṃ dviṣaṭkānte śāmyantīṃ bhairavodayaḥ | | 28 | |

28. Debe meditarse en la potencia [de la respiración mientras asciende] desde la raíz irradiando su luz hasta reposar, más sutil que lo sutil, en el *dvādaśānta*. Entonces, Bhairava resplandece.

A partir del sustrato corporal-respiratorio de las estrofas previas, el texto avanza hacia un entendimiento más abiertamente «energético» de la respiración. Así, a la par de sus dimensiones fisiológica, sonora y mántrica, el proceso respiratorio es ahora concebido como un despliegue de energía y, en esa medida, como un acontecimiento visual o luminoso. El ejercicio representa la potencia del aliento vital como una columna de luz que se despliega desde la raíz, es decir, desde la base de la columna vertebral (*mūlādhāra*) hasta el *dvādaśānta*, donde alcanza su meta o reposo. Por el contexto, este sitio de reposo no sería más el *dvādaśānta* exterior, a una distancia de doce dedos desde las fosas nasales, sino uno puramente interior, asociado con la coronilla de la cabeza, el «umbral» entre la condición terrenal y la celeste.

Tanto Śivopādhyāya como Ānandabhaṭṭa, y con ellos los traductores modernos, coinciden en que la estrofa presupone la doctrina sobre *kuṇḍalinī*, la potencia divina dentro del cuerpo sutil, donde yace en un estado de latencia. Cuando esta energía despierta, comienza a ascender a través del canal central (*madhya, suṣumnā*) hasta alcanzar la coronilla de la cabeza transformando la conciencia del adepto. Más adelante, el texto vuelve al mismo tema en un tono similar (estrofas 35, 151). Como mencioné en el estudio preliminar, a pesar de que el texto no emplea como tal el término *kuṇḍalinī*, todas estas alusiones constituyen uno de los testimonios indirectos más tempranos sobre el tema en la literatura sánscrita.[163]

Por otra parte, como también mencioné en el estudio preliminar, la acción específica en la que aquí se instruye al adepto, a saber, «meditar» (de la raíz *cint-*), claramente presupone la carga causativa-imaginativa de la noción de *bhāvanā*, el nom-

163. Véase pág. 112.

bre genérico de todos los ejercicios.[164] En este caso, el propósito es recrear imaginativamente la trayectoria completa de la potencia divina desde la «raíz» hasta la coronilla sin detenerse en otros centros sutiles o coyunturas energéticas (*cakra*). Es una visión «integral» (*akrama*) de su despliegue interior. A una representación secuencial, por pasos (*krama*), está dedicada la estrofa siguiente.

Por último, el fruto del ejercicio es *udaya*, literalmente el 'levantamiento' o 'surgimiento' de Bhairava. De la raíz *i-*, más el prefijo *ud-*, el sustantivo designa cualquier movimiento hacia arriba, por ejemplo el del sol al amanecer. Precisamente con el fin de subrayar el giro del texto hacia un imaginario más visual-luminoso, tanto aquí como en la siguiente estrofa mi traducción opta por la idea de «resplandor». Silburn y Bäumer traducen 'despertar'; Singh, 'manifestación'; Sironi se ciñe al sentido literal.

164. Véase estudio preliminar, nota 107.

udgacchantīṃ taḍidrūpāṃ praticakraṃ kramāt kramam /
ūrdhvaṃ muṣṭitrayaṃ yāvat tāvad ante mahodayaḥ / / 29 / /

29. [Debe meditarse en ella] mientras asciende cual si fuera un relámpago, de centro en centro, por niveles, hasta el *dvādaśānta*, arriba. De este modo, al final, [sobreviene] el gran resplandor.

El verbo meditar (*cint-*) y su objeto, la energía de la respiración, se sobreentienden aquí elípticamente a partir de la estrofa anterior. El ejercicio reitera la metáfora luminosa a través de la comparación con un «relámpago» (*taḍit*). Empero, la imagen sugiere una inversión, pues se trata de un relámpago que asciende y no que cae. Un tanto sorpresivo resulta asimismo el contraste entre una súbita irrupción de luz y la idea de un ascenso gradual o por etapas (*krama*). La enseñanza instruiría, pues, al adepto a recrear en el ojo de su imaginación el ascenso de la energía de la respiración como una columna de luz, desde el cóccix hasta la coronilla, pero no de manera integral sino atendiendo sus diferentes fases, con una conciencia de las coyunturas o los centros de energía (*cakra*) por los que atraviesa. El vocabulario, en especial el uso de la palabra *cakra,* parece confirmar la alusión a la energía *kuṇḍalinī*.

El fruto, de nuevo, es un resplandor, ahora calificado como «grande», «majestuoso». También por elipsis, se entiende que se trata del resplandor de Bhairava.

kramadvādaśakaṃ samyag dvādaśākṣarabheditam |
sthūlasūkṣmaparasthityā muktvā muktvāntataḥ śivaḥ || 30 ||

30. Al dejar atrás sucesivamente los doce niveles, vinculados a los doce fonemas, según las fases burda, sutil y superior, finalmente Śiva [resplandece].

El texto vuelve a la dimensión fonético-mántrica del proceso respiratorio, o quizá más bien nos recuerda que tal dimensión siempre está ahí, que es inherente a las demás. El recordatorio ocurre en conexión con la representación contemplativa del hálito vital como energía sutil ascendente. Así, el texto enseña un sistema de doce niveles o centros sucesivos por los que asciende la potencia divina. A cada uno de ellos corresponde un valor fonético, es decir, cada uno posee su propia vibración.

Este incipiente sistema de *cakras* confirma la existencia de doctrinas distintas alrededor del mismo tema. Al menos en esta época temprana no hay, pues, un modelo uniforme o único. Como se sabe, el modelo estandarizado de seis o siete *cakras* es más bien tardío. En su glosa, Śivopādhyāya explica cuáles son estos doce niveles, y su opinión aparece reproducida al pie de la letra en los comentarios de Silburn, Bäumer, Dvivedī, Singh y Joo. El problema con esta lista radica en que en ningún caso se ofrece como respaldo una fuente antigua.

Más sencillo es identificar los doce fonemas, pues estos corresponden claramente al grupo de las vocales sánscritas A

Ā I Ī U Ū E AI O AU, junto con los matices AṂ y AḤ. Ello no impide que también en este caso haya habido variantes. Por ejemplo, la secuencia de 16 fonemas, los doce aquí enunciados más Ṛ Ṝ Ḷ Ḹ, se repite en otras escrituras, así como entre importante exegetas, incluido Abhinavagupta.[165]

Esta secuencia de doce niveles sucesivos se entrecruza, sin embargo, con una secuencia de tres modalidades –burdo, sutil y superior–, que remite al panteón de las tres diosas y en general al modelo tripartito (*trika*) que subyace al texto. Ello significa que cada *cakra* o nivel puede representarse conforme a tres aspectos. Desde luego, lo que se espera es que en cada caso el adepto alcance la contemplación del aspecto más elevado, como energía pura. Hay, pues, un movimiento vertical, de *cakra* en *cakra*, y uno horizontal, que pule la experiencia de cada nivel. Para conocer la esencia última, aquí identificada explícitamente con Śiva, es necesario, sin embargo, trascender la secuencia completa.

165. Véase por ejemplo *Parātriṃśikāvivaraṇa*, pág. 262 y ss.

tayāpūryāśu mūrdhāntaṃ bhaṅktvā bhrūkṣepasetunā |
nirvikalpaṃ manaḥ kṛtvā sarvordhve sarvagodgamaḥ | | 31 | |

31. Tras llenar rápidamente el cráneo con esta [energía], tras hacerla irrumpir a través del puente del ceño fruncido, [el yogui] libera su mente de toda representación: en la cúspide suprema [tiene lugar] el ascenso al Omnipresente.

El texto instruye ahora al adepto a llevar con el poder de su *bhāvanā* la energía de la respiración hacia la parte más alta del cuerpo, no de manera gradual, como en el ejercicio previo, sino rápidamente, hasta colmar con ella la cavidad craneal. Este impulso vertical debe atravesar, o literalmente 'romper', el entrecejo, representado como un puente (*setu*).

De acuerdo con Joo, cuya opinión reproducen en lo general Silburn y Bäumer, el ejercicio consiste en llevar la energía de la respiración al entrecejo y, desde ahí, proyectarla de golpe hacia el cráneo. El yogui retiene la energía en el entrecejo al contraer este con firmeza; luego, al concentrarse en ese punto logra suspender el ritmo respiratorio, y en ese momento la energía irrumpe hacia el cráneo. Esta irrupción expansiva de energía a través del puente del entrecejo tiene un efecto inmediato sobre la mente, cuya actividad cesa.

La palabra *setu* también significa 'dique' y queda claro que ambos sentidos, puente y dique, están aquí en juego. Por un lado, el adepto usa el entrecejo para contener o retener la energía, impidiendo que se disperse o retorne a los niveles inferiores; por el otro, lo usa para llevarla hacia la coronilla de la cabeza. Desde esta perspectiva, el ejercicio es una variante de la secuencia iniciada en la estrofa 24, centrada en los movimientos de retención y expansión del ritmo respiratorio.

El ejercicio desemboca en una experiencia anagógica. Así lo pone fuera de toda duda el texto al jugar con las palabras «arriba» y «ascenso» (*urdhve, udgamaḥ*), cuya aposición tiene un efecto reiterativo: en la cúspide suprema hay un ascenso. Esta retórica anagógica podría hacernos perder de vista la sutil paradoja que en este punto insinúa la estrofa al referirse a Śiva o Bhairava con el epíteto Omnipresente (*sarvaga*). De este modo, se introduce una especie de retracción o giro en el corazón mismo del impulso ascendente: se asciende a quien lo colma todo y, en ese sentido, se asciende para estar en todas las cosas, para regresar a ellas. El giro hace más profunda la experiencia del adepto y, paradójicamente, más hondo el misterio de la esencia divina.

Aquí concluye esta primera secuencia de contemplaciones inspiradas explícitamente en el proceso respiratorio.

śikhipakṣaiś citrarūpair maṇḍalaiḥ śūnyapañcakam I
dhyāyato'nuttare śūnye praveśo hṛdaye bhavet I I 32 I I

32. Al contemplar los cinco vacíos a través de los ojos (*maṇḍala*) variopintos en el plumaje del pavorreal, [el yogui] entra en el corazón, el vacío sin superior.

De la respiración, las enseñanzas de Bhairava transitan a la percepción. Como aquella, esta es interpretada como una expresión de la potencia divina y, en esa medida, como un medio al alcance del adepto para reconfigurar su identidad de camino a la esencia última.

Entonces, como observa Śivopādhyāya, con los «cinco vacíos» (*śūnyapañcakam*) el texto se refiere a los cinco sentidos, en cuya intensa actividad subyace, como en el caso de la respiración, un instante de vacuidad, un fugaz reposo. El esfuerzo contemplativo está dirigido precisamente a esta vacuidad perceptual o sensorial. Como apoyo, el yogui cuenta con los «círculos» (*maṇḍala*) –nosotros diríamos los «ojos»– que decoran el plumaje del pavorreal y que, de acuerdo con la tradición india, poseen cinco matices distintos. Esta equivalencia numérica justifica la asociación simbólica entre los sentidos y los ojos en el plumaje del pavorreal. La analogía es extensible a la idea de vacío en virtud de las cualidades hipnóticas de los *maṇḍalas* del pavorreal, cuya tonalidad varía según incida la luz, lo que produce un singular efecto de evanescencia. Así pues, para el yogui los ojos del pavorreal funcionan como auténticos *maṇḍalas*, en el sentido técnico de la palabra, es decir, como diagramas que ayudan a concentrar la mente. Al fijar la atención en ellos, esta se desplaza de manera espontánea hacia el centro, por definición vacío.

Basándose en esta disciplina contemplativa, el yogui debe descubrir ese mismo vacío en cada acto perceptual. El propósito es reconfigurar la actividad de los sentidos como el despliegue de energía divina que sin cesar surge del vacío para volver a él, sin quedar atrapado en la inercia del objeto percibido. Y una vez reconfigurada como energía, la actividad de los sentidos se convierte casi naturalmente en un umbral hacia el gran vacío, el vacío del corazón, aquí calificado como *anuttara,* literalmente 'sin superior'.

Como señalé en el estudio preliminar, el uso de este término es relevante por tratarse de uno de los más tempranos en las escrituras que nutrieron el pensamiento de exegetas posteriores, en especial Abhinavagupta, quien lo elevó al estatus de nombre divino por antonomasia, por lo demás con una profunda implicación apofática, aquí apenas perceptible.[166]

La estrofa es además importante porque hace explícito lo que los ejercicios previos, dedicados a la respiración, apenas insinuaban y lo que ejercicios posteriores harán más tangible: la tendencia a pensar la realidad suprema como vacuidad. El eco budista de esta inclinación no es casual; antes bien, nos habla del desarrollo paralelo de ambas tradiciones en la región de Cachemira.

166. Véase pág. 67. Sobre el tema puede consultarse mi libro *El arte de desdecir*, págs. 155-158, 165-166 y 171-174.

īdṛśena krameṇaiva yatra kutrāpi cintanā |
śūnye kuḍye pare pātre svayaṃ līnā varapradā | | 33 | |

33. Cualquiera que sea su objeto –el vacío, un muro, un recipiente superior–, la meditación debe avanzar también gradualmente hasta absorberse en sí misma. [Entonces] confiere todos sus dones.

De acuerdo con Śivopādhyāya, este ejercicio retoma la idea de secuencia (*krama*) enunciada en las estrofas 29 y 30. También en este caso la meditación (*cintanā*) debe avanzar paso por paso, de manera sucesiva, sin importar el objeto al que esté dirigida o se use como soporte. Los ejemplos indican, sin embargo, una predilección por objetos capaces de inducir de manera natural la experiencia del vacío. El primero de ellos es, de hecho, el vacío mismo, que aquí puede referirse a un horizonte abierto o a un cielo impoluto. La idea de que un muro (*kuḍya*) uniforme, el segundo ejemplo, puede servir como objeto de meditación al parecer estaba arraigada en la tradición, pues se repite más adelante (estrofa 47), así como en otros textos. El tercer ejemplo es un poco más problemático. Śivopādhyāya interpreta *para pātra,* literalmente 'vasija superior', 'recipiente supremo', como 'discípulo avanzado', aquel cuya mente está en blanco y, por ende, es apto para recibir las instrucciones del maestro. No está claro, sin embargo, en qué sentido un adepto debería fijar su atención en alguien así. Sea como sea, Joo, Singh y Bäumer aceptan esta lectura. En cambio, Sironi piensa que se trata del vaso sacrificial «identificado en varios ritos con la conciencia suprema», y por lo tanto concebido como un símbolo de la vacuidad de la propia conciencia. Por su parte, Silburn traduce simplemente 'el máximo receptáculo' y explica que debe tratarse de la conciencia absoluta.

En todo caso, los tres ejemplos ponen de relieve la meta que persigue esta meditación gradual o por etapas, a saber, una absorción en sí misma, donde, se infiere, se diluye la propia relación entre el proceso meditativo y el objeto de esa meditación, una idea a la que el texto volverá una y otra vez a través de palabras como *līnā* y, más notoriamente, *laya*, ambas derivadas de la raíz *lī-*, cuyo sentido es técnico y remite a la realización contemplativa del vacío. Y gracias a esta disolución, la práctica otorga su don más profundo. Al respecto, la estrofa parece insinuar una identidad teísta para la propia práctica meditativa. Como *bhāvanā,* la palabra *cintanā* es femenina, y esto permite la asociación con la potencia divina y, de manera más específica, con la energía *kuṇḍalinī*. En esa lectura, que la meditación revele sus dones significaría que revela su identidad más profunda.

kapālāntarmano nyasya tiṣṭhan mīlitalocanaḥ |
krameṇa manaso dārḍhyāl lakṣayel lakṣyam uttamam | | 34 | |

34. Al fijar la atención en el interior del cráneo y sostenerla [ahí] con los ojos cerrados, gradualmente logra discernirse –gracias a esta atención inflexible– la meta suprema.

De acuerdo con Śivopādhyāya, la palabra *kapāla,* 'cráneo', tiene aquí un sentido esotérico, descifrable mediante el antiguo análisis hermenéutico conocido como *nirukti*: *ka* simboliza a Śakti y *pāla*, a Śiva, es decir, el adepto debe concentrarse en la unión de los dos aspectos de la divinidad. Tal unión acontece en la cúspide del cuerpo sutil o yóguico, a saber, en la cavidad craneal, donde desemboca el canal central por el que asciende la potencia divina.

Así, en un sentido literal, el texto instruye al adepto a «colocar la mente» (*mano nyasya*) en la coronilla de la cabeza. Como en muchas otras escrituras tántricas, la expresión tiene aquí el sentido técnico de 'proyectar', 'instalar' o 'fijar' la atención. Una vez ahí, es necesario sostenerla con firmeza (*dārḍhyam*), con una concentración total a ojos cerrados. El fruto de este esfuerzo contemplativo es la visión de la meta suprema, lo que ha de entenderse de nuevo como la visión de la esencia divina desde el umbral de su potencia.

madhyanāḍī madhyasaṃsthā bisasūtrābharūpayā /
dhyātāntarvyomayā devyā tayā devaḥ prakāśate / / *35* / /

35. La vena central está situada en medio: a través de esta diosa, [tan sutil] como el filamento del tallo de loto y en cuyo interior puede contemplarse el vacío, dios resplandece.

El ejercicio se inicia con una definición nominal: la vena central (*madhya*) es aquella que, como su nombre indica, se encuentra en medio, en el centro. El texto se refiere a la *suṣumnā*, el canal de energía que recorre el cuerpo a través de la topografía yóguica y cuyo equivalente en el plano físico es la columna vertebral. Que *suṣumnā* y, en este caso, *nāḍī* sean palabras femeninas tiene una implicación más honda, como se desprende de la identificación con la diosa misma. Precisamente con el fin de sugerir esa personificación traduzco 'vena' y no 'canal'. La vena central se suma así al juego de identidades múltiples que exhibe el texto: es la diosa Parā, la diosa Bhairavī, la potencia divina (*śakti*), la energía *kuṇḍalinī*, la condición (*avasthā, sthiti*) de Bhairava, la respiración, *bhāvanā*, etcétera.

La comparación con el filamento de un tallo de loto obedece, como explica Śivopādhyāya, a su extrema sutileza. Y la alusión al vacío apunta, de nuevo, a la fase culminante de su despliegue ascendente, en la coronilla de la cabeza, ahí donde convergen la trascendencia y la inmanencia, el dios inefable y la manifestación plural.

Como puede anticiparse, la mención en estrofas posteriores a otros centros y otros vacíos guarda un lazo evocativo con este centro sutil y su desembocadura expansiva en la cima de la topografía yóguica, donde dios resplandece por sí mismo.

kararuddhadṛgastreṇa bhrūbhedād dvārarodhanāt |
dṛṣṭe bindau kramāl līne tanmadhye paramā sthitiḥ | | 36 | |

36. Bloqueado el dardo de la vista con ambas manos, cerradas las puertas [de los sentidos], perforado el entrecejo, el *bindu* se torna visible para luego diluirse gradualmente: ahí en medio [se alcanza] la estación suprema.

El texto vuelve al tema de los sentidos, entendidos como una expresión más de la potencia divina. En este contexto enseña un método de recogimiento por el que la inercia proyectiva de la vista y el resto de los órganos de percepción es bloqueada y reencauzada imaginativamente hacia el interior. Al respecto, la imagen de una flecha o dardo resulta muy elocuente; se basa en el antiguo modelo solar y proyectivo (*prāpyakāri*) de la vista, según el cual esta sale en la forma de un rayo luminoso que, igual que los rayos solares, incide sobre su objeto, tocándolo, aprehendiéndolo.[167] Pero la vista es solo el para-

167. Sobre el tema puede consultarse mi libro *La mirada anterior*, pág. 36.

digma de algo que vale para todos los sentidos. De ahí que la necesidad de bloquear expresamente la primera con las manos sea extensible en general a los segundos. La representación de los sentidos como puertas es antigua; remite, por ejemplo, a las «puertas de *brahman*» en las Upaniṣads (*Kaṭhopaniṣad* 5.1, *Śvetāśvataropaniṣad* 3.18), como bien nos recuerda Śivopādhyāya.

Por otra parte, como puede intuirse, este método de recogimiento posee un componente gestual (*mudrā*), un aspecto central de la praxis tántrica. De acuerdo con Joo, el gesto en cuestión consiste en bloquear los dos ojos, los dos oídos, las dos fosas nasales y la boca, superponiendo los dedos de ambas manos. A este recogimiento gestualizado corresponde interiormente el ascenso de la energía a través del entrecejo, atravesándolo, de camino a la coronilla de la cabeza. Como vimos en la estrofa 31, el entrecejo es concebido como un punto clave de la topografía yóguica, pues separa el plano superior de los inferiores. La polisemia de la palabra *setu* resume esa centralidad: el entrecejo es al mismo tiempo un «puente» que permite el paso de la energía y un «dique» capaz de contenerla ahí arriba.

Entonces, en vez de disipar la energía perceptual hacia fuera, el adepto logra concentrarla en el entrecejo mediante este ejercicio de concentración. La energía es así obligada a seguir una ruta interior, a través del propio entrecejo, que debe ser perforado, hacia arriba. Con la práctica, el adepto puede además tener la visión del *bindu*, un sutil punto de luz, que en este caso representa a la propia energía divina en una forma concentrada.

El ejercicio no termina aquí. El *bindu* ofrece un soporte provisional para la concentración; sin embargo, en sí mismo, no constituye la meta última. Como en muchas otras técnicas enseñadas en el texto, la meta sobreviene cuando se diluye la propia estructura referencial del proceso contemplativo. Esa disolución (*laya*) se asocia aquí con el espacio intermedio (*madhya*), que, como recuerda Śivopādhyāya, se asocia a su vez con el vacío, con el impoluto «firmamento de la conciencia» (*saṃvidgagana*). Ahí emerge la «estación suprema» (*paramā sthitiḥ*), de nuevo una expresión femenina que remite a la diosa misma.

dhāmāntaḥkṣobhasambhūtasūkṣmāgnitilakākṛtim /
binduṃ śikhānte hṛdaye layānte dhyāyato layaḥ / / 37 / /

37. Quien contempla el *bindu* en la coronilla de la cabeza, en el corazón, bajo la forma de un ardiente punto sutil producto de una variación interna de luz, al final, cuando este se diluye, él mismo se diluye.

La estrofa continúa el tema del *bindu*, asociándolo ahora con el *tilaka*, el pequeño punto rojo que el creyente hindú pinta sobre la frente, en el entrecejo, como señal de su fe. La asociación se traduce en una representación interior del *tilaka* como un punto de fuego o la llama de una vela. El texto instruye al adepto a producir este *tilaka* interior mediante una alteración de la luz ocular. Por lo que dice Śivopādhyāya, el ejercicio consistiría en «presionar o frotar con fuerza» (*atyantaniṣpīḍanā*) los ojos cerrados mientras se tiene enfrente una fuente luminosa, hasta provocar la aparición de un punto rojizo interior. En una lectura alternativa, el propio Śivopādhyāya explica que se trata de la presencia momentánea de destellos luminosos cuando «se extingue» (*nirvāṇa*) la luz de una lámpara o una vela.

El adepto debe, pues, concentrarse en este *bindu* ya sea en la coronilla de la cabeza o en el corazón, y mantener su atención en él hasta su disolución, y con esta la suya propia. En su glosa, Śivopādhyāya explica la segunda disolución como el resultado de la «cesación de las representaciones mentales» (*galitavikalpa*), un vacío que acaba arrastrando consigo la identidad limitada.

anāhate ***apātrakarṇe***[168]*'bhagnaśabde sariddrute* /
śabdabrahmaṇi niṣṇātaḥ paraṃ brahmādhigacchati / / *38* / /

38. Jamás tañido, imperceptible al oído, ininterrumpido como un impetuoso torrente: quien se sumerge en el *brahman*-palabra (*śabdabrahman*) alcanza al *brahman* supremo.

Con esta estrofa, el texto vuelve de manera más explícita al tema del sonido, introducido previamente en conexión con la energía del aliento y su representación mántrica. De hecho, se trata del inicio de una nueva secuencia que se extiende hasta la estrofa 42. En particular, esta primera contemplación se centra en la noción de *anāhata*, el sonido «no tañido», aludido antes a través de las nociones paralelas de *anacka* y *nāda* (estrofas 4 y 12). Aunque ahí Bhairava negaba la posibilidad de aprehender la esencia divina como sonido primordial, el énfasis del texto en la potencia divina permite retomar el tema desde una perspectiva afirmativa, pues, como vimos, el sonido constituye una dimensión primordial de cualquier forma de manifestación: el cosmos, la vida es pulsación (*spanda*) y esta pulsación deviene fonema, palabra. La estrofa dirige la atención del adepto precisamente hacia esta dimensión primordial. El tono afirmativo no excluye, sin embargo, el elemento negativo: a diferencia del resto de los sonidos, con un principio y un fin, y por lo tanto una causa identificable, el sonido

168. Sigo Ā. En K-Ś se lee *pātrakarṇe*.

primordial acontece de manera ininterrumpida (*abhanga*), se escucha espontáneamente desde siempre y para siempre, sin la intervención de ninguna fuente o medio, cualidades que exigen una percepción distinta, no la del oído físico, para el que es inaudible (*apātrakarṇa*), sino la del oído místico-contemplativo, la de *bhāvanā*. El sonido absoluto es, pues, un oxímoron: un «sonido insonoro».

En este punto, la estrofa da un inesperado giro desde su contexto puramente tántrico a uno más bien canónico y escolástico. El giro es posible a través del ilimitado arte de la interpolación. En efecto, el segundo verso de la estrofa tiene una larga historia dentro de la tradición textual sánscrita. Como todos los traductores han dado cuenta, aparece en la *Maitrāyaṇyupaniṣad* (6.22). Extrañamente ninguno ha notado su presencia también en el *Mahābhārata* (12.224.60cd). Al parecer estas son las fuentes más tempranas, no casualmente contemporáneas. De estas habría pasado a algunos Purāṇas (por ejemplo, *Brahmapurāṇa* 234.62ab), a varias otras Upaniṣads tardías, entre ellas la *Brahmabindu* (17cd), la *Tripurātāpini* (5.17cd) y la *Amṛtabindu* (17cd), y a la propia tradición tántrica de Cachemira. Somānanda, por ejemplo, cita el verso en su *Śivadṛṣṭi* (2.10cd).

En todos estos casos, el tema es la doctrina de los dos absolutos (*brahman*): por un lado, el *brahman*-palabra (*śabda-brahman*); por el otro, el *brahman* supremo e inefable; gracias al primero, el segundo se manifiesta, y, en ese sentido, quien conoce aquel a fondo de algún modo conoce también a este.

Como puede intuirse, la doctrina presenta un estrecho paralelo con la filosofía del célebre gramático Bhartṛhari (aprox. siglo v), para quien el absoluto y el mundo fenoménico constituyen dos aspectos de una misma realidad. La relación entre estos dos ámbitos se explica a través de un proceso de diferenciación guiado por el lenguaje, y más exactamente por la lengua sánscrita (véase por ejemplo *Vākyapadīya* 1.1, 1.22cd y 1.131ab).

Esta antigua metafísica de la palabra divina subyace, pues, a la enseñanza de esta estrofa, y en cierto sentido la legitima. Al mismo tiempo, hay un proceso de apropiación desde la perspectiva tántrica. Dicho proceso es más evidente aún en las siguientes estrofas, donde se exploran medios concretos para reconectar la atención del adepto con el «sonido insonoro», sobre todo el mantra y ciertos instrumentos musicales, aunque en realidad cualquier sonido con un efecto hipnótico puede cumplir con tal fin. La alusión hasta aquí es al sonido de una cascada y, se infiere, en un sentido más general, el sonido del agua –de ahí el elocuente llamado a «sumergirse» o «zambullirse» (*niṣṇātaḥ*)–. Quizá para reiterar el legado canónico, incluido el legado del propio Bhartṛhari, el texto se detiene a continuación en el símbolo sonoro de *brahman,* esto es, el sonido OM.

praṇavādisamuccārāt plutānte śūnyabhāvanāt |
śūnyayā parayā śaktyā śūnyatām eti bhairavi | | 39 | |

39. Si se recita la sílaba sagrada OM o cualquier otra, y al final de la vibración se concibe el vacío, gracias a la potencia suprema del vacío uno alcanza el estado de vacuidad, ¡oh, Bhairavī!

Para referirse al sonido OM, el texto usa el término védico *praṇava*. Śivopādhyāya menciona que *praṇavas* son asimismo los mantras tántricos HŪM, para Śiva, y HRĪM, para Śakti. De acuerdo con este testimonio, que la enseñanza valga también para otros mantras, además de OM, en realidad significa que vale para los mantras monosilábicos conocidos como seminales (*bīja*), la expresión más concentrada, según la propia tradición tántrica, del poder creador de dios en forma de sonido.

Ahora bien, como se mencionó a propósito de la enseñanza en la estrofa 24, la palabra *uccāra* no solo designa el acto de recitar un mantra; el sentido etimológico de ascender está también implícito. El mantra OM debe, pues, recitarse con una conciencia yóguico-imaginativa del ascenso expansivo de sonido hasta su forma vibratoria más sutil y, finalmente, su disolución o vacuidad (*śūnya*). Técnicamente, como explica el propio Śivopādhyāya basándose en el sentido de la palabra *pluta,* de lo que se trata es de fijar la atención en la nasalización final y prolongarla imaginativamente tres tiempos o *mātrās* hasta reducirla a simple energía sonora (*śakti, śabdabrahman*), y desde ahí penetrar en la experiencia del vacío.

yasya kasyāpi varṇasya pūrvāntāv anubhāvayet |
śūnyayā śūnyabhūto'sau śūnyākāraḥ pumān bhavet | | 40 | |

40. Al concebir intensamente el inicio y el final de cualquier fonema, este deviene vacío gracias a la energía del vacío; [entonces] la persona misma adquiere una forma vacía.

La enseñanza sobre el OM en la estrofa previa es aquí ampliada a cualquier fonema (*varṇa*) y, podría decirse por lo tanto, al hecho básico de articular sonidos. Así, en vez de centrar su atención en la emisión de sonido como tal, el yogui debe contemplar el instante de silencio que precede y sigue a la pronunciación de un fonema. Al prolongar imaginativamente dichos intervalos, el vacío que les es inherente acaba imponiéndose sobre la articulación del sonido propiamente. El efecto final recae sobre el propio individuo, quien, por así decirlo, logra mimetizarse con el estado de vacuidad, aquí entendido seguramente como la cesación, desde la propia perspectiva sonora, de las representaciones mentales (*nirvikalpa*).

Tanto en esta estrofa como en la anterior, el juego reiterativo con la palabra *śūnya*, además de indicar que el vacío es al mismo tiempo medio y fin, parece contener un sutil mensaje apofático: lejos de ser un estado definitivo, la vacuidad esconde siempre una vacuidad más honda.

tantryādivādyaśabdeṣu dīrgheṣu kramasaṃsthiteḥ I
ananyacetāḥ pratyante paravyomavapur bhavet I I 41 I I

41. Quien fija por completo su atención en los sonidos de instrumentos musicales –por ejemplo, el laúd– que se prolongan a través de una secuencia continua, al final de cada uno de ellos alcanza el esplendor del vacío supremo.

El texto abunda en el tema del sonido ahora mediante la práctica de escuchar la música que producen ciertos instrumentos en un estado de total concentración, abstrayendo la mente de cualquier otro objeto (*ananyacetas*). La mención explícita del laúd (*tantrī*) podría tomarse como un énfasis en los instrumentos de cuerda. Al parecer, el ejercicio consiste en perseguir cada nota hasta que esta se funde en la siguiente a través de la secuencia continua de sonido. La experiencia del vacío sobreviene aquí también gracias a una expansión o prolongación imaginativa del sonido que pone de manifiesto su sustrato último, como energía divina. Empero, la sensación de intervalo se produce en este caso en el interior de la propia secuencia de sonido; no entre sonido y silencio, sino entre un sonido y otro, en medio de la corriente musical. Compuesto de un infinito número de sutiles evanescencias sonoras, dicha corriente es la puerta de entrada al vacío supremo.

La estrofa es además relevante porque, junto con algunas otras más adelante, reconocen la privilegiada posición de la experiencia estética en la praxis tántrica.

piṇḍamantrasya sarvasya sthūlavarṇakrameṇa tu |
ardhendubindunādāntaḥ śūnyoccārād bhavec chivaḥ || 42 ||

42. Al recitar el vacío de todos los mantras «densos» a través de la secuencia de fonemas burdos, al final [de las fases sutiles de] la media luna, el *bindu* y el sonido primordial, Śiva sobreviene.

Piṇḍamantra, literalmente 'mantra denso', es el término técnico para mantras monosilábicos compuestos de una secuencia de consonantes, aquí llamadas «fonemas burdos» (*sthūlavarṇa*), a la que sigue un único sonido vocálico. Señala Śivopādhyāya que el texto se refiere específicamente al mantra nónuple, evocado al principio por la diosa (véase estrofa 3): HRKṢMLVYNŪM.

El adepto debe, pues, transitar a través de la secuencia concreta y concentrarse en su resonancia hasta percibir en ella formas cada vez más sutiles de sonido. La recitación termina, de nuevo, en la vacuidad. Ahora bien, puesto que la densidad consonántica que distingue a estos mantras los hace prácticamente impronunciables, el llamamiento a «recitarlos» debe entenderse una vez más a la luz de la riqueza semántica que el término *uccāra* posee en la tradición (véase antes las estrofas 24 y 39, y más adelante la 80 y la 127). La dimensión contemplativa de la palabra *uccāra* –derivada del sentido etimológico de 'ascenso'– es aquí evidente. Si traduzco 'recitar' es con el fin de mantener la consistencia. Sin embargo, hay que entender que la progresión de sonido, a través de fases burdas y sutiles, es sobre todo de carácter interior y está concebida como el ascenso de la energía mántrica hasta la coronilla de la cabeza, sin que a cada fase corresponda necesariamente un valor fonético audible.

nijadehe sarvadikkaṃ yugapad bhāvayed viyat |
nirvikalpamanās tasya viyat sarvaṃ pravartate | | 43 | |

43. Quien en su propio cuerpo concibe espacio abierto en todas las direcciones al mismo tiempo, libre de representaciones mentales, ante él todo deviene espacio abierto.

Aquí inicia una nueva secuencia de *bhāvanās* que se extiende hasta la estrofa 47. Esta explora el cuerpo como una manifestación de la potencia divina y, en ese contexto, instruye al adepto a vaciarlo de sus determinaciones o contenidos, y resignificarlo como una realidad sutil. Como se verá, tanto en esta secuencia como en otras estrofas más adelante, la enseñanza se mueve en dos direcciones: por un lado, usa el cuerpo para trascenderlo; por el otro, afirma una dimensión más profunda de la corporalidad. En última instancia, ambos aspectos se fertilizan: el cuerpo es vacío, el vacío, corpóreo.

En la presente estrofa, la palabra clave es *viyad*, 'espacio abierto' o 'firmamento', usada previamente a propósito del movimiento interior de la respiración (estrofa 25). Al igual que los términos concurrentes *śūnya* ('vacío') y *ākāśa* ('éter'), la palabra evoca un vasto cielo despejado, sin fragmentaciones, diferencias ni referentes. Es así como el adepto debe imaginar su propio cuerpo desde «cualquier ángulo o dirección» (*sarvadikkam*). Debe hacerlo además con un enfoque «simultáneo» (*yugapad*), término que Śivopādhyāya glosa como *akrama*, literalmente, 'sin secuencia', es decir, de golpe. De acuerdo con la tradición, las direcciones son diez y pueden agruparse según los pares abajo-arriba, atrás-adelante, derecha-izquierda, más cuatro puntos intermedios. En un sentido general, el texto reconoce, pues, la realidad corpórea y luego prescribe reconfigurarla como una realidad vacía de principio a fin. El efecto sería un estado de vacuidad mental que revela la propia vacuidad de todo cuanto existe.

pṛṣṭhaśūnyaṃ mūlaśūnyaṃ yugapad bhāvayec ca yaḥ |
yugapan nirvikalpatvān nirvikalpodayas tataḥ | | 44 | |[169]

44. Quien concibe al mismo tiempo vacío arriba y vacío en la base se libera de representaciones mentales; debido a ello surge entonces, al mismo tiempo, el [estado] libre de representaciones mentales.

La estrofa continúa el ejercicio previo de imaginar el cuerpo como una realidad vacía, pero esta vez se centra únicamente en dos puntos: arriba y abajo. En todo caso, persiste la idea de simultaneidad (*yugapad*), y en ese sentido la estrofa parece enseñar una visión extendida del vacío corporal. La diferencia sería que en la estrofa anterior esa visión es circundante y aquí es más bien vertical, de la cabeza a los pies y de los pies a la cabeza. En un sentido más esotérico, el texto podría

169. En este caso sigo Ā, la opción que reproduce Dvivedī y en la que se basa la traducción de Sironi. En cambio, Silburn, Bäumer y Singh siguen K-Ś. Esta última comprende dos estrofas, cuyo primer hemistiquio prácticamente se repite (44ab: *pṛṣṭhaśūnyaṃ mūlaśūnyaṃ yugapad bhāvayec ca yaḥ;* 45ab: *pṛṣṭhaśunyaṃ mūlaśūnyaṃ hṛcchūnyaṃ bhāvayet sthiram*). La diferencia está en el segundo hemistiquio, respectivamente *śarīranirapekṣiṇyā śaktyā śūnyamanā bhavet* y *yugapan nirvikalpatvān nirvikalpodayas tataḥ*. Traducida, esta versión diría: «Quien concibe al mismo tiempo el vacío arriba y el vacío en la base, gracias a la independencia de la energía respecto al cuerpo, logra vaciar su mente» (44). «Quien firmemente concibe el vacío arriba, el vacío en la base y el vacío en el corazón se libera de representaciones mentales; debido a ello surge entonces, al mismo tiempo, el [estado] libre de representaciones mentales» (45). Por su parte, Ā reúne el primer hemistiquio de la estrofa 44 y el segundo de la 45 en K-Ś. Esta lectura no solo resuelve el problema de duplicación; permite además un mejor cómputo del número de ejercicios indicados en la estrofa 136 de la presente edición, es decir, 112. Ello no la exime, empero, de una redundancia: la palabra *yugapad,* 'al mismo tiempo'. En suma, trátese de una o dos estrofas, en este punto el texto refleja un proceso de interpolación.

estar refiriéndose a la vacuidad de los extremos superior –en la coronilla de la cabeza– e inferior –en la base de la columna vertebral– del movimiento ascendente de la potencia divina a través del cuerpo sutil, el mismo movimiento enseñado antes a propósito de la respiración (estrofas 28-29). Esta es la lectura de Bäumer y Silburn.

El efecto es una inmersión casi espontánea en el estado sin representaciones mentales (*nirvikalpa*), logro aquí expresado con la típica retórica reiterativa del texto, de modo que medio y fin se confunden.

tanūdeśe śūnyataiva kṣaṇamātraṃ vibhāvayet |
nirvikalpaṃ nirvikalpo nirvikalpasvarūpabhāk || 45 ||

45. En el espacio corporal, vacuidad y nada más: quien esto concibe incluso por un instante [con una mente] libre de representaciones, libre de representaciones participa en el estado libre de representaciones.

Al traducir literalmente *tanūdeśe* como 'espacio corporal' sugiero la corporalidad en general, en toda su extensión. Para otros, la expresión indica 'una parte del cuerpo', sin importar cuál sea, pero solo una parte a la vez. Joo la interpreta como «el lugar que ocupa el cuerpo»; por lo tanto, lo que el adepto debe imaginar es que está suspendido, que flota en el vacío.

La estrofa abunda en su retórica reiterativa alrededor del término *nirvikalpa*, pero en un grado incluso mayor que la estrofa anterior, pues la palabra se repite tres veces de manera sucesiva. Además del evidente efecto aliterativo, con ello el texto busca de nuevo pasar de la experiencia subjetiva a una condición más profunda, sin agente: el estado libre de representaciones mentales no es el contenido objetivado en la experiencia de alguien, sino la naturaleza misma de las cosas.

sarvaṃ dehagataṃ dravyaṃ viyadvyāptaṃ mṛgekṣaṇe |
vibhāvayet tatas tasya bhāvanā sā sthirā bhavet || 46 ||

46. Si se concibe intensamente que la materia corporal está por completo rodeada de espacio abierto, entonces, ¡oh, diosa, con mirada de gacela!, esa *bhāvanā* adquiere consistencia.

Con el término *dravya,* 'materia', 'sustancia', el texto se refiere a los componentes más elementales, burdos, de la corporalidad, a saber, hueso, carne, grasa, etcétera. El adepto concibe, pues, su cuerpo «envuelto», «rodeado» o «colmado» (*vyāpta*) de «espacio abierto» (*viyad*) hasta que esta realización imaginativa (*bhāvanā*) –la imagen de una vacuidad corporal expansiva, abierta– adquiere consistencia, se impone sobre la construcción ordinaria de la corporalidad.

dehāntare tvagvibhāgaṃ bhittibhūtaṃ vicintayet |
na kiñcid antare tasya dhyāyann adhyeyabhāg bhavet || 47 ||

47. Quien imagina intensamente que la piel que cubre el cuerpo es un muro, al contemplar que no hay nada dentro participa de lo que no puede contemplarse.

De la pura materialidad o sustancialidad corporal, explorada en la estrofa anterior, el texto pasa ahora a la epidermis, su capa exterior, entendida precisamente como la frontera natural entre interioridad y exterioridad. El adepto debe, pues, centrar su atención en la extensión de la piel únicamente e imaginar su cuerpo como si fuera la simple envoltura de un espacio vacío. Con ese fin debe recurrir a la imagen de un muro cuyo interior está vacío. Esta vacuidad es expansiva y, por lo tanto, acaba diluyendo la dicotomía interior-exterior, incluso respecto al propio proceso contemplativo. La contemplación se revela así como el estado espontáneo de las cosas, sin objeto ni sujeto.

Como sugerí a propósito de la estrofa 33, la imagen de un muro (*bhitti, kuḍya*) es peculiar de esta tradición, aunque inusual fuera de ella. En particular, Abhinavagupta y su discípulo Kṣemarāja usan profusamente el término *bhitti* para referirse a la conciencia absoluta.[170]

hṛdyākāśe nilīnākṣaḥ padmasampuṭamadhyagaḥ |
ananyacetāḥ subhage paraṃ saubhāgyam āpnuyāt | | 48 | |

48. Quien absorbe sus sentidos en el espacio del corazón, quien va al centro de la cavidad del loto, totalmente concentrado, ¡oh, bienaventurada!, alcanza la bienaventuranza suprema.

Aunque la estrofa no emplea los típicos verbos para indicar un proceso de realización contemplativa (*bhāvay-, cint-, dhyā-*), el mismo está desde luego implícito. Śivopādhyāya lo hace explícito al glosar la acción de «ir» (*gaḥ*) como «entrar por medio de *bhāvanā*» (*bhāvanayā anupraviṣṭaḥ*). Este viaje tiene como destino el corazón, símbolo universal de la esencia última. Más idiosincrásicamente india es su representación como éter o espacio vacío (*ākāśa*). En parte, dicha representación se des-

170. Sobre el tema, puede consultarse mi artículo «Un muro, inusual imagen religiosa».

prende de la forma cóncava (*sampuṭa*) del corazón físico, de la que se deriva asimismo la imagen de una cueva (*guhā*), la cueva del corazón. Esta se remonta al periodo védico (es célebre, por ejemplo, el pasaje en *Chāndogyopaniṣad* 8.1.1-5). E igualmente extendida y añeja es la asociación con el loto. En este caso en particular, según explica Śivopādhyāya, el corazón es representado como el entrelazamiento de dos lotos, uno arriba y uno abajo, cuyo núcleo o centro está vacío. Precisamente en ese espacio vacío el adepto debe entrar y residir con el poder de su *bhāvanā*.

Aunque la corporalidad sigue siendo el contexto, esta y las siguientes estrofas retoman más bien, como ocurriera antes a propósito de la respiración, la representación propiamente yóguica del cuerpo como un ámbito de energía.

sarvataḥ svaśarīrasya dvādaśānte manolayāt |
dṛḍhabuddher dṛḍhībhūtaṃ tattvalakṣyaṃ pravartate || 49 ||

49. Al disolver por completo la mente en el *dvādaśānta* del cuerpo, se manifiesta imperturbable ante el [yogui] de intelecto imperturbable la meta última, la verdad.

Como reconoce Singh, no queda claro a qué se refiere exactamente el texto con el «*dvādaśānta* del cuerpo» (¿la coronilla de la cabeza?, ¿el corazón?). Para Joo se trata del entrecejo. Basándose en Śivopādhyāya, tanto Silburn como Bäumer interpretan la expresión de una manera distinta, aunque un tanto forzada. Leen el sustantivo «cuerpo» (*śarīra*) y el adverbio «por completo» (*sarvataḥ*) directamente con el «[yogui] de intelecto imperturbable» y complementan el sentido introduciendo la noción de conciencia: «Cuando el [yogui] de intelecto imperturbable, cuyo cuerpo está por completo [inmerso en la conciencia], disuelve la mente en el *dvādaśānta*...».

En todo caso, sea cual sea la lectura, está claro que la estrofa da continuidad a la anterior al llevar la atención del adepto al cuerpo sutil. En ese espacio de energía debe disolverse la actividad mental.

Por último, cabe destacar que el tránsito de la mente (*manas*) al intelecto (*buddhi*), aquí caracterizado por su «firmeza» o «estabilidad» (*dṛdha*), establece una antigua jerarquía que se remonta a varios pasajes de las Upaniṣads y que después fue formalizada en el seno de la escuela Sāṅkhya.

yathā tathā yatra tatra dvādaśānte manaḥ kṣipet /
pratikṣaṇaṃ kṣīṇavṛtter vailakṣaṇyaṃ dinair bhavet / / *50* / /

50. Como sea y donde sea debe proyectarse la mente una y otra vez en el *dvādaśānta*; al poco tiempo, algo excepcional le sobreviene a quien [así] aquieta la actividad mental.

El texto emplea varias veces el verbo *kṣip-*, literalmente 'proyectar', 'lanzar', con la mente como objeto (véase estrofas 67, 80, 101); se trata desde luego de una proyección imaginativa, de un reencauzamiento contemplativo de la actividad mental hacia cierto espacio o punto en el cuerpo físico o sutil. En este caso, se insiste en la necesidad de redirigir la actividad mental hacia el plano corporal sutil, aquí de nuevo el *dvādaśānta,* de modo que su tendencia a la dispersión quede interrumpida y se ponga al descubierto su identidad como una manifestación de la potencia divina.

«Como sea» (*yathā tathā*), es decir, por cualquier «medio» o «vía» (*prakāra*), según explica Śivopādhyāya, aunque en un sentido más general la estrofa simplemente podría referirse a poner en práctica el ejercicio en el curso de cualquier actividad. «Donde sea» (*yatra tatra*), es decir, en cualquier situación o contexto, sin importar donde se está. Desde luego, ambos casos aceptan una lectura esotérica: en medio de cualquier estado interior. El fruto de este esfuerzo, asegura el texto, se cosecha, literalmente, «en unos cuantos días» (*dinair*) o «en poco tiempo» (*alpena kālena*), según la glosa de Śivopādhyāya. Este mismo explica que con «algo excepcional» (*vailakṣaṇya*) la estrofa se refiere a Bhairava, por definición «incomparable», «sin igual» (*asāmānya*). Hay, pues, una connotación de asombro, un sentimiento muy caro a esta tradición, que trae a la mente nociones como *camatkāra,* ampliamente usada por Abhinavagupta, o la afirmación en el *Śivasūtra* de que «las fases del yoga son asombrosas» (1.12: *vismayo yogabhūmikāḥ*).

kālāgninā kālapadād utthitena svakaṃ puram |
pluṣṭaṃ vicintayed ante śāntābhāsas tadā bhavet | | 51 | |

51. [El yogui] debe meditar intensamente en el Fuego del Tiempo ardiendo desde el pie del tiempo hasta consumir su ciudadela corporal. Al final, como consecuencia, la paz resplandecerá.

El texto regresa a la realidad corporal como soporte para sus empeños contemplativos, y con ese fin recurre a la representación del cuerpo como una «fortaleza» o «ciudadela» (*puram*), mucho más común que la de un «muro» (*bhitti*). La imagen del cuerpo como una ciudadela que resguarda un tesoro interior y, en este contexto, como metáfora del *ātman*, se remonta, de nuevo, a las Upaniṣads y se repite constantemente en la literatura sánscrita (véase por ejemplo *Bhagavadgītā* 5.13).

En nuestro caso, aquí, ese fuerte aloja el poder creador de dios, su potencia, entendida como la única vía para acceder al propio misterio divino. Para llegar a ese misterio, sin embargo, el adepto debe reconfigurar su comprensión del cuerpo como un ámbito vacío, insustancial. El proceso imaginativo en esa dirección se nutre aquí de elementos míticos y cosmogónicos. El Fuego del Tiempo (*kālāgni*) remite a la disolución cósmica (*pralaya*), asociada con Śiva, el destructor universal, sobre todo en su aspecto terrible, bajo la forma de Rudra o el propio Bhairava. La temporalidad, con toda su fuerza mortífera –exacerbada en la India en virtud de su naturaleza cíclica (*saṃsāra*)–, es elocuentemente retratada como un fuego apocalíptico que arde hasta reducirnos a cenizas, en lo que bien puede tomarse como una recreación tántrica del sacrificio y de nuestra posición en él como víctimas. La imagen evoca, pues, la fragilidad de la identidad corporal, aunque paradójicamente usa el cuerpo como medio de transformación. Así, la estrofa nos lleva del restallido ígneo a la experiencia final de paz (*śānti*), de las llamas avivadas a la luz (*ābhāsa*) impasible del último reposo.

De acuerdo con Śivopādhyāya, la expresión «pie del tiempo» (*kālapada*) tiene un significado esotérico y se referiría a la punta del pie derecho, o más exactamente el «dedo pulgar del pie derecho» (*dakṣiṇapādāṅguṣṭha*). Aunque no cita ninguna fuente ni abunda demasiado en el asunto, prácticamente todos los traductores retoman esta lectura a falta de una mejor interpretación. Así, al parecer la contemplación comenzaría por el pie derecho, desde donde iría ascendiendo hasta envolver todo el cuerpo en llamas.

El mismo Śivopādhyāya explica que la enseñanza presupone la práctica tántrica conocida como *nyāsa,* esto es, la instalación de mantras en diferentes partes del cuerpo con el fin de infundir sobre ellas un poder divino. Esto agregaría un elemento fonético o sonoro al proceso imaginativo. En este caso, el desenlace sería, sin embargo, apofático: con cada instalación el adepto debe evocar la imagen del Fuego del Tiempo ardiendo en esa zona en particular.

El trasfondo mítico-cósmico de la enseñanza es aún más explícito en la siguiente estrofa, que indirectamente homologa cuerpo y cosmos.

evam eva jagat sarvaṃ dagdhaṃ ***dhyātvāvikalpataḥ*** / [171]
ananyacetasaḥ puṃsaḥ pumbhāvaḥ paramo bhavet / / 52 / /

52. Del mismo modo, el hombre que libre de representaciones mentales contempla cómo [el Fuego del Tiempo] consume el universo entero, totalmente concentrado, alcanza la suprema realidad humana.

Las partículas *evam eva,* 'del mismo modo', establecen claramente una continuidad entre la estrofa anterior y la presente. Ello justifica la lectura elíptica. Si antes se instruye al adepto a imaginar cómo el Fuego del Tiempo consume su propio cuerpo, ahora debe imaginar cómo esas mismas llamas reducen a cenizas el cosmos entero. Se trata, pues, de las versiones micro y macro del mismo ejercicio, lo que, como decía, acaba homologando cuerpo y cosmos.

El fruto de esta práctica quizá nos sorprenda. El adepto alcanza la «suprema realidad humana» (*paramo pumbhāva*). La glosa de Śivopādhyāya establece que se trata de la «condición de Bhai-

171. Tanto K-Ś como Ā leen *dhyātvā vikalpataḥ*. Con excepción de Sironi, todos los traductores reproducen esta lectura. Su interpretación es que el ejercicio se lleva a cabo con la ayuda de *vikalpas*, representaciones mentales. Sin embargo, esto contradice la insistencia del texto en ir más allá de los *vikalpas*. Además, de manera consistente el texto sitúa la facultad contemplativa (*dhyāna, bhāvanā*, etcétera) en ese ámbito superior y no en el nivel del pensamiento ordinario. Por lo tanto, me parece plausible la enmienda propuesta por Sironi (*dhyātvāvikalpataḥ*), pero conecto *avikalpataḥ* directamente con el gerundio *dhyātvā*: el yogui contempla con una mente libre de *vikalpas*, en un estado de absoluta concentración, sin titubear. En cambio, Sironi parece leer *avikalpataḥ* en conexión con el acto de consumirse: *per lo yogin che [...] mediti così, come tutto l'universo sia indifferenziatamente bruciato [...].*

rava, la subjetividad ilimitada» (*aparimitapramātṛbhairavatā*). Lo divino es humano, lo humano, divino.

Nótese además el uso del término *bhāva,* asociado, como mencioné en el estudio preliminar, con el causativo de la raíz *bhū-*, y por lo tanto emparentado con *bhāvanā*. En un sentido extremo, paradójicamente el sentido primario, el que se desprende de la etimología misma de la palabra, se trata por consiguiente de la realidad que «hace ser» al sujeto, la realidad donde este ve cumplida su verdadera naturaleza (compárese con la estrofa 142).[172]

svadehe jagato vāpi sūkṣmasūkṣmatarāṇi ca |
tattvāni yāni nilayaṃ dhyātvānte vyajyate parā | | 53 | |

53. Si se contempla cómo los principios en el cuerpo o también en el cosmos se disuelven sucesivamente según su grado de sutileza, al final, la Suprema (*parā*) se revela.

El cuerpo y el cosmos, los objetos de contemplación prescritos en las dos estrofas anteriores, son ahora integrados en un mismo ejercicio como alternativas igualmente fructíferas. El

172. Véase pág. 103.

ingrediente que hace explícita la convergencia es la noción de *tattva,* los 'principios', 'planos' o 'categorías', cuyo despliegue sucesivo da consistencia a ambos dominios; cuerpo y cosmos están constituidos por una jerarquía ordenada de *tattvas*.

Como mencioné en el estudio preliminar, el concepto tiene una larga historia dentro de la filosofía india y debemos su primera articulación sistemática, como tantas otras cosas, a la escuela dualista Sāṅkhya.[173] En su versión clásica, el Sāṅkhya postula 25 *tattvas*. La escala comprende desde los cinco elementos burdos (tierra, agua, fuego, aire y éter), en el nivel más bajo, hasta los tres componentes del aparato psíquico (la mente, el ego y el intelecto discriminativo), pasando por los cinco elementos sutiles (olor, sabor, color, textura y sonido), los cinco sentidos (olfato, gusto, vista, tacto y oído) y los cinco órganos de acción (procreación, desplazamiento, sujeción, excreción y habla). En el nivel superior, *prakṛti*, la materia primordial, aloja dentro de sí estos 23 *tattvas*, y opuesto a ella se encuentra el *puruṣa*, la conciencia pura, para sumar así los 25 planos.

La tradición *śaiva* de Cachemira, en especial a través de la labor de exegetas como Abhinavagupta, hizo suya esta antigua doctrina, pero adaptándola a su teísmo monista centrado en la figura de Śiva. Así se añadieron 11 categorías para sumar 36 *tattvas*, y algunas exposiciones hablan a veces de subniveles, predicados por igual del cosmos y el individuo. Esto es lo

173. Véase pág. 90.

que al parecer tiene aquí en mente el texto al pedir al adepto que evoque la secuencia de *tattvas* conforme a sus diferentes grados de sutileza –literalmente 'los sutiles y los más sutiles' (*sūkṣmasūkṣmatarāṇi*)– y luego los disuelva sucesivamente. Como explica Śivopādhyāya, cada *tattva* debe reabsorberse en su respectiva causa, es decir, en el *tattva* superior, por definición más sutil. Es un movimiento de involución o reintegración sucesiva que culmina en la diosa suprema (*parādevī*), quien, debido al principio de inclusión (*vyāpti*), aquí implícito, alberga dentro de sí todas las posibilidades de la creación, es decir, un nuevo despliegue evolutivo de los *tattvas*. Al fijar como meta la potencia divina o Bhairavī, y no al dios Śiva o Bhairava, el texto reitera su enseñanza cardinal: en sí misma, la esencia divina es impenetrable; sin embargo, puede accederse a ella desde la privilegiada perspectiva de su energía o potencia (*śakti*).

pīnāṃ ca durbalāṃ śaktiṃ dhyātvā dvādaśagocare I
praviśya hṛdaye dhyāyan ***suptaḥ***[174] *svātantryam āpnuyāt I I 54 I I*

54. Al contemplar la energía [de la respiración] densa y sutil en el espacio del *dvādaśānta*, al entrar mientras la contempla en el corazón, [el yogui] obtiene soberanía sobre sus sueños.

El texto retoma el tema de las primeras contemplaciones, centradas en la energía de la respiración. La novedad radica en el contexto particular en el que debe realizarse la práctica, a saber, mientras el adepto se queda dormido. Entonces, como explican Joo, Silburn y Sironi, los adjetivos «denso» (*pīna*) y «sutil» (*durbāla*) indican el proceso gradual por el que el sujeto se va quedando dormido y aprovecha el momento para concentrarse en el ritmo respiratorio, notando su sonoridad (su densidad) y su profundidad (su sutileza). Empero, las divergencias saltan a la luz respecto al sitio hacia el que el adepto debe dirigir imaginativamente la energía. La transición del *dvādaśānta* al corazón, suponiendo que se habla de espacios distintos, no está

174. Abhinavagupta cita este verso en *Tantrāloka* 15.481ab y lee *suptaḥ* en vez de *muktaḥ*, la lectura tanto de K-Ś como de Ā. En su *Spandanirṇaya* (3.2), Kṣemarāja también cita el verso y su versión no es muy distinta de la de Abhinavagupta: *svapnasvātantryam*. Entre los traductores modernos, Singh, Bäumer y Dvivedī han preferido *muktaḥ*; para Joo, Silburn y Sironi la lectura correcta es la de Abhinavagupta y Kṣemarāja. Comparto esta última opinión. Usar *muktaḥ* –«liberado, [el yogui] logra emanciparse»– le quita al verso su especificidad, en este caso en relación con el estado onírico, y acaba repitiendo el mensaje de ejercicios previos centrados únicamente en el tema de la respiración. Resulta más lógico pensar que, sin negar ese sustrato, el texto propone aquí una variante, centrada en la experiencia de dormir (*suptaḥ, svapna*).

del todo clara, de nuevo, porque no sabemos exactamente de qué *dvādaśānta* se trata. Ni Śivopādhyāya ni Ānandabhaṭṭa lo resuelven. Igualmente vaga es la mención del acto de «entrar» (*praviśya*). Silburn lo conecta con el «corazón» (*hṛdaya*); Joo lo entiende como «entrar en el sueño»; Sironi lo interpreta como «inspirar» (cabe notar que esta última lectura sugiere un movimiento del *dvādaśānta* exterior al corazón, de modo que el aire burdo, fuera, se transforma en energía sutil, dentro, mediante un ejercicio consciente de expansión). En vez de optar por alguna de estas alternativas, en este caso mi traducción busca reflejar la ambigüedad del original.

Al margen de estas dificultades, queda claro que el ejercicio tiene que ver con la transición del estado de vigilia al sueño usando como vía la energía de la respiración y, por lo tanto, extendiendo el nexo elemental entre respiración y actividad mental al dominio onírico. En ese sentido, la instrucción puede interpretarse como otra forma de contemplación en el espacio intermedio (*madhya*), en este caso, el enigmático intervalo que une y separa la vigilia del sueño. Así, el efecto liberador que el texto promete consistiría precisamente en habitar ese espacio intermedio, de modo que el adepto conserve su voluntad consciente incluso mientras duerme. Hay desde luego una rica tradición doctrinal alrededor del tema. Esta se remonta al periodo de las Upaniṣads clásicas, donde se habla de diferentes estados de conciencia. El modelo estándar postula cuatro de ellos: la vigilia, el sueño con imágenes, el sueño profundo o sin imágenes y un cuarto estado (*caturtha, turīya*) por encima de estos tres (véase por ejemplo *Māṇḍūkyopaniṣad* 2-7). Textos posteriores en la tradición de los yoguis *nāth,* por ejemplo el *Amanaskayoga* o la *Haṭhayogapradīpikā,* a veces llaman a ese cuarto estado *yoganidrā,* 'sueño yóguico'. El concepto remite, de nuevo, a la capacidad del yogui para mantener un estado de alerta mientras duerme. Esto es lo que aquí busca comunicar el término «soberanía» (*svātantrya*), la libertad señorial que en esta tradición define a la deidad misma; es tener poder y autonomía sobre algo. En este caso, el adepto obtiene control sobre sus sueños y, por lo tanto, vence la inercia onírica que antes lo sometía. Ahora es libre respecto a sus sueños hasta el extremo de poder dirigirlos y resignificarlos como una experiencia liberadora. El sueño no es ya un mecanismo impersonal, como sostienen el budismo y el Vedānta; es, en cambio, un escenario más para el despliegue de energía divina, y en esa medida, un umbral a Śiva.

bhuvanādhvādirūpeṇa cintayet kramaśo'khilam |
sthūlasūkṣmaparasthityā yāvad ante manolayaḥ || 55 ||

55. Debe meditarse en todas las cosas según la secuencia de [los seis] senderos –comenzando con el de la tierra, etcétera– y según las modalidades burda, sutil y superior. De este modo, al final, la mente se disuelve.

La estrofa hace alusión a dos secuencias de categorías, que como la de los 36 *tattvas* (véase estrofa 53), sirven para explicar tanto el despliegue evolutivo y el orden de la creación como el camino de retorno a la unidad divina. Se trata, en primer lugar, de la secuencia jerárquica de los «seis senderos» (*ṣaḍadhvan*), tres de orden subjetivo y temporal, y tres de orden objetivo y espacial. Estas triadas guardan además una relación entre sí según las modalidades burda, sutil y superior. Por ejemplo, desde el punto de vista sonoro o lingüístico, en su modalidad burda, la correspondencia es entre el discurso ordinario (*pada*) y los objetos concretos (*bhuvana*); en la modalidad sutil, la correspondencia es entre la palabra mántrica y la escala de categorías (*tattva*). Los testimonios indican que fue un modelo bastante popular entre las diferentes tradiciones *śaiva* de Cachemira.[175]

Aquí, la alusión doctrinal busca reencauzar la atención del adepto en un movimiento ascendente de vuelta a la fuente divina. El retorno opera conforme al principio de inclusión (*vyāpti*), por el que la modalidad inferior está contenida en la intermedia, y esta en la superior. Al meditar de este modo en la totalidad (*akhilam*) de cuanto existe, el adepto logra reconfigurar su experiencia desde el punto de vista más alto, el de la propia potencia divina, en la que finalmente se disuelve toda actividad mental.

175. Véase el estudio preliminar, pág. 91.

asya sarvasya viśvasya paryanteṣu samantataḥ |
adhvaprakriyayā tattvaṃ śaivaṃ dhyātvā mahodayaḥ || 56 ||

56. Al contemplar, por la vía de los [seis] senderos, que la esencia de este vasto universo –de principio a fin y en cada rincón– es Śiva, [acontece] el despertar supremo.

La estrofa continúa el ejercicio anterior, inspirado en la doctrina *śaiva* de los seis senderos, pero esta vez ofrece como punto focal la realidad de Śiva (*tattvam śaivam*) detrás de la creación entera. Entonces, mientras que la estrofa previa culmina en la disolución de la actividad mental, esta parece enseñar la experiencia ulterior de despertar (*udaya*) y, en ese sentido, reconoce explícitamente la meta última del recorrido contemplativo a través de la secuencia de los seis senderos.

viśvam etan mahādevi śūnyabhūtaṃ vicintayet |
tatraiva ca mano līnaṃ tatas tallayabhājanam || 57 ||

57. Debe meditarse intensamente, ¡oh, gran diosa!, que este universo deviene vacío y disolver la mente ahí: solo entonces uno es capaz de disolverse ahí.

El texto retoma su reiterada exploración del vacío a través de la absorción contemplativa (*laya*). De hecho, la estrofa abre una nueva secuencia sobre el tema, y su carácter general, centrado en el cosmos, bien puede tenerse como una introducción a los ejercicios, más detallados, en las estrofas siguientes.

Entonces, a fuerza de concentrarse, el adepto construye para sí una identidad vacía a partir de la representación del universo como una realidad también vacía. Entre la vacuidad del universo –el objeto de contemplación– y la del propio yogui –el sujeto que contempla–, acontece, como paso necesario, la disolución de la actividad mental. Esta disolución califica al individuo o, literalmente, lo convierte a él mismo en un 'recipiente' (*bhājanam*) de la experiencia de disolución, término que subraya la precedencia de la divinidad sobre el sujeto: la experiencia sobreviene a este de manera espontánea. La enseñanza evoca, por lo demás, una especie de secuencia apofática. Esta comienza fuera, en la vacuidad de la realidad objetiva, y termina en la vacuidad del propio sujeto. Un vacío dentro de otro vacío (*śūnyātiśūnya*) es la afortunada expresión con la que Śivopādhyāya resume la enseñanza.

ghaṭādibhājane dṛṣṭiṃ bhittīs tyaktvā vinikṣipet /
tallayaṃ tat kṣaṇād gatvā tallayāt tanmayo bhavet / / 58 / /

58. Debe posarse la mirada en un recipiente, por ejemplo un jarrón, cuyas paredes han sido eliminadas [con la imaginación]. Tan pronto como el [recipiente] se disuelve en el [espacio vacío], debido a la disolución en eso, uno deviene de la misma naturaleza.

Del individuo transformado en un «recipiente» (*bhājanam*) vacío, la estrofa pasa a la contemplación de un recipiente real, por ejemplo un «jarrón» o una «vasija» (*ghaṭa*). El ejercicio comprende dos momentos prácticamente simultáneos. El adepto vuelca toda su atención en el interior vacío del recipiente hasta disolver su forma exterior, sus «paredes» (*bhitti*), la misma noción usada en estrofas anteriores para describir metafóricamente el muro que envuelve el vacío corporal (estrofa 47). De este modo, lo que tiene forma revela una identidad más honda: se funde en el vasto espacio informe que lo rodea. Exterioridad e interioridad convergen en esta vacuidad compartida, y la confluencia se traduce en una experiencia de expansión que culmina, de nuevo, en la vacuidad del propio sujeto.

Interpreto el tercer pie de la estrofa («Tan pronto como…») en relación con el propio recipiente. Por otro lado, podría leerse en relación con el sujeto: tan pronto como este cae absorto en el espacio vacío, debido a ello, deviene vacío. Esta es la lectura de Joo, Singh, Silburn y Bäumer. Śivopādhyāya guarda silencio al respecto.

nirvṛkṣagiribhittyādideśe dṛṣṭiṃ vinikṣipet |
vilīne mānase bhāve vṛttikṣīṇaḥ prajāyate | | 59 | |

59. Debe posarse la mirada en un espacio [abierto], sin árboles, montañas, muros, etcétera. [De este modo] se disuelve la naturaleza de la mente y entonces todas sus fluctuaciones.

El texto instruye ahora al adepto en la contemplación del vacío usando como medio un espacio abierto concreto. De acuerdo con Śivopādhyāya, la precisión de que este debe estar libre de árboles, montañas o muros ha de entenderse como una ausencia de «soportes» o «puntos de referencia» (*ālambanābhāvāt*). En este sentido, vienen a la mente los paisajes desérticos, el mar abierto, una llanura inmensa, es decir, escenarios naturales que de manera espontánea neutralizan la tendencia de la mente a edificar la realidad a partir de una atención focalizada en certezas básicas como la forma, el color, etcétera. En vez de centrarse en dichas certezas, el adepto debe, pues, redirigir imaginativamente su conciencia hacia la omnipresencia del vacío y ahí disolver toda actividad mental.

*ubhayor bhāvayor jñāne **jñātvā**[176] madhyaṃ samāśrayet |*
yugapac ca dvayaṃ tyaktvā madhye tattvaṃ prakāśate | | 60 | |

60. Al percibir [sucesivamente] dos realidades, [el yogui] debe fijar su atención en el intervalo [entre ambas]. Así, al prescindir de las dos al mismo tiempo, en medio resplandece la verdad.

La pertinencia de este ejercicio descansa en un entendimiento –y el lector notará el talante budista– de la percepción como un número infinito de actos cognitivos que, al sucederse de manera vertiginosa, produce la sensación de un flujo continuo. Empero, el sentido de cohesión que esta pluralidad de actos cognitivos logra comunicar descansa necesariamente en un número infinito de intervalos, de espacios vacíos, que permiten la transición entre una realidad percibida y otra, o para decirlo con el propio texto entre un *bhāva* y otro. Como mencioné (véase el comentario a la estrofa 52), el término está asociado con *bhāvanā* y remite, por lo tanto, al poder de acción, divino y humano, detrás de la configuración de cualquier realidad. En un sentido ordinario, esta producción continua de realidades somete al individuo a la experiencia tanto de objetos burdos, fuera, como de imágenes mentales, dentro. Sin embargo, como sugiere el presente ejercicio y como lo confirma el siguiente,

176. Sigo Ā, con el respaldo de Abhinavagupta (*Īśvarapratyabhijñāvivṛtivimarśinī ad* 3.2.19) y Kṣemarāja (*Netratantroddyota ad* 8.44). Además, a diferencia de *dhyātvā*, la lectura de K-Ś, *jñātvā*, permite mantener la textura aliterativa de la estrofa, un rasgo distintivo de la obra completa.

es posible tomar conciencia de este mecanismo y reencauzarlo yóguicamente, es decir, con un fin soteriológico. De este modo, en cada realidad común el adepto engendra contemplativamente una realidad superior, la realidad vista desde la perspectiva de la potencia divina, y en ese acto ve además reconfigurada su propia identidad (véase estrofa 142).

El sendero para alcanzar este *bhāva* superior es, de nuevo, el espacio vacío entre un *bhāva* ordinario y otro, en medio de la inercia formativa mental. El adepto debe, pues, reeducar su atención y redirigirla hacia ese sutil y paradójico resquicio. Este cambio de enfoque lo libera de la pesada carga de construir únicamente objetos, y, en cambio, lo pone en el umbral de la verdad. La naturaleza repentina y asombrosa de este encuentro se presiente en el uso del lenguaje luminoso: la «verdad resplandece» (*tattvaṃ prakāśate*). Cabe notar que aquí el término *tattva* tiene el sentido general de 'verdad' o 'esencia'.

bhāve ***tyakte***[177] *niruddhā cin naiva bhāvāntaraṃ vrajet |*
tadā tanmadhyabhāvena vikasaty atibhāvanā | | 61 | |

61. Cuando la conciencia queda suspendida [por un instante] mientras deja atrás una realidad, debe impedirse que se dirija a otra; así, gracias a la realidad intermedia, se despliega una *bhāvanā* superior.

El texto continúa la enseñanza de la estrofa anterior con una variante. En vez de recurrir a dos realidades o imágenes (*bhāva*) en busca del intervalo entre ellas, el esfuerzo contemplativo se centra ahora en una sola, con particular atención en el momento en que esta se desvanece y antes de que surja una nueva. El adepto debe, pues, entrenar su enfoque a fin de demorar la emergencia de una nueva representación mental y, en cambio, prolongar el sutil instante en que su conciencia aprehende el vacío. El ejercicio se hace eco de las enseñanzas a propósito de la respiración y, en ese sentido, reitera indirectamente la conexión entre esta y la actividad mental. Tal y como el intercambio sucesivo de inspiración y espiración determina el curso ordinario de la respiración, la percepción ordinaria también está determinada por un flujo incesante de *bhāvas* que surgen (inspiración) y desaparecen (espiración). Sometida a este ritmo perceptual o

177. K-Ś lee *nyakte*. Más apropiada parece, sin embargo, la lectura de varias autoridades antiguas, entre ellas Abhinavagupta (*e.g*. *Īśvarapratyabhijñāvivṛtivimarśinī ad* 3.2.19) y Kṣemarāja (*e.g*. *Spandanirṇaya ad* 3.9), a saber, *tyakte*, reproducida tanto en Ā como en todas las traducciones modernas (pero no en la edición de Dvivedī).

cognitivo, la existencia se organiza alrededor de la dicotomía sujeto-objeto. Paradójicamente, esta misma estructura limitante posee la llave para acceder a una experiencia más profunda. Esa llave es el espacio intermedio o el vacío subyacente, rutinariamente desapercibido. Entonces, igual que el adepto debe cultivar el arte de retener el aire o prolongar el espacio entre la inspiración y la espiración, del mismo modo debe cultivar el arte de retener el movimiento de su conciencia. Antes de que esta sucumba a la inercia de crear una realidad tras otra, dispersando su poder, el adepto debe suspenderla (*niruddhā*) y prolongar su reposo en el estadio intermedio. Este sutil arte rinde su fruto a través de una experiencia de expansión, en este caso asociada directamente con el propio proceso de realización contemplativa (*bhāvanā*).

En este punto, una vez más el texto hace explícito el lazo, insinuado en la estrofa previa, entre *bhāva* y *bhāvanā*. La vacuidad también es un *bhāva,* una realidad nacida del poder creador de dios, es decir, de su energía o potencia manifiesta en la capacidad del sujeto para proyectar un mundo plural y cambiante. Empero, a diferencia de esta pluralidad de *bhāvas* ordinarios, la experiencia del vacío, al ser el *bhāva* primordial, permite que la conciencia del adepto se reconecte con la propia energía creadora de dios, con el mecanismo mismo del que depende el despliegue continuo de imágenes que dan consistencia a la creación, es decir, con *bhāvanā,* ahora exaltada en su superioridad como indica el uso del prefijo *ati-*, glosado tradicionalmente como *atiśaya,* 'eminente', 'superior'.

Bhāvanā es la vía para llegar a *bhāvanā*; es el medio y, en su forma perfecta o expandida, la meta, la realización. En este último sentido, como he insistido, *bhāvanā* es, por lo tanto, un nombre cifrado de la diosa.

sarvaṃ dehaṃ cinmayaṃ hi jagad vā paribhāvayet |
yugapan nirvikalpena manasā paramodayaḥ || 62 ||

62. Debe concebirse intensamente que todo el cuerpo, o también el universo, están a fin de cuentas hechos de conciencia. [Entonces] con una mente libre de representaciones, sin más [tiene lugar] el despertar supremo.

La estrofa reitera el paralelismo entre el cuerpo y el cosmos, las dos opciones para esta contemplación. El tema que los homologa es ahora la «conciencia» (*cit*), aquí entendida en un sentido «superior» (*parama*), no como la actividad formativa ordinaria, sino como la actividad creadora de la divinidad misma.

Asocio el adverbio *yugapad*, 'simultáneamente', con la segunda acción, esto es, con la experiencia del «despertar supremo». Esta ocurre «sin más», tan pronto como el adepto concibe que su cuerpo o el universo están hechos de conciencia. La lectura de Sironi es similar. Basándose hasta cierto punto en la glosa de Śivopādhyāya, Joo, Silburn, Singh, Dvivedī y Bäumer conectan en cambio el adverbio con el acto de concebir.

vāyudvayasya saṅghaṭṭād antar vā bahir antataḥ |
yogī samatvavijñānasamudgamanabhājanam || 63 ||

63. Gracias a la confluencia final de espiración e inspiración, ya sea dentro o fuera, el yogui participa en el ascenso de la conciencia homogénea.

Saṅghaṭṭa es otro término para referirse al elusivo punto donde entran en contacto, donde se rozan (con todas las connotaciones sexuales del término), la inspiración y la espiración. La convergencia o unión se produce tanto fuera, al tomar el aire, como dentro, al expulsarlo. Como vimos (estrofa 24), estos extremos reciben el nombre técnico de *dvādaśānta*, literalmente el punto 'al final [de la distancia] de doce dedos'. Empero, el sentido más hondo de esta convergencia tiene que ver desde luego con la idea de vacuidad. Al centrar su atención en el intervalo donde los contrarios convergen, ahí donde por un instante se confunden principio y final, el yogui tiene la oportunidad de trascender la estructura dual de la que depende su identidad limitada. La estrofa articula de nuevo dicha posibilidad como algo que le sucede al adepto y no tanto algo que él conquista o alcanza. Su papel se reduce a ser un «recipiente» o «receptáculo» (*bhājanam*) que acoge una experiencia que acontece de suyo, permanentemente. Suspendida la dualidad, el vacío colma al individuo con una sensación, de nuevo, de ascenso y expansión (*samudgamana*). La respiración se revela entonces como una manifestación de la conciencia divina (*vijñāna*), ahí donde dejan de tener cabida las dicotomías y las fragmentaciones. Como el vacío, esta conciencia es más bien «uniforme», «homogénea» (*samatva*). El término es relativamente común en esta tradición para describir el estado final. Aparece, por ejemplo, en la primera estrofa del *Parātriṃśikātantra*, el otro texto representativo de esta fase en el desarrollo del sistema Trika. Combinada con la idea de ascenso, la palabra remite a la imagen de volar o planear a través de un vasto cielo abierto, sin esfuerzo ni propulsión, espontáneamente. De hecho, este vuelo «homogéneo» a veces es contrastado con la idea de un vuelo desigual o accidentado, afectado por «turbulencias» (*vaiṣamya*), es decir, por *vikalpas*.[178]

178. Sobre el tema véase *El arte de desdecir*, págs. 238-239.

sarvaṃ jagat svadehaṃ vā svānandabharitaṃ smaret /
yugapat svāmṛtenaiva parānandamayo bhavet / / *64* / /

64. Quien evoca el universo entero, o también su propio cuerpo, colmado de la dicha que les es inherente, gracias a este néctar interior, sin más deviene uno con la dicha suprema.

Esta estrofa es la primera en una secuencia dedicada al rico repertorio de experiencias asociadas con el «placer» o la «dicha» (*ānanda*) y, en un sentido más general, con la dimensión volitivo-apetente de la existencia. La alegría ordinaria, la pasión sexual o el deleite estético se convierten así en objetos de contemplación con un efecto transformador. El placer constituye, además, una vía multifacética para ahondar en el paralelismo entre el cosmos y el cuerpo. Desde luego, esta posibilidad subyace en la visión de una divinidad que tiene entre sus principales atributos precisamente la dicha. Todas estas dimensiones entretejen una enseñanza polisémica que, como en este caso, se articula a través de una retórica reiterativa por la que medio y fin se confunden. De nuevo, el tema cuenta con una larga tradición que se remonta al periodo védico (piénsese por ejemplo en la célebre definición de *brahman* precisamente como *ānanda* en *Taittirīyopaniṣad* 3.6).

Fiel a ese legado, la contemplación aquí presupone desde luego también un trasfondo sexual: *ānanda* entendido sobre todo como orgasmo (piénsese en *Śatapathabrāhmaṇa* 6.2.2.6, 10.5.2.11, *Bṛhadāraṇyakopaniṣad* 2.4.11, *Taittirīyopaniṣad*

3.10.3, entre muchos otros pasajes). El ejercicio llama, pues, al adepto a «evocar» o «rememorar» (de la raíz *smṛ-*, usada aquí con la carga causativo-reflexiva de *bhāvanā*) esos momentos en que la «dicha» colma por completo (*bharita*) su cuerpo-universo y, al instante (*yugapad*), le abre las puertas de una dicha aún más excelsa, aquella que define a la propia divinidad.

kuhanena prayogena sadya eva mṛgekṣaṇe /
samudeti mahānando yena tattvaṃ prakāśate / / 65 / /

65. Al recurrir al truco [del cosquilleo], ¡oh, diosa, con mirada de gacela!, sin más irrumpe la dicha suprema y, a través de ella, la verdad resplandece.

Tanto Śivopādhyāya como Ānandabhaṭṭa derivan la palabra *kuhana* de la raíz *kuh-*, cuyas dos principales acepciones son 'sorprender' y 'engañar', y así la interpretan como un «extraordinario acto de ilusionismo» (*adbhutamāyāprayoga*). De acuerdo con esta lectura, reproducida por casi todos los traductores, el ejercicio consistiría en evocar cualquier experiencia de asombro con la fuerza suficiente para suspender el tren habitual de pensamiento. Para autoridades tempranas como Jayaratha (*Tantrālokaviveka ad* 5.71), se trata, sin embargo, de un ardid específico, a saber, una «ligera estimulación» (*mṛdupracodana*) de las axilas con la punta de los dedos a fin de producir un cosquilleo placentero (véase asimismo Rājānaka Rāma, *Spandavivṛti ad* 2.6, quien usa el término en conexión con el concepto de *spanda*). Esta interpretación tiene la ventaja de rematar la idea de truco con una experiencia de «gozo» o «dicha» (*ānanda*), y no simplemente de «asombro» (*vismaya*). Puesto que el tema de la presente secuencia de estrofas es precisamente *ānanda*, no parece erróneo asumir que, en efecto, tal es el sentido aquí de la palabra *kuhana*. Mi traducción busca reflejar esa posibilidad. Y es un truco o ardid, desde luego, porque el adepto lo ejecuta con el fin de generar una excitación deliberada que le permita acceder a la corriente divina de dicha (*mahānanda*), ahí donde la «verdad resplandece» espontáneamente.

sarvasrotonibandhena prāṇaśaktyordhvayā śanaiḥ |
pipīlasparśavelāyāṃ prathate paramaṃ sukham || 66 ||

66. Gracias al ascenso paulatino de la energía de la respiración mediante una obstrucción de todas las corrientes [sensoriales], en el momento de [la sensación] de hormigueo, estalla la alegría suprema.

La estrofa combina el uso yóguico de la capacidad humana para sentir placer con las enseñanzas de las primeras estrofas en torno a la representación del ritmo respiratorio como el despliegue de la potencia divina a través del cuerpo sutil. Como explica Śivopādhyāya, con la palabra «flujo» o «corriente» (*srota*) el texto se refiere a los cinco sentidos. Estos son esa misma potencia, pero en su movimiento habitual hacia el exterior, donde constantemente se dispersan y agotan. A través de un «cierre» o una «obstrucción» yóguica (*nibandha*), aquí tal vez sinónimo del propio proceso de interiorización, es posible revertir esa tendencia y usar la actividad sensorial como un medio para acrecentar la energía divina. Esta acumulación de poder se manifiesta a través del ascenso de la energía misma desde la base de la columna hasta la coronilla de la cabeza. De acuerdo con la tradición, este despliegue ascendente se siente como un «cosquilleo» u «hormigueo» (*pipīlasparśa*), como una sutil corriente eléctrica que recorre el cuerpo desencadenando una sensación placentera, a menudo equiparada, de nuevo, con el orgasmo.

vahner viṣasya madhye tu cittaṃ sukhamayaṃ kṣipet |
kevalaṃ vāyupūrṇaṃ vā smarānandena yujyate || 67 ||

67. [El yogui] debe proyectar la mente entre el «fuego» y el «veneno» apenas la envuelve el deseo. [De este modo,] por sí sola o llena de aire, se funde en la dicha del amor.

Esta y las siguientes dos estrofas constituyen una especie de subsecuencia dentro de la secuencia dedicada a *ānanda*. Las tres se centran directamente en la dimensión sexual del placer. Ello no impide, al menos en esta primera estrofa, que el tono sea críptico y polisémico.

El lenguaje codificado se asoma en el uso de los términos «fuego» (*vahni*) y «veneno» (*viṣa*). En su glosa, Śivopādhyāya los asocia con las ideas de «contracción» y «expansión» (respectivamente *saṅkoca* y *vikāsa*) de la potencia divina, sin entrar en muchos detalles. Esta lectura en realidad reproduce la interpretación de Kṣemarāja, quien cita la estrofa en su autocomentario a *Pratyabhijñāhṛdayam* 18 y luego la analiza, como puede intuirse, desde una perspectiva cósmica. Así, explica que «fuego» significa 'contracción' y «veneno», 'expansión', y que la finalidad del ejercicio es alcanzar el «punto medio» (*madhya*) entre ambos momentos, entre la emisión y la reabsorción del universo, ahí donde convergen lo limitado y lo ilimitado. De este modo, el sustrato corporal o sexual del ejercicio es disimulado.

Para atisbar ese sustrato y comprender cómo el acto sexual puede simbolizar el movimiento de la divinidad hacia la manifestación, y de vuelta a sí misma, es necesario interpretar el coito como una expresión más del mismo modelo dicotómico que normalmente explica nuestra capacidad perceptual o nuestro ritmo respiratorio. En el caso de la vida sexual, esa dualidad se manifiesta a través del ciclo del deseo, que surge y luego se extingue, para volver a surgir. Entonces, el «fuego» simboliza el despertar del deseo, o más exactamente el inicio de la excitación sexual; luego, cuando el acto sexual alcanza su punto máximo en la experiencia expansiva del orgasmo, el fuego del deseo se transforma en «veneno» (*viṣa*), pues tal experiencia indica, paradójicamente, la muerte del deseo, y por lo tanto un menoscabo de poder o energía. Reducido una y otra vez a veneno, el fuego del deseo se convierte en una fuente de limitación, agotamiento y, en última instancia, finitud (*saṃsāra*).

Así, fiel al espíritu tántrico, lo que el texto aconseja no es un rechazo del deseo, sino su resignificación como una expresión más de la energía divina. El adepto debe, pues, resistir la inercia del deseo, y la clave para ello está, de nuevo, en un esfuerzo contemplativo dirigido al elusivo punto medio, por definición vacío, que existe entre el «fuego» y el «veneno». En términos sexuales, la experiencia de esa vacuidad correspondería a una prolongación del placer de modo que este no se agote en su propio ímpetu y, en cambio, sirva como medio para lograr un sentimiento de expansión que trasciende la «toxicidad» del ciclo ordinario. En ese punto, el poder mortífero del «veneno», es decir, del orgasmo, se convierte en una fuente de vitalidad que no conoce merma, y que más bien desemboca en la corriente de «dicha» (*ānanda*) que caracteriza a la deidad, es decir, se funde en la energía creadora de dios, en su *śakti*, desencadenando en el individuo, como apunta el propio Kṣemarāja, la visión simultánea de lo trascendente y lo inmanente, de la unidad y la diversidad.

En esta misma línea puede entenderse el tránsito que el texto establece para la «mente» (*citta*): esta debe pasar de una condición «placentera» (*sukhamaya*), al inicio del acto sexual y durante este, a una mucha más exaltada y plena, la «dicha del amor» (*smarānanda*).[179] Desde luego, el contexto permite entender aquí la palabra *smara* como nombre propio, como la personificación divinizada del amor o Kāma. El «deseo» (*kāma*), y de manera muy puntual su manifestación sexual y orgásmica, no es ya un mecanismo que envenena y mata, sino la puerta misma al Deseo (Kāma).

Ahora bien, como mencioné, la enseñanza es polisémica. Kṣemarāja y, basándose en este, Śivopādhyāya subrayan su dimensión cósmica, homologando entonces naturaleza y sexualidad. La propia estrofa introduce una dimensión más al sugerir, como alternativa, una correspondencia entre el ciclo del deseo y el ritmo de la respiración. Para depositar su actividad mental en el centro vacío del deseo, el adepto puede recurrir al ciclo paralelo de la respiración, puede incorporar esta dimensión a su esfuerzo contemplativo. La prolongación del placer corresponde entonces a la «retención del aire»

179. Sobre esta transición véase J. R. Dupuche, «A Spirituality of Pleasure», págs. 8-9.

(*vāyupūrṇa*) y, por lo tanto, a la suspensión de la dualidad inspiración-espiración, entendida también como un intercambio de contracción (hacia dentro y abajo) y expansión (hacia fuera y arriba).

śaktisaṅgamasaṅkṣubdhaśaktyāveśāvasānikam /
yat sukhaṃ brahmatattvasya tat sukhaṃ svākyam ucyate / / *68* / /

68. La unión sexual con *śakti* induce una inmersión en Śakti que desemboca en la felicidad absoluta. Bien dicen que esta es nuestra felicidad más íntima.

El trasfondo sexual del ejercicio anterior adquiere mayor notoriedad en este, aunque sin caer en una descripción explícita. El tono críptico persiste, en una medida importante, debido a la correlación que guardan los planos corporal y cósmico, humano y divino, etcétera. En este contexto debe entenderse la duplicación de la palabra *śakti* en la estrofa. En el segundo caso se trata de la potencia divina en sí misma; en el primero, de su manifestación en una «mujer» (*strī*), como reconoce Śivopādhyāya. En sentido estricto, esta última es una *dūtī* o *yoginī*, una pareja sexual iniciada. Dos términos técnicos, propios de esta tradición, enmarcan la relación entre *śakti* y Śakti:

kṣobha, literalmente, 'agitación', y *āveśa*, 'inmersión'. En su sentido más básico, *kṣobha* designa el primer impulso creador, la voluntad de la conciencia para devenir pluralidad dentro de sí misma; el término designa, además, la actividad en el interior de la conciencia frente a cualquier estímulo, incluido el estímulo sexual. Aquí, el encuentro sexual y, de manera particular, el orgasmo «agitan» o «perturban» la energía divina en un sentido positivo, es decir, la «incitan» o «instigan». Como consecuencia de esta «inducción», la experiencia ordinaria de placer catapulta al sujeto a una vivencia extraordinaria. Esta cobra forma, primero, a través de una «inmersión» (*āveśa*) contemplativa en la potencia misma, y luego, desde esta y por mor de su identidad con la esencia divina, en la felicidad del absoluto (*brahman*), que aquí debe entenderse como la felicidad de Śiva o Bhairava. De nuevo, semejante transformación se fundamenta en la preexistencia de la dicha y el placer como atributos de la divinidad. La vida sexual no es más que una manifestación de la naturaleza divina y, en ese sentido, una vía de retorno a ella. En el acto sexual, el adepto pone en escena y, más aún, actualiza en su propio ser el intercambio dinámico de Śiva y Śakti.

lehanāmanthanākoṭaiḥ strīsukhasya bharāt smṛteḥ |
śaktyabhāve'pi deveśi bhaved ānandasamplavaḥ | | 69 | |

69. Basta evocar vívidamente el placer que una mujer [desencadena] con besos, caricias y envites sexuales, para que incluso en su ausencia, ¡oh, soberana entre las diosas!, sobrevenga una oleada de dicha.

La estrofa ofrece una variante del ejercicio anterior: la transmutación del deseo y la sexualidad en manifestaciones de la dicha suprema no depende necesariamente de un encuentro amoroso físico. El adepto puede alcanzar el mismo efecto recurriendo tan solo a su memoria. Desde luego, lo que el texto tiene aquí en mente es una memoria entrenada, dotada, por un lado, de gran capacidad imaginativa para recrear cada detalle con absoluta nitidez y, por el otro, de un enorme poder de concentración para reconfigurar el placer asociado con esos detalles de camino a una vivencia de otro orden. La pertinencia del ejercicio descansa, por lo tanto, en la eficiencia transformadora que el esfuerzo contemplativo añade al mero acto de recordar.

Tres términos condensan la intensidad pormenorizada que debe alcanzar la contemplación: *lehana, manthana* y *ākoṭa*. Tradicionalmente, los traductores modernos han favorecido una lectura más o menos pudorosa que se limita a «besos, caricias y abrazos», a pesar de que los términos admiten una lectura más explícita. De hecho, como ha señalado J. Masson, los tres provendrían de la literatura sobre las artes amatorias (*kāmaśāstra*) y su combinación describiría una progresión erótico-sexual.[180] Las propias glosas de Śivopādhyāya y Ānandabhaṭṭa sugieren esa progresión. Ambos interpretan *lehana,* literalmente 'el acto de lamer', como «besuquear por todas partes» (*paricumbana*); para Śivopādhyāya *manthana* significa 'escarceos amorosos' (*viloḍana*) o bien 'abrazos' (*āliṅgana*), para Ānandabhaṭṭa simplemente 'abrazos'. Sin embargo, el *Kāmasūtra* parece reservar el término para una fase más avanzada: «Se llama *manthana* [literalmente, 'batido' o 'meneo'] al acto de sujetar el pene con la mano y moverlo de lado a lado [en la vagina]» (2.8.22: *hastena liṅgaṃ sarvato bhrāmayed iti manthanam*). En cuanto a *ākoṭa*, aunque los diccionarios modernos no registran la palabra, tanto Śivopādhyāya como Ānandabhaṭṭa la asocian con el coito *per se* al glosarla como «frotamiento continuo», «apretones» (*punaḥ punar mardana*), «rasguños» (*nakhakṣata*) y «mordiscos» (*dantakṣata*). Por su parte, en su *Buddhist Hybrid Sanskrit Dictionary*, Franklin Edgerton incluye los términos cercanos *ākoṭana* y *ākoṭayati*, 'golpeteo', 'estrujón', acepciones que en un contexto sexual sin duda describen el movimiento corporal durante el coito, los envites rítmicos de los amantes. En suma, la secuencia completa apunta más a un encuentro sexual intenso que a juegos amorosos previos o arrumacos.

180. Reseña de L. Silburn, *Le Vijñāna Bhairava*, pág. 468, nota 112.

ānande mahati prāpte dṛṣṭe vā bāndhave cirāt |
ānandam udgataṃ dhyātvā tallayas tanmanā bhavet | | 70 | |

70. Del mismo modo, cuando nos invade una inmensa alegría al ver a un amigo después de mucho tiempo, si se contempla esta oleada de dicha, uno se disuelve en ella sin pensar en nada más.

Toca el turno ahora a experiencias placenteras más allá de la esfera sexual, por ejemplo la alegría que causa ver a un «ser querido» (*bāndhava*) después de un largo tiempo. La combinación de afecto y sorpresa facilita esta súbita irrupción de felicidad y, en esa medida, crea las condiciones para transformar el encuentro en un acontecimiento yóguico. Para ello, el adepto debe volcar toda su atención en el sentimiento mismo de júbilo y percibirlo como energía divina hasta el extremo de disolver ahí cualquier actividad mental

jagdhipānakṛtollāsarasānandavijṛmbhaṇāt |
bhāvayed bharitāvasthāṃ mahānandas tato bhavet | | 71 | |

71. Cuando nos invade el placer de saborear exquisitos manjares y bebidas, debe contemplarse la condición de plenitud; entonces, sobreviene la dicha suprema.

El objeto de este ejercicio contemplativo es la «condición de plenitud» (*bharitāvasthā*), expresión que abiertamente remite a aquellas estrofas donde la diosa Bhairavī es definida en los mismos términos. En la estrofa 15, por ejemplo, leímos: «Tal es la condición (*avasthā*) de Bhairava, [conocida como] Bhairavī porque colma todas las cosas (*bharitākārā*)» (véanse asimismo las estrofas 22-23). Como mencioné, el texto juega con el género femenino de la palabra *avasthā* para indicar el intercambio dinámico entre Śakti y el dios Bhairava. La «condición» de Bhairava es la propia Bhairavī, su aspecto manifiesto y plural. El calificativo *bharitā*, emparentado etimológicamente con las palabras Bhairavī y Bhairava, simplemente corrobora este juego de identidades compartidas.

Sobre este sustrato semántico, la expresión remite al mismo tiempo al estado de satisfacción gustativa asociado con la buena mesa. El adepto debe concentrarse en la oleada de placer que provoca degustar un platillo exquisito; debe prolongar contemplativamente tanto como sea posible la sensación placentera de ese primer bocado e impedir que caiga en su inercia ordinaria y se desvanezca. Dos términos en particular enmarcan este enfoque, *vijṛmbhaṇa* y *rasa*, ambos con una connotación particular dentro de esta tradición. El primero designa, literalmente, el acto de abrir la boca de una manera desmesurada, por ejemplo cuando algo nos causa asombro y, como decimos, nos quedamos boquiabiertos; metafóricamente, la palabra designa el poder expansivo y envolvente de la conciencia divina, con toda la carga cosmogónica de esa expansión. Por su parte, el uso aquí de la palabra *rasa,* literalmente 'zumo', 'néctar' o 'sabor', presupone una larga y rica historia semántica que comprende acepciones orgánicas, psicológicas, estéticas y místicas, todas ellas aquí en juego.

Hay, pues, una conexión entre ambas nociones: al degustar «sabores» (*rasa*) «placenteros» o «exquisitos» (*ullāsa*), un «sentimiento dichoso» (*rasānanda*) «inunda» o «envuelve» (*vijṛmbhaṇa*) al comensal. En ese instante, este tiene la oportunidad de reencauzar yóguicamente la sensación y potenciar su inherente fuerza expansiva hasta alcanzar la visión de la diosa misma, la «condición de plenitud» (*bharitāvasthā*) que subyace a su experiencia, aparentemente ordinaria, de placer gustativo.

gītādiviṣayāsvādāsamasaukhyaikatātmanaḥ /
yoginas tanmayatvena manorūḍhes tadātmatā / / 72 / /

72. Al hacerse uno con el júbilo sin par que produce disfrutar cosas como la música, etcétera, con una conciencia acrecentada a causa de esta identificación, el yogui alcanza la esencia misma de esa [dicha].

A los placeres sexual y gustativo se suma ahora el puramente estético como punto de partida para la experiencia más alta. De hecho, la estrofa sugiere cierta familiaridad con el mecanismo básico de la experiencia estética, al menos tal como la concibió el influyente teórico literario Ānandavardhana (siglo IX), es decir, como un instante excepcional de embeleso y olvido de sí que favorece la suspensión de la actividad mental ordinaria. El paralelo puede explicarse por la coincidencia espaciotemporal –Cachemira entre los siglos VIII y X– que enmarca el desarrollo de las doctrinas que subyacen a nuestro texto, por un lado, y de la teoría poética sánscrita, por el otro. Sin ir más lejos, la confluencia se hizo explícita apenas unas décadas después de la redacción del *Vijñānabhairava* en la figura de Abhinavagupta, a quien debemos un excelso comentario precisamente al *Dhvanyāloka*, la principal obra de Ānandavardhana, también oriundo de Cachemira.

Aunque el ejercicio aquí parece dar preeminencia a la música –o más exactamente al «canto» (*gīta*)–, en realidad su alcance vale asimismo para las diferentes expresiones artísticas. Todas ellas contienen, en potencia, la llave con la que transformar su inherente capacidad para producir placer en un sendero hacia la dicha suprema. El requisito básico, de nuevo, es una atención total a ese estado «exaltación» o «acrecentamiento» (*rūḍhi*) de la conciencia, de modo que esta devenga una con la divinidad, definida a su vez ella misma como «dicha» (*ānanda*).

yatra yatra manas tuṣṭir manas tatraiva dhārayet |
tatra tatra parānandasvarūpaṃ sampravartate | | 73 | |

73. Donde sea que la mente obtenga satisfacción, justo ahí debe fijarla [el yogui]: ahí se manifiesta, en su esencia misma, la dicha suprema.

Aquí termina la secuencia dedicada al placer o la dicha. Como vimos, la secuencia abre, en la estrofa 64, afirmando que el universo entero está constituido de dicha. Basándose en esa premisa inicial, el texto concluye afirmando que cualquier experiencia de «satisfacción» (*tuṣṭi*) posee el potencial para conocer la dicha más elevada, el atributo por igual del cosmos, el individuo y la divinidad. En realidad, esta es la lógica detrás de cada uno los ejercicios específicos (estrofas 65-72): todos anticipan la conclusión aquí enunciada. Y todos insisten en la importancia de contar con la aspiración necesaria y con un enfoque correcto, sostenido.

En suma, la estrofa establece sin tapujos la ascendencia tántrica del texto, la afirmación del deseo como mecanismo privilegiado de transformación por encima de los ideales brahmánicos de pureza, control y exclusión.

anāgatāyāṃ nidrāyāṃ praṇaṣṭe bāhyagocare |
sāvasthā manasā gamyā parā devī prakāśate | | 74 | |

74. Si la mente logra acceder a esa condición [intermedia], cuando el sueño aún no llega, pero la realidad exterior ya se diluyó, entonces la diosa suprema resplandece.

El texto vuelve al tema de la transición entre los estados de vigilia y onírico, hasta aquí tratado únicamente en la estrofa 54. Aunque presentadas por separado, este par de estrofas y, más adelante, la estrofa 84 conforman una secuencia sobre el mismo tema. Desde luego, la enseñanza que enmarca todos estos ejercicios es el espacio intermedio o intervalo (*madhya*) entre dos realidades o estados. Sin embargo, su trasfondo metafísico y psíquico ha de hallarse en la antigua doctrina india sobre los estados de conciencia.

La contemplación aquí se centra en la noción de intervalo en cuanto tal, sin internarse desde él en el universo onírico, como lo hizo antes, ni recurrir al discurso paralelo de la respiración. Simplemente se pide al adepto poner su atención en ese elusivo margen en el que la conciencia de vigilia aún no cede por completo a la somnolencia, y sin embargo ha desaparecido ya todo contenido objetivo. Liberado de las demandas del mundo exterior, pero sin precipitarse aún en la inconsciencia del sueño, el adepto descubre frente a sí un intersticio por el que puede acceder a la «condición» (*avasthā*) última, ahí donde habita la «diosa suprema» (*parā devī*). Puesto que, como he insistido, *avasthā* es una forma codificada de referirse a la diosa, lo que tenemos una vez más es la fusión de medio y fin.

tejasā sūryadīpāder ākāśe śabalīkṛte /
dṛṣṭir niveśyā tatraiva svātmarūpaṃ prakāśate / / 75 / /

75. Cuando la luz del sol, de una lámpara, etcétera, salpica el espacio con sus destellos, debe posarse la mirada justo ahí. [Entonces] resplandece nuestra verdadera naturaleza.

Al parecer, el texto propone ahora un espacio intermedio entre luz y sombra, cuando se diluyen los contornos de las cosas y la mirada se abre a una experiencia distinta, sin un control pleno sobre el campo de visión. Para entender el ejercicio es necesario imaginar un espacio en el que se alternan destellos luminosos y sombras. La luz incide de tal manera que salpica el espacio con su resplandor creando una atmosfera muy peculiar. Piénsese en la luz de la luna a través de las celosías de una ventana, o la luz del sol a través del follaje de un árbol.

El ejercicio se inscribe, pues, en un uso yóguico de experiencias visuales fuera de lo común. No debe extrañarnos, ya que los pensadores de esta tradición fueron grandes observadores de los fenómenos luminosos. No en vano su léxico metafísico y epistemológico gira alrededor de la luz, y en general la conciencia es a menudo representada como una corriente sin fin de fosforescencias. De hecho, en este mismo principio descansa su fuerte componente estético e imaginativo. Desde luego, en un nivel más práctico, lo que más interesaba a estos yoguis eran aquellos fenómenos ópticos, como la refracción, etcétera, que evocan la idea de intervalo o intersticio. Abhinavagupta ofrece ejemplos similares al que aquí instruye el texto, entre ellos un arbusto cubierto de gotas de agua que destellan como perlas cuando el sol se asoma tímidamente después de una tormenta (*Gaṭhakarparavivṛti ad* 14), o también el súbito destello que bajo ciertas condiciones luminosas surge de entre las joyas que forman un collar para recordarnos que detrás de su variopinta presencia corre el diáfano hilo que las une (*Abhinavabhāratī*, vol. 1, pág. 342).

karaṅkiṇyā krodhanayā bhairavyā lelihānayā |
khecaryā dṛṣṭikāle ca parāvāptiḥ prakāśate | | 76 | |

76. La consecución de la [diosa] Suprema también resplandece cuando [el yogui posa] su mirada mientras [adopta los gestos (*mudrā*)] Karaṅkiṇī, Krodhanā, Bhairavī, Lelihānā y Khecarī.

La estrofa introduce otro de los aspectos esenciales de la praxis tántrica, el uso de *mudrās* o, para decirlo lo más literalmente posible, «sellos» gestuales. Asociada con la corporalidad, esta peculiar técnica se suma así a los otros tres pilares de la disciplina tántrica: *maithuna* o «coito», asociado también con el cuerpo; *mantra,* asociado con el sonido, y *maṇḍala*, asociado con la imagen. Aunque posee una importante presencia en otros ámbitos, sobre todo en la danza y la iconografía, nuestro interés aquí se limita al ámbito yóguico-religioso.

En dicho contexto, las *mudrās* son gestos o posturas corporales específicas que el yogui adopta con el fin de inducir cierto tipo de atención intensa o concentrada. Se trata, pues, de un uso yóguico de la gestualidad que establece o «sella» una actitud o condición interior en función de ciertas doctrinas y premisas prácticas. A veces se producen espontáneamente, como el reflejo natural de ciertos estados de conciencia. Puesto que dichos estados guardan una relación con la propia conciencia divina, las *mudrās* suelen predicarse también de los dioses. De hecho, en nuestro caso, todas estas *mudrās* funcionan al mismo tiempo como epítetos o advocaciones en relación con aspectos distintos de la diosa.

Entonces, a la luz de las propias enseñanzas del texto, todos estos gestos tendrían el propósito de actualizar la plenitud expansiva que caracteriza a la deidad aun *en medio* (*madhya*) de las diferencias y el cambio. En efecto, todos ellos sellan la atención del adepto en el sutil intervalo entre exterioridad e interioridad, entre inmanencia y trascendencia. Además, como apunta Śivopādhyāya, la estrofa establece una secuencia. Cada *mudrā* se asocia con distintos niveles de realización. Así, no es casualidad que la secuencia concluya en *khecarī*, literalmente "la que vaga en el vacío", pues, como hemos visto, dicha noción conforma una especie de meta-categoría doctrinal y práctica. Tampoco es una casualidad que en esta misma *mudrā* se centren las enseñanzas del *Parātriṃśikātantra*, la escritura paralela al *Vijñānabhairava* dentro del sistema Trika.

A continuación resumo la exposición de Sironi, no solo clara y sucinta, sino además sustentada en la información que proporcionan Śivopādhyāya y otras fuentes sánscritas, y la completó con algunos datos aportados por Joo, Silburn y Bäumer:

Karaṅkiṇī: asociada lingüísticamente con *karaṅka*, 'esqueleto', esta *mudrā* reproduce el estado de absoluta inmovilidad de un cadáver. Así, a través de ella, el adepto pone en escena su propia muerte con el fin de erradicar su apego a la forma física y, en un sentido más amplio, a la vida misma. Parodiar corporalmente la muerte es la expresión gestual más obvia para inducir la cesación de la actividad mental y la experiencia de reposo.

Krodhanā: asociada lingüísticamente con *krodha*, 'ira', esta *mudrā* designa a la diosa en su aspecto «iracundo» o «terrible». Corporalmente, el término hace alusión a la enorme tensión e intensidad que supone adoptarla. De acuerdo con Joo, el rostro permanece inmóvil, con ojos y boca bien abiertos, y dientes amenazantes, en una actitud colérica. Internamente, el enfoque del yogui está en integrar los «fundamentos básicos de su ser» (*svātmādhārasambhava*), todos sus órganos y facultades, en un cuerpo mántrico. Así, a través de ella, adquiere absoluta soberanía sobre el mantra.

Bhairavī: simboliza la inmersión del yogui en la unidad divina y, gestualmente, está asociada con el cultivo de una visión doble: hacia dentro y hacia fuera. A través de ella, el adepto mantiene su atención en el interior, pero sin cerrar los ojos, consciente de lo que sucede fuera. De este modo, se sitúa visualmente en el intervalo de interioridad y exterioridad hasta lograr la integración de ambos planos.

Lelihānā: de la raíz *lih-*, 'lamer', esta *mudrā* se centra en la experiencia de «saborear» (*āsvāda*) el mundo en su inmanencia. A través de ella, el adepto degusta y asimila repetidamente la creación entera. Explica Silburn que ambos puños se colocan firmemente sobre los oídos, se abre la boca, se saca la lengua y se mueve lentamente imitando el acto de lamer y succionar.

Khecarī: literalmente, 'la que vaga en el vacío', esta *mudrā* simboliza el estado de plenitud y reposo de la conciencia divina en sí misma, y en ese sentido subyace a todas las otras *mudrās* como su fundamento. Es la vacuidad condensada en gesto. En su *Śivasūtravimarśinī* (*ad* 2.5), Kṣemarāja cita un pasaje que la asocia corporalmente con un yogui sentado en flor de loto (*padmāsana*) y con la mirada fija en la zona del ombligo desde donde la lleva gradualmente hasta la coronilla de la cabeza. Sin embargo, es probable que se haya desarrollado más de una tradición en torno a ella, pues de acuerdo con tratados yóguicos posteriores, en especial dentro de la tradición del *haṭhayoga*, el gesto consiste en doblar la lengua hacia atrás y hacia arriba, e intentar introducirla a través del paladar, de modo que se provoque una salivación abundante, asociada con la ambrosía suprema. En todo caso, como su nombre lo establece, el gesto remite directamente a la experiencia arquetípica de ascenso y vuelo homogéneo; «sella» la experiencia de libertad que supone planear por el inmenso firmamento de la conciencia.

mṛdvāsane sphijaikena hastapādau nirāśrayam |
nidhāya tatprasaṅgena parā pūrṇā matir bhavet | | 77 | |

77. Si se toma asiento sobre una superficie suave con una sola posadera, sin apoyar brazos ni piernas, gracias a esta [posición] la mente deviene plena, suprema.

Las siguientes estrofas dan continuidad a la enseñanza previa sobre los «sellos gestuales» (*mudrā*) incorporando la noción afín de *āsana*, 'posición corporal', 'postura', cuya presencia dentro de la tradición yóguica se remonta al sistema clásico de Patañjali (aprox. siglo III d.C.). Aunque ambas nociones se complementan, al final el texto parece dar mayor peso a la disciplina con *mudrās* al asociarla directamente con el contenido contemplativo de cualquier postura corporal. Como puede anticiparse, dicho contenido apunta de nuevo a una disolución de la representación ordinaria de la realidad.

Entonces, la presente estrofa prescribe una postura que reduce al mínimo el uso de soportes o apoyos con el fin de inducir la sensación de estar suspendido en el aire. Para ello, el yogui debe sentarse con una sola nalga sobre una superficie «suave» o «flexible» (*mṛdu*), por ejemplo, un asiento «hecho de tela» (*caila*), como ilustra Śivopādhyāya, es decir, no directamente sobre el suelo firme ni sobre un asiento hecho de un material duro; luego, el yogui debe levantar los pies y los brazos. Esta ausencia de soportes físicos tiene un efecto inmediato en el estado mental del adepto, produce una sensación de «expansión» (*pūrṇa*) y «elevación» (*para*) que el adepto asocia con la presencia de la potencia divina.

upaviśyāsane samyag bāhū kṛtvārdhakuñcitau /
kakṣavyomni manaḥ kurvan śamam āyāti tallayāt / / 78 / /

78. Si se toma asiento cómodamente con los brazos ligeramente arqueados y se lleva la atención al hueco de las axilas, [entonces] absorto en ese [vacío, el yogui] obtiene ecuanimidad.

En comparación con el ejercicio previo, la estrofa instruye una postura sentada cómoda o, literalmente, 'correcta', 'completa' (*samyak*), es decir, de modo que el individuo ocupe todo el espacio con ambas posaderas. Más equívoca resulta la indicación respecto a la posición de los brazos. El texto prescribe, literalmente, colocarlos 'medio doblados' o también 'doblados por la mitad' (*ardhakuñcitau*); no nos dice, sin embargo, en qué dirección exactamente, ¿hacia arriba, hacia abajo, etcétera? Nuestros dos comentaristas, Śivopādhyāya y Ānandabhaṭṭa, guardan silencio. De acuerdo con Singh y Bäumer, se trata de poner los brazos formando un arco sobre la cabeza; según Silburn de cruzarlos sobre el pecho y con las manos debajo de las axilas. Dvivedī interpreta «hacia abajo» (*avakuñcitau*). Joo y Sironi se ciñen al sentido literal. Al traducir también de forma literal tengo en mente el objetivo del ejercicio completo. Si este consiste en disolver la actividad mental en el vacío, me parece entonces que el arqueado de los brazos debe ser, en efecto, hacia abajo, de tal manera que la concavidad natural de las «axilas» (*kakṣa*) cobre notoriedad e invite al adepto a concebirlas como «vacuidad» (*vyoman*). Así, al absorberse en esta vacuidad axilar, el yogui desarrolla una visión «ecuánime», «reposada» (*śama*), idea que remite a la de vuelo «homogéneo» (*sama*), sin esfuerzo, a través de la vastedad infinita de la conciencia divina (véase estrofa 63).

sthūlarūpasya bhāvasya stabdhāṃ dṛṣṭiṃ nipātya ca /
acireṇa nirādhāraṃ manaḥ kṛtvā śivaṃ vrajet / / 79 / /

79. Asimismo, si se posa fijamente la mirada en una realidad burda y enseguida se priva a la mente de [todos sus] soportes, [el yogui] va a Śiva.

Por realidad «burda» (*sthūla*) el texto se refiere, explica Śivopādhyāya, a cualquier objeto físico, exterior, «por ejemplo, una olla, un cuerpo, etcétera» (*ghaṭadehādi*). De acuerdo con Joo, habría implícita además una dimensión estética: objetos físicos hermosos, que cautiven la mirada. En cualquier caso, el uso de la palabra *bhāva* para designar objetos físicos ha de entenderse de nuevo en conexión con la centralidad del término *bhāvanā* en la obra (véase mi comentario a las estrofas 60-61).

Por otra parte, como señalan Silburn y Bäumer, el ejercicio parece evocar la *bhairavīmudrā* (estrofa 76): llama al adepto a fijar su mirada en la realidad concreta, fuera, y no obstante persigue una visión completamente interiorizada. «Fijamente», es decir, «sin abrir ni cerrar» los ojos (*nirunmeṣanimeṣa*), sin parpadear, según explica Śivopādhyāya. Por último, como señala el propio Śivopādhyāya, por «soporte» (*ādhāra*) ha de entenderse *vikalpa*, la capacidad de representación mental.

madhyajihve sphāritāsye madhye nikṣipya cetanām |
hoccāraṃ manasā kurvaṃs tataḥ śānte pralīyate || 80 ||

80. Si se proyecta la mente en el centro de la boca bien abierta, con la lengua [suspendida] en medio, y se recita internamente [el fonema] H, entonces uno se disuelve en la paz.

Si se «proyecta la mente» (*cetanām nikṣipya*), es decir, de nuevo, si se «lleva la atención» a cierto punto a través de un esfuerzo contemplativo (véanse antes estrofas 50 y 67). El objetivo de ese enfoque es aquí el centro de la cavidad bucal, concebida como un espacio vacío y, por lo tanto, como un símbolo del absoluto. De acuerdo con Śivopādhyāya se trataría de *khecarīmudrā,* mencionada en la primera estrofa de la secuencia dedicada a los «sellos» gestuales (estrofa 76). De acuerdo con Silburn y Bäumer podría tratarse de *cakitāmudrā,* la «*mudrā* del asombro», en la que se abre la boca de par en par, como si se gritara. Al mantener la lengua suspendida en el centro, sin tocar ningún punto en el aparato laríngeo-bucal, el único sonido que puede articularse es H. En general, dentro de esta tradición, el fonema H, el último del alfabeto, simboliza a Śakti, mientras que el primero, el fonema A, a Śiva. Además, respecto al ritmo respiratorio, H simboliza la inspiración. En todo caso, como aclara la estrofa, la recitación es «mental» o «interna» (*manasā*). La palabra clave es, de nuevo, *uccāra*, la recitación de fonemas o mantras con una conciencia yóguico-contemplativa que dirige la energía sonora en un movimiento ascendente hasta alcanzar una experiencia de disolución expansiva (estrofas 24, 39, 42).

āsane śayane sthitvā nirādhāraṃ vibhāvayan |
svadehaṃ manasi kṣīṇe kṣaṇāt kṣīṇāśayo bhavet | | 81 | |

81. Si uno toma asiento o se recuesta, y concibe intensamente que su cuerpo carece de soportes, entonces sin más la mente se disuelve, y con esta su sustrato.

Mientras que en la estrofa 79 el medio para alcanzar una mente «sin soportes» (*nirādhāra*) es la propia percepción, aquí se recurre en cambio a la corporalidad. Esto presupone, desde luego, una relación íntima entre cuerpo y mente, de modo que una atención particular a aquel deviene en una comprensión también distinta de esta. Así, el adepto que adopta una posición cómoda, ya sea sentado o acostado, y luego visualiza su «cuerpo» (*deha*) como si flotara en el espacio vacío, «sin ningún soporte» (*nirādhāra*), logra evocar un estado similar en relación con su mente. El efecto inmediato sobre su estado de conciencia es de «disolución» o «extinción» (*kṣīṇa*). Esta se produce en dos momentos sucesivos. Primero se disuelve la actividad mental como tal, el flujo continuo de imágenes, sensaciones, ideas; sin embargo, a esta cesación sigue una más profunda, la del «fundamento» o «sustrato» (*āśaya*) sobre el que descansa dicha actividad. La palabra *āśaya* tiene aquí un sentido técnico que recoge el legado de la antigua psicología india. Designa la multitud de «impresiones» o «predisposiciones» (*vāsana*) inconscientes que determinan la vida mental y la personalidad del individuo conforme a patrones bien arraigados (*saṃskāra*) que persisten incluso al morir a través del fenómeno de la transmigración. Aquí, el esfuerzo contemplativo está dirigido precisamente hacia esta ambiciosa meta.

calāsane sthitasyātha śanair vā dehacālanāt |
praśānte mānase bhāve devi divyaugham āpnuyāt | | 82 | |

82. Quien ocupa un asiento en movimiento o bien deja que su cuerpo se balancee lentamente, una vez que su mente halla reposo, ¡oh, diosa!, se adentra en el torrente divino.

El texto recurre de nuevo a la corporalidad como medio de transformación, pero esta vez el esfuerzo contemplativo no se centra en la inmovilidad, sino en el movimiento, en particular en los movimientos repetitivos o monótonos capaces de inducir un estado meditativo y, por consiguiente, el reposo de la actividad mental. Al respecto, la estrofa propone dos opciones. En la primera, el sujeto avanza sentado en un vehículo, literalmente en un 'asiento móvil' (*calāsana*), es decir, como explica Śivopādhyāya, montado en una carreta o sobre un animal, por ejemplo un elefante o un caballo, hasta que el bamboleo produce en él una sensación de ligereza incorpórea. En la segunda opción, el sujeto experimenta una sensación similar al mecer lentamente su cuerpo durante un largo rato. Ambas opciones prescriben una monotonía rítmica con un efecto directo sobre el estado mental; la diferencia es que mientras que la primera es espontánea o causada por un vehículo, la segunda es inducida de manera deliberada usando como medio el propio cuerpo. La estrofa cierra con un inesperado contraste entre la idea de reposo y la imagen de una «corriente crecida», un «aluvión» o «torrente» (*ogham*). En el fondo de la actividad ordinaria de la mente, el sujeto descubre el dinamismo extraordinario de la conciencia divina.

Aquí concluye la secuencia de ejercicios basada, explícita o implícitamente, en las nociones de *mudrā* y *āsana*.

[ākāśaṃ vimalaṃ paśyan kṛtvā dṛṣṭiṃ nirantarām |
stabdhātmā tatkṣaṇād devi bhairavaṃ vapur āpnuyāt | | 82 bis | |][181]

[82 bis. Si se contempla un espacio impoluto sin posar la mirada en nada más y con el cuerpo totalmente inmóvil, al instante, ¡oh, diosa!, se alcanza el esplendor de Bhairava].

El ejercicio hace eco de varios otros en el texto (por ejemplo 33, 43, 44, 46, 59, 90). Śivopādhyāya no explica cómo entender *ākāśam vimalam*, literalmente 'espacio puro' o 'impoluto'. Por las connotaciones que tiene la palabra *ākāśa* en el texto y en la tradición que subyace a este, se infiere que se trata de un espacio vacío y homogéneo, por ejemplo, un vasto cielo despejado. Empero, podría tratarse asimismo de una superficie perfectamente uniforme cuya contemplación induce un estado hipnótico. La inmovilidad corporal contribuye a que la mirada se mantenga fija, «sin parpadear» (*unmeṣanimeṣābhāva*), como

181. Esta estrofa aparece en K-Ś, mas no en Ā. Como mencioné en el estudio preliminar (págs. 127-129), su inclusión afecta al cómputo de los 112 ejercicios contemplativos que, de acuerdo con el propio Bhairava, contiene el texto: se alcanzaría dicha cifra antes de la estrofa 135 de la presente traducción, donde narrativamente parece más lógico que concluya la secuencia completa. Esta inconsistencia sería, de hecho, la razón de fondo para que Ānandabhaṭṭa la haya descartado, decisión luego reproducida por Dvivedī y Sironi. Como también se mencionó, aunque personalmente me inclino por una lectura que priorice el hilo narrativo del texto de modo que las 112 enseñanzas de Bhairava queden comprendidas en las 112 estrofas que preceden a su anuncio concluyente: «¡Oh, diosa!, de manera sumaria te he comunicado estas ciento doce enseñanzas...» (estrofa 136 de la presente edición), no hay elementos suficientes para descartar sin más esta estrofa, reconocida como válida por el resto de los traductores. Así pues, se la ha incluido, pero entre corchetes y con el adverbio numeral «bis» para llamar la atención sobre su problemático estatus.

explica Śivopādhyāya, sobre su objeto, por definición vacío. El efecto de esta atención concentrada es mimético: el adepto alcanza un estado mental también vacío y, entonces, el «esplendor» (*vapus*) de Bhairava.

līnaṃ mūrdhni viyat sarvaṃ bhairavatvena bhāvayet |
tat sarvaṃ bhairavākāratejastattvaṃ samāviśet | | 83 | |

83. Debe concebirse que el cielo entero en la forma de Bhairava se disuelve en la cabeza, [entonces] todo esto se funde en el refulgente plano de Bhairava.

La contemplación del espacio abierto describe aquí, a diferencia de la estrofa anterior, un movimiento de fuera hacia dentro. Más exactamente, el adepto debe disolver el firmamento en su propia cabeza, introducir esa inmensidad en su propio «firmamento» corporal. Es decir, el ejercicio presupone una homologación yóguica entre la bóveda celeste y la concavidad vacía del cráneo, y por lo tanto, de nuevo, entre el cosmos y el cuerpo. Para ello es necesario dotar al espacio vacío de una identidad divina, identificarlo con Bhairava. A la luz de la doctrina sobre la corporalidad yóguica o sutil, la implicación es que el adepto colma con energía divina la coronilla de la cabeza ya no desde dentro, en un movimiento ascendente, sino desde fuera y en un movimiento descendente. Esto identificaría a la propia coronilla como la región «intermedia» (*madhya*), y por lo tanto vacía, entre el cosmos y el cuerpo, o en un sentido más general, entre el cielo y la tierra, entre el hombre y la divinidad.

«Todo esto» (*tat sarvam*) es una expresión deíctica para referirse al «universo entero». Es muy común en las fases eminentemente orales de la tradición sánscrita, de manera notable en el corpus védico.

kiñcij jñātaṃ dvaitadāyi bāhyālokas tamaḥ punaḥ |
viśvādi bhairavaṃ rūpaṃ jñātvānantaprakāśabhṛt | | 84 | |

84. Al comprender que el conocimiento limitado y dual, la luz exterior y las tinieblas, es decir, [los estados] «universal», etcétera, son [solo] aspectos de Bhairava, uno queda envuelto por la luz infinita.

El ejercicio se fundamenta en el uso de una terminología alternativa para los tres estados de conciencia –la vigilia, el sueño con imágenes y el sueño profundo– aludidos en contextos distintos en dos estrofas previas (54, 74). Dicha terminología se remonta a textos clásicos sobre la materia, como la

Māṇḍūkyopaniṣad (3-5), aunque debemos su uso sistemático y extensivo al Vedānta, como reconoce Śivopādhyāya. Su presencia en la tradición tántrica de Cachemira es menos frecuente (piénsese por ejemplo en Abhinavagupta, *Paramārthasāra* 35). Entonces, el estado de vigilia es el estado «universal» o «cósmico» (*viśva, vaiśvānara*) porque en él se tiene la experiencia de la diversidad fenoménica; el estado onírico es el estado «luminoso» o «brillante» (*taijasa*) porque en él persiste la percepción de formas e imágenes aun en la ausencia de formas físicas, es decir, persiste la percepción de la luz exterior; por último, el sueño profundo es el estado «inteligente» o «sapiencial» (*prājña*). Menos claro resulta, como apunta Sironi, la correlación entre este esquema tripartito alternativo y las nociones con las que se abre la estrofa: el conocimiento limitado, la luz exterior y las tinieblas. Aparentemente, según se desprende de lo dicho por Śivopādhyāya y de la explicación de Joo, el primero correspondería al estado de vigilia, la segunda, al sueño con imágenes y las tinieblas, como su nombre lo indica, al sueño profundo.

Ahora bien, al establecer que estos tres estados son meros «aspectos» o «manifestaciones» (*rūpa*) de Bhairava, indirectamente el texto postula un cuarto estado (*turīya*), el propio Bhairava, en el que estarían comprendidos aquellos. Y es la luz del cuarto estado, una luz «infinita» (*ananta*) y por ende superior a la de cualquier otro, la que al final de este ejercicio reflexivo envuelve al adepto.

evam eva durniśāyāṃ kṛṣṇapakṣāgame ciram /
taimiraṃ bhāvayan rūpaṃ bhairavaṃ rūpam eṣyati / / *85* / /

85. Del mismo modo, si en una noche terriblemente oscura y de luna menguante [el yogui] concibe durante un largo rato las tinieblas en su esencia misma, alcanza la esencia de Bhairava.

La alusión que el ejercicio previo hace al movimiento progresivo de la luz a la oscuridad da pie a una breve secuencia de tres estrofas alrededor precisamente del fenómeno de la oscuridad. Gramaticalmente, la conexión está indicada por las partículas *evam eva,* 'del mismo modo'. Así, el texto se aparta por un momento de su distintivo discurso luminoso y, en cambio, instruye al adepto a apropiarse yóguicamente de la lobreguez nocturna, transformada en un símbolo más de la vacuidad divina, ahí donde desaparece la construcción ordinaria de la realidad dependiente de determinaciones espaciotemporales, diferencias, etcétera.

La traducción literal de *durniśā* sería simplemente 'noche mala', 'noche aciaga'; sin embargo, puesto que el rasgo distintivo de la noche es la oscuridad, y puesto que esta puede tener una connotación negativa, cabe pues entender la «maldad» (*dus-*) nocturna simplemente como una «noche terriblemente oscura». Śivopādhyāya y Ānandabhaṭṭa interpretan noche lluviosa o «cubierta de nubes» (*meghacchannaniśā*), es decir, sin luna ni estrellas, y por lo tanto muy oscura. El segundo calificativo, *kṛṣṇapakṣāgama*, literalmente 'al arribar la mitad oscura' del ciclo lunar, subraya la lobreguez de esta «mala» noche. Tradicionalmente, el ciclo lunar comprende dos «mitades» (*pakṣa*), una «luminosa» (*śukla*), cuando la luna es creciente, y la otra «oscura» (*kṛṣṇa*), cuando la luna es menguante y, por lo tanto, el cielo nocturno se hace más y más tenebroso. Al abismarse contemplativamente en las tinieblas, el adepto logra transformar la experiencia ordinaria en un evento extraordinario. La estrofa sugiere esa transformación con el mismo énfasis retórico de otros ejercicios: medio y fin se confunden, pues en su «esencia» misma (*rūpa*), la oscuridad es Bhairava en su «esencia» misma (*rūpa*).

evam eva nimīlyādau netre kṛṣṇābham agrataḥ I
prasārya bhairavaṃ rūpaṃ bhāvayaṃs tanmayo bhavet I I 86 I I

86. Del mismo modo, si [el yogui] concibe delante de él el aspecto tenebroso de Bhairava, primero con los ojos cerrados y luego al abrirlos, [entonces] se hace uno con él.

Explica Śivopādhyāya que con este ejercicio el texto amplía el alcance del anterior a situaciones o momentos distintos, no necesariamente durante una noche oscura. Ahora, el adepto evoca o crea imaginativamente esa experiencia cerrando los ojos e identificando esta oscuridad «inducida» con Bhairava mismo. Luego, el desafío consiste en mantener esa conciencia incluso al reabrir los ojos. También entonces, el yogui debe percibir la presencia tenebrosa de dios y abrazarla como su identidad más profunda.

yasya kasyendriyasyāpi vyāghātāc ca nirodhataḥ |
praviṣṭasyādvaye śūnye tatraivātmā prakāśate || 87 ||

87. Quien debido a un impedimento o una obstrucción de alguno de sus sentidos se abisma en el vacío sin par, ahí mismo resplandece [ante él] el ser interior.

El ejercicio recurre ahora a dos tipos de circunstancias con un efecto negativo sobre la actividad de los «órganos de los sentidos» (*indriya*). Por un lado, cuando estos están «impedidos» (*vyāghātā*) por una causa externa; por el otro, cuando el sujeto los obstruye (*nirodha*) de manera deliberada. En ambos casos es posible reencauzar yóguicamente la energía sensorial «sobrante», es decir, la energía que los sentidos producen, pero que, dada alguna de estas situaciones especiales, no se consume en ningún objeto de percepción. El adepto prolonga el vacío perceptual que provoca esta interrupción hasta el extremo de fundirse él mismo ahí. De ese modo, lo que podría ser una fuente de frustración o dolor es reconfigurado contemplativamente como una oportunidad de transformación. Esta es expresada aquí una vez más en términos luminosos: el *ātman* resplandece en el centro mismo de la vacuidad.

Sin duda, la estrofa admite una lectura elíptica a partir de los ejercicios previos. En ese caso, de todos los sentidos, el énfasis aquí estaría en la vista, o más exactamente en la ceguera, es decir, en la oscuridad.

abindum avisargaṃ ca akāraṃ japato mahān /
udeti devi sahasā jñānaughaḥ parameśvaraḥ / / 88 / /

88. Si se recita el fonema A sin *bindu* ni *visarga*, al instante surge, ¡oh, diosa!, un poderoso torrente de conciencia: el Señor supremo.

En esta y la siguiente estrofa, el texto vuelve a la exploración contemplativa del sonido. Aquí instruye acerca de la recitación del fonema A, el primero del alfabeto sánscrito y, como en otras tradiciones religiosas, al que más valor sacro se atribuye. En particular, el fonema A simboliza a Śiva, el aspecto trascendente de la divinidad, la fuente primera de donde surgen todos los otros aspectos de la creación. Esta centralidad simbólicoteológica, con importantes implicaciones cosmogónicas, descansa en una primacía fonética. Como mencioné a propósito de las estrofas 2cd-4, en esta tradición los sonidos vocálicos son superiores a los consonánticos en virtud de su pureza, es decir, porque pueden emitirse sin que la lengua entre en contacto con algún punto en el aparato bucofaríngeo. Y de los sonidos vocálicos el más puro es A, cuya superioridad se explica además basándose en el principio de inclusión (*vyāpti*): es el sonido increado que contiene todos los demás.

Pues bien, la estrofa prescribe la recitación del fonema A sin *bindu* ni *visarga,* es decir, sin nasalizarlo (=AM) ni aspirarlo (=AḤ). Esto significa que la recitación deber ser sostenida, continua, como lo sugiere la propia noción de *japa,* esto es, la repetición incesante de un mantra. De hecho, el ejercicio otorga una identidad mántrica al fonema A. Pero mientras que el resto de los mantras se caracteriza por terminar en una nasalización (*bindu, anusvāra*) o en una aspiración (*visarga*), el mantra A se perpetúa sin fin. Nasalización y aspiración simbolizan el aspecto manifiesto de la divinidad, su emanación. El fonema A es, de nuevo, la pulsación primordial de la que surge toda manifestación y adonde esta retorna.

Hay asimismo una implicación de carácter respiratorio. La inspiración está asociada con el *bindu*; la espiración con el *visarga*. Por lo tanto, el llamamiento a recitar A sin nasalizar ni aspirar significa recitarlo más allá de la dualidad, en un estado de retención o suspensión del ritmo respiratorio (*kumbhaka*), como señala Śivopādhyāya.

varṇasya savisargasya visargāntaṃ citiṃ kuru /
nirādhāreṇa cittena spṛśed brahma sanātanam / / *89* / /

89. Al emitir un sonido aspirado, lleva la atención al final de la aspiración; [entonces,] con la mente libre de soportes, rozarás al *brahman* eterno.

Sobre la aspiración o *visarga,* véase antes las estrofas 24 y 88. A diferencia del ejercicio previo, el texto instruye ahora sobre una recitación fonética con *visarga*. El enfoque del adepto debe estar, sin embargo, en el «final de la aspiración» (*visargānta*), es decir, en su gradual disolución. El trasfondo teológico y metafísico de la enseñanza presupone, de nuevo, la asociación simbólica entre el *visarga* y el aspecto inmanente de la divinidad. Al explorar imaginativamente el final de la aspiración, el adepto persigue el rastro de la potencia divina hasta su extinción en la fuente primera e indiferenciada, es decir, en Śiva, aquí identificado con el *brahman* eterno, cuyo valor fonético es, de nuevo, A. En este sentido, el presente ejercicio en realidad es una variante del anterior. Prescribe un movimiento involutivo que va de la energía creadora (Ḥ) a la esencia divina (A). Una vez situado en ese privilegiado entrecruce, con la mente vacía, el yogui logra rozar al absoluto mismo.

vyomākāraṃ svam ātmānaṃ dhyāyed digbhir anāvṛtam |
nirāśrayā citiḥ śaktiḥ svarūpaṃ darśayet tadā || 90 ||

90. [El yogui] debe contemplarse a sí mismo como si fuera el firmamento, libre de determinaciones espaciales; entonces, exenta de cualquier soporte, la conciencia, la potencia, revela su verdadera naturaleza.

Insiste el texto en la reconfiguración yóguica del cuerpo como espacio vacío (véase antes las estrofas 33, 43, 44, 46, 59, 90). En efecto, el llamamiento a «contemplarse uno mismo» (*svātman*) debe entenderse primariamente como un llamamiento a contemplar nuestra identidad más inmediata, la que impone el cuerpo. Al respecto, el ejercicio prescribe como pauta práctica la imagen de un «espacio abierto» (*vyoman*), el símbolo natural de la vacuidad. La homologación entre el aspecto etéreo del cosmos y el cuerpo se centra en la ausencia de límites o determinaciones espaciales. Como un vasto cielo despejado, el cuerpo yóguico carece de coordenadas espaciales, de direcciones o referentes que lo circunden o delimiten. Es un horizonte siempre abierto.

kiñcid aṅgaṃ vibhidyādau tīkṣṇasūcyādinā tataḥ |
tatraiva cetanāṃ yuktvā bhairave nirmalā gatiḥ | | *91* | |

91. Si [el yogui] se pincha un miembro con una aguja puntiaguda, etcétera, y a continuación fija ahí su atención, el inmaculado sendero a Bhairava [se desplegará ante él].

Esta enseñanza trae a la mente –y puede resumirse con– un famoso verso de Somānanda, en cuya *Śivadṛṣṭi,* una obra que no casualmente exhibe una gran influencia del *Vijñānabhairava*, leemos: «Śiva resplandece incluso en el dolor» (5.9).

La estrofa pide, pues, usar de manera deliberada el dolor como un sendero hacia la divinidad. Con ese fin, el adepto debe encajar en cualquier parte de su cuerpo un objeto puntiagudo, por ejemplo una aguja o una espina, y luego concentrarse en la sensación de dolor hasta reducirla contemplativamente a una forma más de energía. Tal posibilidad descansa en la experiencia común del efecto hipnótico del dolor, en especial, un dolor concentrado en un único punto que impide pensar en nada más. El adepto usa esta experiencia ordinaria como umbral a una forma más completa de interiorización y suspensión de la actividad mental.

cittādyantaḥkṛtir nāsti mamāntar bhāvayed iti /
vikalpānām abhāvena vikalpair ujjhito bhavet / / 92 / /

92. «En mí no existe ningún órgano interno: mente, [ego, intelecto]». Quien esto concibe, debido a la cesación de representaciones mentales, se libera de toda representación mental.

De acuerdo con la antigua escuela dualista Sāṅkhya, y más tarde también con la tradición del Vedānta, el aparato psíquico está constituido por tres grandes componentes: el «intelecto» (*buddhi*), el «yo» (*ahaṅkāra*) y la «mente» (*manas*). De manera conjunta, todos ellos reciben el nombre técnico de «órgano interno» (*antaḥkaraṇa*), para distinguirlos de los órganos de la percepción u órganos externos. Como bien señala Śivopādhyāya, con el término *antaḥkṛti* el texto se refiere precisamente al *antaḥkaraṇa,* la facultad pensante en su conjunto. Lo que la estrofa prescribe es, por lo tanto, un proceso de desmantelamiento del aparato psíquico. El yogui debe imaginar que la totalidad de su vida mental, desde la simple capacidad para aprehender y organizar los datos de los sentidos, hasta la capacidad para discernir y reflexionar, pasando por el sentido de identidad, es en última instancia insustancial, vacía. Y puesto que toda representación mental (*vikalpa*) necesariamente depende del aparato psíquico, una vez que el yogui se desliga de este, logra asimismo deshacerse de los *vikalpas*.

māyā vimohinī nāma kalāyāḥ kalanaṃ sthitam |
ityādidharmaṃ tattvānāṃ kalayan na pṛthag bhavet | | *93* | |

93. Al meditar en la naturaleza [limitada] de todos los *tattvas* –«a *māyā* se la conoce como la Embaucadora, *kalā* es fragmentación, etcétera»–, [el yogui] no permanece más separado.

El ejercicio llama a desarrollar la capacidad de identificar el «rasgo» o «atributo» esencial (*dharma*) de cada uno de los *tattvas,* es decir, de los principios, planos o categorías, cuyo despliegue sucesivo y jerárquico da consistencia a la realidad entera (sobre el tema, véase el comentario a la estrofa 53). Este análisis contemplativo proporciona al adepto un fundamento para vaciar dichos atributos de cualquier contenido y consistencia, y en última instancia para negarlos de sí mismo. El ejercicio presupone, por lo tanto, un movimiento involutivo por el que el yogui va dejando atrás cada plano de realidad de camino a su fuente primera en los estratos superiores. A manera de ejemplo, la estrofa menciona los *tattvas* sexto y séptimo: *māyā,* la ilusión, y *kalā,* la acción limitada, cuyos rasgos distintivos son, respectivamente, «engañar» o «embaucar» (*vimohana*), y «dividir» o «fragmentar» (*kalana*). El mismo procedimiento debe aplicarse sucesivamente para el resto de los *tattvas,* con excepción, al parecer, de los primeros cinco, centrados en la propia conciencia suprema.

A través de este ejercicio, el yogui trasciende el sentido de «separación» (*pṛthak*), lo que Śivopādhyāya interpreta como «alcanzar un conocimiento no dual» (*abhedakhyātimān*), es decir, una visión integral, no fragmentada.

jhagitīcchāṃ samutpannām avalokya śamaṃ nayet /
yata eva samudbhūtā tatas tatraiva līyate / / 94 / /

94. Al percatarse de que sin más surge un deseo, [el yogui] debe mitigarlo. De este modo, el deseo se disuelve en el mismo sitio donde surgió.

La estrofa inaugura una breve secuencia alrededor del «deseo» (*icchā*), que, tal como sucede con otras experiencias, es necesario reconfigurar yóguicamente como una manifestación de energía divina. En este caso, el texto instruye acerca de llevar a cabo tal transmutación contemplativa en el preciso instante en que surge el deseo, cuando este es apenas un primer estremecimiento (una idea que, como señala Sironi, remite a las doctrinas de la tradición paralela Spanda, también centrada en el impulso original). Al notar este despertar y volcar toda su atención en él, el adepto tiene en sus manos la posibilidad de impedir que madure y lo someta a su inercia coercitiva: el movimiento de exteriorización hacia los objetos, en los que ese impulso original acaba por consumirse.

Al respecto, cabe destacar que la tradición que subyace al texto considera el deseo como una expresión de la voluntad divina, y en ese sentido su manifestación constituye una oportunidad para reconocer la libertad absoluta de Śiva-Bhairava para devenir otro sin dejar de ser unidad indiferenciada. Captar el deseo en su forma más pura, cuando es simple impulso seminal, permite, por lo tanto, zanjar un camino en sentido inverso, de vuelta a la fuente de cualquier deseo ordinario, ahí donde el deseo es simple latencia divina.

yadā mamecchā notpannā jñānaṃ vā kas tadāsmi vai |
tattvato'haṃ tathābhūtas tallīnas tanmanā bhavet | | 95 | |

95. Cuando aún no se manifiestan ni mi deseo ni mi pensamiento, ¿quién soy después de todo? ¡Es bajo tal condición cuando en realidad soy! Quien fija su atención ahí, ahí se disuelve.

Si la estrofa previa explora el instante en el que surge el deseo, la presente se centra en esos momentos en que no parece haber ni deseos ni pensamientos, cuando estos no han adquirido aún una forma objetivada que me permita identificarlos como tales y, a través de ellos, afirmar mi propia identidad: yo soy mis deseos, yo soy mis pensamientos. En contraposición, cuando estas condiciones básicas con las que habitualmente me identifico aún no prevalecen, ¿cómo podría afirmar una identidad? Ante el tono interrogativo de esta paradójica situación, el texto responde con el júbilo de la certeza: solo entonces existes desde la perspectiva más elevada (*tattvataḥ*). El adepto debe, pues, volver su atención a ese estado liminar, en la antesala del despertar del deseo y la actividad mental, y abrazarlo como su verdadera identidad.

icchāyām athavā jñāne jāte cittaṃ niveśayet |
ātmabuddhyānanyacetās tatas tattvārthadarśanam || 96 ||

96. Ahora bien, si el deseo o el pensamiento ya se han manifestado, [el yogui] debe fijar su atención en ellos totalmente concentrado en su propio ser. De este modo, tendrá la visión de la esencia última.

Como alternativa, si el deseo y la actividad mental determinan ya la percepción de la realidad y nuestra identidad, el yogui tiene siempre la posibilidad de llevar su atención a su sí mismo más profundo, el *ātman*, y proyectar este entendimiento sobre cualquier deseo o pensamiento. El ejercicio no consiste en rechazar o evadir el deseo en el nombre del *ātman*, sino en ver el *ātman* en medio del deseo.

De este modo, la secuencia completa ofrece una estrategia contemplativa para cada una de las tres fases del deseo: cuando este apenas se asoma, antes de que surja y una vez que ya surgió.

nirnimittaṃ bhavej jñānaṃ nirādhāraṃ bhramātmakam /
tattvataḥ kasyacin naitad evambhāvī śivaḥ priye / / 97 / /

97. «Todo conocimiento carece de causa, de fundamento, y es falaz por definición; en realidad, no pertenece a nadie». A quien así concibe, ¡oh, amada!, Śiva [se revela].

Por supuesto, la palabra *jñāna*, 'conocimiento', remite aquí al conocimiento ordinario, aquel que esclaviza (*bandha*), como célebremente afirma el *Śivasūtra* (1.2), otro texto cercano al *Vijñānabhairava*. Así, el ejercicio prescribe un desmantelamiento reflexivo de cómo opera rutinariamente el conocimiento, es decir, basándose en la estructura dicotómica que opone objetos y sujetos, causas y efectos, etcétera. Es necesario, pues, poner en duda la estabilidad de dicho mecanismo, su pretensión de certeza y verdad. En realidad, lo que de manera convencional llamamos conocimiento no es sino la expresión limitada, contraída, de una conciencia más plena e indeterminada, de la que de hecho surge. Que el adepto pueda alcanzar este entendimiento con el poder de su *bhāvanā* significa, una vez más, que puede reconfigurar su percepción de las cosas y de sí mismo hasta alcanzar la perspectiva de la deidad misma.

El tono es de un desasimiento que recuerda la postura del Vedānta. No en vano Abhinavagupta define la enseñanza de la estrofa como un «recogimiento completo en el *ātman*» (*Tantrāloka* 5.71: *sarvātmasaṅkoca*).

ciddharmā sarvadeheṣu viśeṣo nāsti kutracit |
ataś ca tanmayaṃ sarvaṃ bhāvayan bhavajij janaḥ | | 98 | |

98. Sin excepción, todos los cuerpos en todas partes tienen como atributo la conciencia. Por lo tanto, aquel que concibe que todo está hecho de esa [misma conciencia] conquista la existencia ordinaria.

La estrofa complementa el ejercicio previo al anteponer a la insubstancialidad de las cosas, en la trama del conocimiento ordinario, una dimensión más profunda, esencial y válida para todos los casos: su naturaleza como conciencia pura (*cit*). Lo que persiste más allá del ilusorio mecanismo del conocimiento dual y esclavizante es una conciencia uniforme, omnímoda, no dual y liberadora. Por lo tanto, alcanzar imaginativamente ese sustrato es alcanzar la unidad de todas las cosas. El fruto es la conquista sobre *bhava,* es decir, sobre la existencia ordinaria, lo que en el contexto de la antigua tradición india significa la existencia transmigratoria, el mundo del *saṃsāra*.

kāmakrodhalobhamohamadamātsaryagocare /
buddhiṃ nistimitāṃ kṛtvā tattattvam avaśiṣyate / / 99 / /

99. Si se mantiene una atención inalterada [incluso] en medio del deseo, la ira, la avidez, la ofuscación, la arrogancia o la envidia, lo que al final prevalece es la verdadera naturaleza de estos [estados].

Bhairava enseña ahora a usar las emociones negativas, por ejemplo la ira o la envidia, como medios de transformación. Apenas surge cualquiera de estas emociones, el adepto debe ejercitar un desapego contemplativo. Este va más allá del simple desdén, la condena o la evasión; no se reduce, como apunta Bäumer, a un estoicismo ramplón. Se trata de algo más complejo: volcar la atención sobre todos esos sentimientos y observarlos fijamente sin juzgarlos, con un enfoque «inalterado» (*nistimita*). De este modo, estos no arrastran al intelecto con él, pero tampoco pierde este la oportunidad de apreciarlos en su naturaleza más íntima, como lo que son en realidad (*tattva*): expresiones de la energía creadora de dios. Así, lo que ahora «prevalece» o «impera» (*avaśiṣyate*) es precisamente esta certeza.

indrajālamayaṃ viśvaṃ vyastaṃ vā citrakarmavat /
bhramad vā dhyāyataḥ sarvaṃ paśyataś ca sukhodgamaḥ / / 100 / /

100. Quien contempla y ve el cosmos entero como si fuera un espejismo, una colorida pintura o una vorágine, experimenta una intensa alegría.

La estrofa continúa la exploración de la insustancialidad del mundo, su aspecto irreal o ilusorio, y en ese contexto ofrece tres ejemplos paradigmáticos. Al parecer, la instrucción presupone dos niveles de atención: primero, el contemplativo (*dhyāna*), por el que el adepto induce con su imaginación la irrealidad del cosmos, y enseguida la realización de esa posibilidad a ojos abiertos, con la mirada puesta directamente sobre las cosas.

«Espejismo» o, literalmente, la 'red de Indra' (*indrajāla*), una noción que evoca el talento del dios védico para hacer embrujos y lanzar hechizos. La palabra *bhrama* califica en general la existencia a través del *saṃsāra* y entraña las acepciones básicas de «torbellino», por un lado, e «ilusión», «error», por el otro. Me parece que «vorágine» reúne bien ambos sentidos.

na cittaṃ nikṣiped duḥkhe na sukhe vā parikṣipet |
bhairavi jñāyatāṃ madhye kiṃ tattvam avaśiṣyate | | 101 | |

101. No fijes tu mente en el dolor, tampoco la vuelques al placer. Averigua en cambio, ¡oh, Bhairavī!, cuál es la realidad que yace en medio [de ambos estados].

La estrofa vuelve a la gran enseñanza del texto, la búsqueda y la instauración contemplativa del «intervalo» o «centro» (*madhya*) en cualquier circunstancia. Y tal vez no hay mejor contexto para ilustrar tal enseñanza que la emblemática oposición «dolor-placer» (*duḥkha-sukha*), la imagen perfecta del carácter transitorio y dual de la existencia ordinaria.

El tono personal e interrogativo añade dramatismo al mensaje y trae un descanso narrativo a la prolongada secuencia expositiva de las últimas estrofas.

vihāya nijadehāsthāṃ sarvatrāsmīti bhāvayan |
dṛḍhena manasā dṛṣṭyā nānyekṣiṇyā sukhī bhavet | | 102 | |

102. Tras abandonar la deferencia hacia su cuerpo, con una mente resuelta y la mirada puesta en nada más [el yogui] debe concebir: «Soy omnipresente». [Entonces] sobreviene la felicidad.

Esta estrofa y la siguiente llaman la atención del adepto respecto a su naturaleza omnipresente. En este caso, el ejercicio comprende dos momentos simultáneos. Por un lado, la adopción de una actitud de indiferencia respecto al cuerpo y, por el otro, el cultivo de un enfoque mental y visual que expande el sentido de identidad hacia todas las cosas. El primer momento podría remitir al espíritu ascético de tradiciones como el Vedānta o, en el contexto del propio *Vijñānanbhairava*, a la enseñanza de la estrofa 97, que parece exigir una renuncia completa a la corporalidad basándose en una oposición entre esta y la conciencia divina. Śivopādhyāya deja claro que es justo lo contrario, que el ejercicio apunta en realidad a una afirmación de la diversidad, y por lo tanto de la corporalidad. A lo que el adepto debe renunciar es únicamente a su identificación individualizada con el cuerpo, al hábito de pensarse solo como *este* cuerpo, un hábito con una fuerte dosis de aprensión tal como sugiere el término sánscrito *āsthā*, aquí traducido como 'deferencia'. En el más puro espíritu del Tantra, esta renuncia descansa en realidad en una apuesta incluyente. Como explica Joo, la implicación final del llamamiento a dar la espalda al cuerpo es la afirmación de una omnipresencia encarnada, el entendimiento de que yo soy todos los cuerpos,

ghaṭādau yac ca vijñānam icchādyaṃ vā mamāntare |
naiva sarvagataṃ jātaṃ bhāvayan iti sarvagaḥ | | 103 | |

103. «El conocimiento de [objetos externos como] jarrones, etcétera, o también la voluntad y demás [facultades], no se hallan únicamente en mí; [en realidad] son omnipresentes». Quien esto concibe, él mismo deviene omnipresente.

Sintácticamente, esta es sin duda una de las estrofas más problemáticas del texto. De hecho, Śivopādhyāya reconoce que admite varias lecturas, entre ellas una muy distinta a la aquí ofrecida: «El conocimiento de [objetos externos como] jarrones, etcétera, o también la voluntad y demás [facultades] que se hallan en mí y se manifiestan constantemente, [en realidad] no existen. Quien esto concibe, él mismo deviene omnipresente». De acuerdo con esta lectura, el texto no predicaría la omnipresencia de facultades como el conocimiento y la voluntad –la lectura que el propio Śivopādhyāya favorece y a la que se suman todas las traducciones modernas, incluida la presente–; se trataría en cambio de una negación categórica, según la cual la experiencia de plenitud sería el resultado de vaciar primero las facultades intelectiva y volitiva de cualquier contenido positivo.

Empero, incluso el consenso en el sentido de que la estrofa proclama la presencia de tales facultades en cualquier objeto, incluidos los objetos inertes, presenta importantes divergencias, también por razones sintácticas. Entonces, Joo, Singh, Silburn y Bäumer no conectan la palabra «jarrón» (*ghaṭa*), el prototipo sánscrito de cualquier objeto externo, con la «facultad intelectiva» (*vijñāna*), sino que la toman como un ejemplo concreto de la omnipresencia de todas las facultades enunciadas. En su opinión, por lo tanto, el texto afirmaría algo así: «El conocimiento o también la voluntad y demás [facultades] no se hallan únicamente en mí, sino asimismo en [objetos externos como] jarrones, etcétera». Se trata, pues, de una lectura abiertamente panteísta que se hace eco de la posición de autores como Somānanda, no casualmente citado por Śivopādhyāya, según la cual, desde la perspectiva de la conciencia suprema, incluso los objetos burdos son pensantes y sintientes.

Por su parte, la versión de Sironi y la mía propia se ciñen a la alternativa moderada que toma la palabra «jarrón» como locus únicamente de la facultad intelectiva. Cabe decir que el propio Śivopādhyāya y, basándose en él, Dvivedī, aceptan esta opción como una lectura válida.

En todo caso, la implicación final de la lectura moderada es la misma que la de la lectura declaradamente panteísta. En última instancia, ambas ponen en entredicho el monopolio antropológico sobre las capacidades para conocer, desear, actuar, etcétera, y a cambio nos devuelven una imagen más universal. Ahora bien, aun cuando la afirmación de la omnipresencia de los poderes de conocimiento, acción, etcétera, demanda una relativización de las prerrogativas humanas sobre dichos poderes, al mismo tiempo oculta una experiencia de plenitud. Contemplar tales poderes en su universalidad, esto es, en su divinidad, incluso respecto a objetos que nos parecen inertes o burdos, tiene el efecto paradójico de inducir una identificación expansiva, una experiencia de comunión con todas las cosas. A través de su esfuerzo contemplativo, el yogui transforma la experiencia de descentramiento en una de omnipresencia.

grāhyagrāhakasaṃvittiḥ sāmānyā sarvadehinām I
yogināṃ tu viśeṣo'sti sambandhe sāvadhānatā I I 104 I I

104. Tomar conciencia del objeto o el sujeto es lo que caracteriza a todas las criaturas; en cambio, lo que distingue a los yoguis es su total atención al nexo [entre ambos].

La estrofa ofrece una nueva formulación de la obsesiva búsqueda e instauración contemplativa del centro o el espacio intermedio. La novedad proviene del discurso epistemológico que aquí enmarca dicha búsqueda. En particular, el enfoque está en la oposición sujeto-objeto, un tema muy recurrente en esta tradición. Entonces, mientras que de manera ordinaria la conciencia transita del sujeto al objeto y viceversa, sin percatarse del intervalo entre ambos, es decir, dando por hecho y reafirmando con cada acto cognitivo la dicotomía, los yoguis reconfiguran la actividad de la conciencia como un flujo continuo que acoge la subjetividad y la objetividad como dos aspectos de una misma realidad. Es hacia este «nexo», «vínculo» o «relación» (*sambandha*) hacia donde los yoguis llevan su «atención» (*avadhānā*).

svavad anyaśarīre'pi saṃvittim anubhāvayet |
apekṣāṃ svaśarīrasya tyaktvā vyāpi dinair bhavet || 105 ||

105. Quien concibe la conciencia incluso en otros cuerpos tal como [la concibe] en el suyo propio, al trascender [de este modo] la dependencia a su propio cuerpo, en poco tiempo deviene omnipresente.

El ejercicio retoma la enseñanza de estrofas previas en torno a la «conciencia» (*saṃvit, cit*) como el sustrato último de la corporalidad y, en esa medida, como el medio para desarrollar una visión más universal del cuerpo (véase por ejemplo la estrofa 98). Al reconocer la conciencia en otros cuerpos, de algún modo el adepto siente esos cuerpos como suyos y, por lo tanto, se aparta de la visión limitada, esto es, individualizada corporalmente, de sí mismo. El ejercicio presupone, pues, una dimensión afectiva, de simpatía con el resto de las criaturas, como lo sugiere la forma verbal *bhāvay-* más el prefijo *anu-*, concebir con empatía, sentir. Así pues, el adepto logra trascender la idea de que la conciencia de algún modo habita *dentro* de su cuerpo y de esta manera trasciende también la tendencia a considerar ambas, la conciencia y la corporalidad, como atributos personales. Ahora, conciencia y corporalidad son visualizadas, sentidas, como atributos de la divinidad.

nirādhāraṃ manaḥ kṛtvā vikalpān na vikalpayet |
tadātmaparamātmatve bhairavo mṛgalocane || 106 ||

106. Tras liberar la mente de cualquier soporte, [el yogui] debe abstenerse de formar representaciones mentales. De este modo, cuando el ser [individual] se identifica con el ser supremo, ¡oh, diosa con mirada de gacela!, Bhairava [resplandece].

La estrofa recupera varias nociones previas, en particular la ausencia de soportes (*ādhāra*) y representaciones (*vikalpa*) como el sello distintivo de la apropiación yóguica de la vida mental, y, como consecuencia, de la proximidad entre el alma individual y la esencia divina. Al respecto, nótese de nuevo el tono incluyente de la proclamación de Bhairava como la realidad que prevalece en la confluencia de los ámbitos inferior y superior. Bhairava destella en ambos.

sarvajñaḥ sarvakartā ca vyāpakaḥ parameśvaraḥ |
sa evāhaṃ śaivadharmā iti dārḍhyād bhavec chivaḥ || 107 ||

107. «El Señor supremo es omnisciente, todopoderoso y omnímodo. Yo poseo los atributos de Śiva. [Entonces,] definitivamente yo soy él». Quien esto [concibe] con determinación, en Śiva se convierte.

Concuerdo con Joo, seguido a su vez por Singh y Bäumer, en que la estrofa describe una progresión contemplativa. El adepto contempla primero los atributos de dios y luego se los atribuye a sí mismo; de este par de premisas deriva finalmente una identidad entre Śiva y él.

La fórmula que expresa la conclusión de esta especie de razonamiento lógico, aquí aplicado de manera imaginativa con fines yóguicos, a saber, *sa evāham,* «yo soy él», claramente recuerda tanto a la célebre sentencia védica, *so'ham*, «yo soy él», como a la variante *śaiva*, *śivo'ham*, «yo soy Śiva». Hay, además, un juego de palabras que conecta el argumento con el fruto de la contemplación: si poseo atributos *śaiva*, entonces soy Śiva.

El ejercicio suscribe así aquello de que uno se convierte en lo que piensa, un *dictum* muy antiguo en la India, aquí exacerbado por la doctrina de una deidad que concibe o proyecta dentro de sí misma el mundo de la diferencia. La eficiencia de la *bhāvanā* de Śiva para devenir un sujeto limitado respalda el esfuerzo del yogui para devenir, a través de su *bhāvanā*, Śiva. En un sentido más específico, sobre todo en el contexto del desarrollo posterior del sistema Trika, la estrofa evoca la doctrina de las tres «impurezas» (*mala*) que impiden al adepto reconocer su identidad con Śiva y que, por lo tanto, debe purgar: el sentido limitado de acción (*kārmamala*), el sentimiento de separación entre el individuo y el resto de la creación (*māyīyamala*), explorado constantemente en el texto con el fin de revertirlo, y el sentimiento de pequeñez o insignificancia respecto a la propia divinidad (*āṇavamala*), la falsa convicción de que *yo no soy él*. De estas, la más difícil de eliminar, en virtud de su extrema sutileza, es precisamente *āṇavamala*.

jalasyevormayo vahner jvālābhaṅgyaḥ prabhā raveḥ |
mamaiva bhairavasyaitā viśvabhaṅgyo vibheditāḥ | | 108 | |

108. Tal como del agua [surgen] olas, del fuego ondulantes llamas, del sol luminosos rayos, [asimismo] de mí y de nadie más, de Bhairava, [surge] el oleaje diferenciado del cosmos.

El texto aplica ahora en clave cósmico-emanativa la lógica de las dos estrofas previas, esto es, la lógica que le permite al individuo restituir su identidad con Śiva-Bhairava. Si yo soy él y si de él surge el universo, entonces, en cierto sentido, ese mismo universo también surge de mí. La estrofa articula esta nueva faceta de la identidad con un giro retórico por el que ambos, el individuo y Bhairava, figuran sucesivamente como la causa del despliegue cósmico: «de mí, de Bhairava».

La traducción más o menos literal «el oleaje diferenciado del cosmos» (*viśvabhaṅgyo vibheditāḥ*) podría plantearse en un tono más literario como «la pluralidad ondulante del cosmos». La expresión subraya no solo la naturaleza plural y diferenciada del mundo manifiesto; a través de la metáfora del oleaje hay asimismo un énfasis en su naturaleza cambiante, transitoria, y por lo tanto, en última instancia, finita. Śivopādhyāya observa, con razón, que la imagen alude al *saṃsāra*, el ciclo de vida y muerte.

Sin embargo, el tono no es negativo ni excluyente. Poner en la realidad absoluta de dios el origen del *saṃsāra* e ilustrar ese lazo con una imagen positiva como la del oleaje marino sintetiza el alcance que la defensa de un monismo incluyente y dinámico tiene en esta tradición y que la separa de otras escuelas. Ni la diferencia ni el cambio ni la finitud menoscaban la apreciación del absoluto como la fuente de todo cuanto existe. Por el contrario, afirmar que el cosmos surge de la divinidad apunta a la realización más alta.

bhrāntvā bhrāntvā śarīreṇa tvaritaṃ bhuvi pātanāt |
kṣobhaśaktivirāmeṇa parā sañjāyate daśā | | 109 | |

109. Si se hace girar el cuerpo sin cesar hasta caer bruscamente al suelo, entonces, una vez que cede la energía perturbada, emerge la condición suprema.

Con el fin de perturbar la energía y mediante esta «agitación» (*kṣobha*) inducir la presencia de la divinidad, el ejercicio prescribe la estrategia elemental de girar hasta caer mareado y perder noción de todo lo demás. Como mencioné a propósito de la estrofa 68, la palabra *kṣobha,* 'agitación', 'perturbación', tiene un sentido técnico en esta tradición. Desde una perspectiva evolutiva, describe el dinamismo de la conciencia, su efervescencia inherente. Desde una perspectiva involutiva, describe cualquier vivencia, actividad o sentimiento que altera la aparente estabilidad de las cosas, de modo que, cultivada o incitada yóguicamente, como aquí, puede servir como una vía para reconectar al individuo con la gran corriente de energía divina, con la Śakti de Śiva, aquí aludida con el término cifrado *daśā*, 'condición', 'estación', sinónimo de *avasthā* (véase las estrofas 15, 22-23, 71, 74).

En este caso, para alcanzar tal «condición» el adepto debe fijar su atención en el estado de aturdimiento, y en particular en cómo la agitación, una vez que comienza a ceder, da pie a una profunda sensación de paz asociada con el repliegue momentáneo de la actividad mental ordinaria. La sensación es poderosa y absorbente precisamente porque se llega a ella llevando el cuerpo al límite, sometiéndolo primero a una perturbación extrema. Es como un vacío que de pronto se abre en medio de la turbulencia y devora nuestro tren habitual de pensamiento.

Por otro lado, de acuerdo con el análisis que Śivopādhyāya hace de la raíz verbal *bhram-*, la estrofa podría referirse al acto de «errar» o «deambular» durante un periodo prolongado, durante «días y noches» (*aharniśam*), hasta alcanzar un estado de agotamiento físico y mental extremo, materializado por el súbito desplome corporal.

ādhāreṣv athavāśaktyājñānāc cittalayena vā |
jātaśaktisamāveśakṣobhānte bhairavaṃ vapuḥ | | 110 | |

110. Del mismo modo, cuando la mente se paraliza debido a incapacidad o ignorancia para [entender] algo, una vez que cede la perturbación causada por la energía envolvente, Bhairava [se manifiesta] en todo su esplendor.

La estrofa amplía la enseñanza previa con una experiencia de «agitación» o «perturbación» (*kṣobha*) no inducida de forma deliberada, sino provocada por una circunstancia imprevista. En este caso, se trata al parecer de la experiencia de hartazgo mental, ya sea por «impotencia» (*aśakti*) o por «ignorancia» (*ajñāna*) para entender algo, o, literalmente, al quedarse uno sin «soportes», sin «fundamentos» (*ādhāra*). Ni Śivopādhyāya ni Ānandabhaṭṭa ofrecen detalles al respecto. Joo refiere, a manera de ejemplo, la experiencia de no tener palabras para describir algo, o el deseo de tener una vivencia por completo fuera de nuestro alcance, o la incapacidad para resolver un problema sobre el que se ha meditado durante mucho tiempo. En todas estas situaciones hay un impulso que por alguna razón se ve impedido. Ese impulso puede representarse como una manifestación de energía. En el afán de alcanzar su objetivo, el sujeto se «sumerge» (*samāveśa*) en esa energía pero sin éxito. Llevados al extremo, la frustración y el cansancio mental pueden, paradójicamente, estimular una experiencia de desasimiento. Al sentir que no hay salida, que se ha tocado fondo, el individuo tiene ante sí una oportunidad única para trascender la actividad mental y acceder a un entendimiento superior, aquí asociado con la súbita presencia de Bhairava. Para ello es necesario, sin embargo, percibir yóguicamente, esto es, instaurar contemplativamente, el elusivo instante de calma en medio del hartazgo y la parálisis.

En suma, mientras que la estrofa anterior explora la experiencia de agotamiento físico según las fases de agitación y calma, la presente hace lo propio con la experiencia de agotamiento mental.

sampradāyam imaṃ devi śṛṇu samyag vadāmy aham |
kaivalyaṃ jāyate sadyo netrayoḥ stabdhamātrayoḥ || 111 ||

111. Escucha, ¡oh, diosa!, esta enseñanza tradicional que te revelaré íntegramente: el estado de solitud puede alcanzarse sin más con solo mantener la mirada fija.

La estrofa introduce un cambio en el tono narrativo que aligera la monotonía expositiva de los ejercicios anteriores. El término *sampradāya,* aquí traducido como 'enseñanza tradicional', remite a las nociones de autoridad y canon, pero también a la de secrecía. Sugiere, pues, una transmisión de saber legitimada en un linaje y en una iniciación. El tema de esta revelación canónica no es nuevo, pues el texto lo evoca varias veces: una mirada fija, que no parpadea. La novedad radica en presentarlo de manera explícita y por sí solo como una vía de acceso a la divinidad. De acuerdo con Kṣemarāja, quien cita la estrofa en su comentario al *Svacchandatantra* (*ad* 4.453), el arte de mantener la mirada fija correspondería al arte de mirar el mundo exterior sin perder la atención del interior, y, en ese sentido, como señalan Silburn, Dvivedī, Singh y Bäumer, la estrofa tendría un vínculo directo con la práctica de *bhairavīmudrā* (véase la estrofa 76).

También novedoso, al menos desde una perspectiva léxica, es el fruto prometido: *kaivalya,* el estado de solitud o aislamiento preconizado más comúnmente por tradiciones ascéticas como el jainismo y el Vedānta, así como por la filosofía Sāṅkhya y el yoga clásico. Su uso aquí debe entenderse, por lo tanto, de un modo distinto, a la luz de las propias premisas del texto, es decir, en clave tántrica. Por ejemplo, como señala Sironi, en conexión con la absoluta autonomía (*svātantrya*) del yogui consumado.

[saṅkocaṃ karṇayoḥ kṛtvā hy adhodvāre tathaiva ca /
anackam ahalaṃ dhyāyan viśed brahma sanātanam / / 111 bis / /][182]

[111 bis. Si se tapan ambos oídos y también la puerta inferior, y se contempla el sonido sin vocales ni consonantes, se alcanza el *brahman* eterno].

La «puerta inferior» (*adhodvāra*), según explica Śivopādhyāya, es el nombre esotérico del orificio anal. La instrucción de «cerrar» o «contraer» (*saṅkoca*) el ano remite a una postura yóguica por la que el adepto debe ejercer presión en esa zona con el talón. Dicha contracción haría más palpable o contribuiría a realzar el murmullo interior que cualquiera puede experimentar al taparse los oídos. Por sus propias características, ese murmullo es aquí asociado simbólicamente con el «sonido primordial» (*nāda*), el sonido «jamás tañido» (*anāhata*), por definición inaudible para el oído físico, como lo establece la

182. Ā no incluye esta estrofa. Aun cuando esta omisión permite un mejor cómputo de los 112 ejercicios contemplativos que, de acuerdo con el propio Bhairava, contiene el texto (véase antes notas 169 y 181), su presencia, por el otro lado, en K-Ś viene respaldada por el testimonio de Vāmanadatta, autor de principios del siglo x, quien la cita en su *Dvayasampattivārttika* con la siguiente variante (digna de atención) en el segundo verso: *anackām hakalām dhyāyan viśed brahmabilam kṣaṇāt* («… y se contempla el fonema H sin vocales, al instante se alcanza la cavidad de *brahman*»). Así pues, como se hizo antes con la estrofa 82 bis, la presente estrofa se incluye aquí entre corchetes y seguida del adverbio numeral «bis» con el fin de destacar su problemático estatus, pero sin afectar la secuencia numérica que mejor conviene al hilo narrativo del texto. Una estrategia alternativa, pero en mi opinión sin sustento, es la que sigue Sironi, quien la incluye, pero, sin una explicación de por medio, la integra a la estrofa anterior, de modo que juntas conformen una sola enseñanza.

precisión de que carece de vocales (*anacka*) y consonantes (*ahala*), es decir, se produce al margen de una representación lingüística o sonora en sentido estricto. Las razones de por qué contemplar este murmullo interior conduce al absoluto han de hallarse, por lo tanto, en el significado que las propias nociones de *anāhata y anacka* poseen dentro de la tradición (véanse las estrofas 4, 11 y 38).

kūpādike mahāgarte sthitvopari nirīkṣaṇāt /
avikalpamateḥ samyak sadyaś cittalayaḥ sphuṭam / / 112 / /

112. Si uno se coloca de pie al borde de un pozo o cualquier otra cavidad profunda, y fija [ahí] la mirada, libre de representaciones, sin más la mente se disuelve por completo.

Para el yogui, el vértigo que produce estar de pie a la orilla de un precipicio es también una ocasión para trascender la condición limitada. Para ello debe resistir o prolongar contemplativamente el efecto paralizante que el vértigo tiene sobre la actividad de la mente. Así, al fijar la atención en una oquedad escarpada, el yogui consigue vaciar sus contenidos mentales hasta el extremo de la «disolución» (*laya*). Nótese cuán apropiada resulta la imagen de un «pozo» (*kūpa*), el equivalente topográfico de la vacuidad vertical asociada con la *suṣumnā*, el canal central en el cuerpo sutil.

yatra yatra mano yāti bāhye vābhyantare'pi vā /
tatra tatra śivāvasthā vyāpakatvāt kva yāsyati / / 113 / /

113. Adonde sea que la mente vague, ya sea fuera o también dentro, ahí está la condición de Śiva. ¿Y adónde más podría ir si [Śiva] lo colma todo?

Más que una instrucción concreta, la estrofa ofrece una declaración de principios que sirve como marco a prácticamente todas las *bhāvanās* del texto. Al dirigirse a cualquier forma exterior o también al aprehender un objeto interior, por ejemplo un sentimiento o un recuerdo, la mente se tropieza siempre con la «condición de Śiva» (*śivāvasthā*), con su potencia, por definición omnipresente. Así pues, cualquier relación de objetividad presupone para la mente una relación con Śiva. Este postulado doctrinal subyace a la afanosa búsqueda de transformación contemplativa que enseña el texto: si la energía divina es omnipresente, entonces en cualquier forma de actividad mental se asoma el posible retorno a la fuente, la experiencia de expansión, reconocimiento y reposo.

yatra yatrākṣamārgeṇa caitanyaṃ vyajyate vibhoḥ |
tasya tanmātradharmitvāc cillayād bharitātmatā || 114 ||

114. Donde sea que la conciencia divina se manifieste por el sendero de los sentidos, puesto que estos tienen como atributo la conciencia, al disolverse en esta [se manifiesta también] la condición de plenitud.

La estrofa amplía la reflexión anterior y con ese fin describe el mecanismo perceptual-cognitivo desde la perspectiva de la omnipresencia de la conciencia divina o, literalmente, la conciencia de Vibhu, epíteto de Śiva-Bhairava que subraya precisamente su aspecto inmanente. Así pues, pese a su aparente cotidianidad y aun trivialidad, la actividad de los sentidos descansa en la propia actividad de la conciencia, y en esa línea cada acto perceptual puede entenderse como una manifestación de la potencia divina. No solo eso. Puesto que manifestación y fuente comparten la misma «naturaleza» (*dharmitva*), es decir, puesto que en última instancia ambas son conciencia, entonces con cada manifestación particular de la conciencia en el nivel perceptual palpita también la posibilidad del movimiento inverso, de vuelta al dinamismo de la conciencia en cuanto tal. La clave está, de nuevo, en una atención concentrada en la «disolución» (*laya*) de aquello que fue primero manifestación. En ese instante crítico, el adepto puede invertir el flujo de conciencia hacia el exterior y usar el propio «sendero de los sentidos» (*akṣamārga*) para alcanzar la fuente, la «condición de plenitud» (*bharitātmatā*), otra expresión cifrada para referirse a la diosa misma (véanse las estrofas 15, 23, 71 y 145).

kṣutādyante bhaye śoke gahvare vā raṇād drute |
kutūhale kṣudhādyante brahmasattāmayī daśā || 115 ||

115. La condición esencial de *brahman* [se revela] al principio y al final de un estornudo, en el temor y en la tristeza, ante un precipicio, al huir de un campo de batalla, en medio de una intensa curiosidad, al sentir hambre y al saciarla.

A las dos estrofas previas, redactadas como una declaración de principios en torno a la omnipresencia de dios, debe sumarse, con fines ilustrativos, la presente. En varios sentidos, su contenido resume la apuesta doctrinal y práctica del texto completo. Ello es tangible no solo por el mensaje de que es posible dar un uso yóguico a prácticamente cualquier situación, sino además por la atención al momento inicial y final, o por el énfasis en ciertas emociones con un efecto paralizante, o, en el otro extremo, por la apropiación contemplativa de fenómenos tan cotidianos como sentir hambre o estornudar.

Con la expresión «al huir de un campo de batalla» (*raṇād drute*), el texto parece referirse a una experiencia límite de temor y angustia, cuando no queda otra alternativa, como decimos coloquialmente, que correr para salvar la vida.

Como dije a propósito de la estrofa 109, el término *daśā*, 'condición', es sinónimo de *avasthā*, usado con más frecuencia en el texto. Ambos designan, de manera codificada, a Śakti, el umbral que conduce a la esencia divina.

vastuṣu smaryamāṇeṣu dṛṣṭe deśe manas tyajet |
svaśarīraṃ nirādhāraṃ kṛtvā prasarati prabhuḥ || 116 ||

116. Cuando sobreviene el recuerdo de situaciones [pasadas], debe fijarse la atención en la escena percibida; de este modo, al quedarse el cuerpo sin soportes, el Señor se manifiesta.

Como explica Śivopādhyāya, con «abandonar» (*tyaj-*) la mente la estrofa no se refiere a prescindir de ella, sino a «proyectarla» (*prakṣip-*), a «fijar la atención» en algo. En ello coinciden todas las traducciones modernas. Empero, el consenso no impide que haya discrepancias interpretativas respecto al contexto y el blanco de este acto de «abandono mental». Por un lado, el texto habla del recuerdo de «situaciones» o «cosas» (*vastu*), término que el propio Śivopādhyāya interpreta como «experiencias pasadas» (*pūrvakānubhava*); por el otro, habla de la visión de un «ámbito» o «espacio» (*deśa*), aquí traducido como 'escena'. Ambas posibilidades están expresadas en locativo y, por lo tanto, en términos gramaticales, las divergencias tienen que ver en parte con cuál de estos dos locativos es el locus propiamente del acto de fijar la mente y cuál cumple una función absoluta, equivalente a una oración subordinada, en este caso de circunstancia. ¿Mientras se contempla cierto lugar, surgen los recuerdos a los que debe abandonarse el adepto (Silburn); o bien, mientras se tienen ciertos recuerdos, el adepto debe fijar su atención en un único sitio (Joo, Sironi)? ¿O se trata simplemente, como interpreta Bäumer, de dos tipos de objetos –cosas y lugares– en los que de manera alternativa puede concentrarse el adepto?

Próxima en este caso a la lectura de Joo y Sironi, y en última instancia a la glosa de Ānantabhaṭṭa, mi traducción asume que el ejercicio instruye al adepto para que se apropie contemplativamente de un suceso tan cotidiano y casi espontáneo como el recuerdo (*smaraṇa*). Cuando los recuerdos sobrevienen, en vez de dejarse arrastrar por su naturaleza espontánea y fugaz, el adepto debe percibirlos con una intención yóguica, de manera consciente. De este modo, convierte la memoria en una facultad similar a *bhāvanā*, es decir, capaz de instaurar la presencia de la deidad. En el caso del recuerdo, esa capacidad consistiría en recrear vívidamente una experiencia pasada como si esta fuera presente y, en ese mismo acto, desplazar el presente ordinario o inmediato. A este desplazamiento se refiere al parecer la estrofa cuando afirma que el cuerpo se «queda sin soportes» (*nirādhāra*), la misma condición antes predicada de la mente (estrofas 79, 89, 90 y 106). La realidad percibida en el recuerdo (internamente) carece de la burda consistencia de la realidad percibida en el presente (externamente), y en esa medida, libre de las demandas del aquí y el ahora, puede inducir una sensación de liviandad o desasimiento corporal con un efecto inmediato en las aspiraciones espirituales del yogui: «el Señor se manifiesta».

kvacid vastuni vinyasya śanair dṛṣṭim nivartayet |
taj jñānaṃ cittasahitaṃ devi śūnyālayo bhavet | | 117 | |

117. Tras posar su mirada en un objeto cualquiera, lentamente [el yogui] debe retirar la atención junto con cualquier pensamiento [ulterior]; [de este modo,] ¡oh, diosa!, se convierte en un templo vacío.

El ejercicio recoge la enseñanza de estrofas previas, por ejemplo la secuencia de la 58 a la 61, centrada también en una apropiación yóguica del impulso natural de los sentidos, en especial la vista, hacia los objetos externos. Aquí se proponen dos niveles sucesivos de recogimiento: primero, el adepto debe retirar la atención o, en un sentido más literal, renunciar al acto mismo de «conocer» (*jñāna*) el objeto. A esta renuncia sigue, por implicación, la del efecto que ese encuentro perceptual habría tenido sobre la «mente» (*citta*), es decir, las distintas «impresiones» (*vāsanā, vikalpa*) que necesariamente genera la aprehensión perceptual de un objeto. Por el contexto, la imagen de un «templo vacío», o literalmente de un «receptáculo vacío» (*śūnyālaya*), remite al estado libre de representaciones mentales (*nirvikalpa*).

bhaktyudrekād viraktasya yādṛśī jāyate matiḥ |
sā śaktiḥ śāṅkarī nityaṃ bhāvayet tāṃ tataḥ śivaḥ | | *118* | |

118. La conciencia que desarrolla quien se libera del apego gracias a una intensa devoción es la potencia misma de Śiva. Si se la concibe de manera ininterrumpida, entonces Śiva [se revela].

Esta es la única estrofa en todo el texto que de manera explícita otorga un valor a la «devoción» (*bhakti*). Ello no debe tomarse, sin embargo, como indicio de desaire o desinterés dentro de la tradición que subyace al *Vijñānabhairava*. Varios testimonios textuales indican lo contrario. Basta recordar la profusa pero poco estudiada producción de himnos y plegarias (*stotra*) que se desarrolló en Cachemira durante este mismo periodo. Además, aunque tal vez menos dominante desde una perspectiva doctrinal, la *bhakti* es un ingrediente implícito de la liturgia tántrica, con mayor razón cuando esta descansa sobre un fundamento teísta (a diferencia de tradiciones religiosas con inclinaciones más impersonales o abiertamente ateas). Por último, una importante dosis de amor a dios necesariamente subyace a cada una de las técnicas contemplativas que dan identidad a los cultos tántricos, incluso si se trata tan solo de una expresión de convencimiento.

En este ejercicio, la alusión a *bhakti* se entrecruza con una actitud, en apariencia opuesta, de «desapego» o «indiferencia» (*virakta*). En realidad, ambas situaciones se nutren mutuamente. Gracias a su intenso amor a dios, el devoto desarrolla una aversión hacia otro tipo de aficiones y afectos. Así, la energía que de otro modo se dispersaría queda concentrada en un único objeto, la propia deidad. Y viceversa, quien menos apegos tiene está en mejores condiciones de amar a dios. El entrecruce de estos dos elementos sugiere, además, que el verdadero amor a dios es de una índole por completo distinta a cualquier otra forma de afecto. Ahí no intervienen ni el temor ni la necesidad.

En parte, esto explica que de una devoción desinteresada pueda surgir, como establece el ejercicio, un tipo especial de «estado mental» o «conciencia» (*mati*). Esta conciencia puede entenderse, de hecho, como una gracia, pues es idéntica a la propia potencia divina (*śakti*). En suma, el verdadero amor a dios es una manifestación privilegiada, por su grado de pureza, de la divinidad. De ahí, pues, el llamamiento a recrear imaginativamente, a abrazar yóguicamente, el estado de conciencia que define al auténtico devoto.

vastvantare vedyamāne śanair vastuṣu śūnyatā /
tām eva manasā dhyātvā vidito'pi praśāmyati / / 119 / /

119. Al percibir un nuevo objeto, lentamente la vacuidad [se extiende] sobre los objetos [percibidos con antelación]. Quien contempla dicha vacuidad, incluso mientras percibe [el objeto], experimenta paz.

El texto retoma el tema de la transición de un acto perceptual a otro (véanse antes las estrofas 58-61, 117), ese elusivo intersticio que de ordinario pasamos por alto. En particular, el ejercicio nos recuerda que en cada acto perceptual intervienen luz (respecto al objeto percibido) y oscuridad (respecto a los objetos que ya no percibo). El adverbio «lentamente» (*śanaiḥ*) acentúa la idea de una transición gradual entre percepciones, sin límites claros o definitivos. Llevar la atención a un objeto supone necesariamente perder de vista otros objetos; percibir algo necesariamente es dejar de percibir otra cosa. Por lo tanto, en cada acto perceptual medra la «vacuidad» (*śūnyatā*). El yogui entrena su percepción con el fin de prolongar el intervalo entre dos percepciones y ahí aprehender dicha vacuidad. Incluso cuando prevalece la percepción de un nuevo objeto, el yogui puede recrear contemplativamente la vacuidad que deja tras de sí y que en última instancia subyace como condición de posibilidad para cualquier acto cognitivo. El fruto del ejercicio es una experiencia de paz, con una evidente connotación de disolución o absorción, acepciones que el léxico sánscrito reconoce para la raíz *śam-*. Śivopādhyāya glosa «adquirir la naturaleza del pacífico *brahman*» (*śāntabrahmasvarūpo bhavati*).

kiñcijjñair yā ***smṛtāśuddhiḥ sā śuddhiḥ***[183] *śambhudarśane* |
na śucir hy aśucis tasmān nirvikalpaḥ sukhī bhavet | | *120* | |

120. Lo que los hombres de conocimiento limitado prescriben como impuro es, desde la perspectiva *śaiva*, puro. De hecho, no hay pureza ni impureza. Así, libre de representaciones mentales, [el yogui] experimenta alegría.

183. Sigo la enmienda propuesta por R. Torella –atestiguada en algunos manuscritos– en «Purity and Impurity in Nondualistic Śaiva Tantrism», pág. 4. En Ā se lee *smṛtā śuddhiḥ sā śuddhiḥ*, «lo puro es puro», sin duda una errata. Por su parte, K-Ś y la edición de Dvivedī leen *smṛtā śuddhiḥ sāśuddhiḥ*, «lo puro es impuro», pero esto no refleja a cabalidad el espíritu tántrico del texto, es decir, la tendencia a poner primero en entredicho la categoría de impuro y, finalmente, como aquí, la oposición puro-impuro.

El texto toca aquí un tema central para la identidad de la religión tántrica, sobre todo frente a los postulados de la tradición brahmánica ortodoxa: la oposición «pureza-impureza» (*śuddhi-aśuddhi*). Desde la «perspectiva *śaiva*» (*śambhudarśana*), en este caso la perspectiva de la escuela Trika, esa oposición carece de todo fundamento. Pureza e impureza son después de todo representaciones mentales y, desde la perspectiva más alta, este solo hecho las descalifica como pautas doctrinales para entender la naturaleza divina. Además, en tanto meras determinaciones conceptuales, su valor depende de la dualidad y la diferencia, es decir, precisamente aquello que buscan trascender las técnicas contemplativas del *Vijñānabhairava*. ¿Pero quiénes podrían prescribir un modelo así? Por definición, solo aquellos que son de miras cortas, quienes poseen un «conocimiento limitado» (*kiñcijjña*). La glosa idéntica de Śivopādhyāya y Ānandabhaṭṭa es iluminadora: aquellos que (únicamente) «conocen las prescripciones ortodoxas» (*dharmaśāstrajña*), es decir, los paladines de la cosmovisión brahmánica. Bajo esta luz, el texto estaría acusando a la ortodoxia de propagar el dualismo y tal sería la razón última de la perspectiva *śaiva* para desmarcarse de los valores tradicionales e, indirectamente, definirse como una heterodoxia. En suma, lo heterodoxo consiste aquí sobre todo en defender una visión unitaria por encima incluso de la oposición puro-impuro.

sarvatra bhairavo bhāvaḥ sāmānyeṣv api gocaraḥ |
na ca tadvyatirekeṇa paro'stīty advayā gatiḥ | | 121 | |

121. «Bhairava está presente en todas partes, incluso entre la gente común. No hay otro además de él». He aquí la sabiduría sin par.

La estrofa ofrece una declaración de principios sobre la no dualidad (*advaya*) que remata la enseñanza anterior. El «alcance» (*gocara*) de Bhairava es compatible con la realidad entera, sin distinción de ningún tipo. Al respecto, la mención de que incluso la «generalidad» (*sāmānya*), lo que Śivopādhyāya interpreta como la «gente común» (*sāmānyajana*), está penetrada por la realidad divina, añade una connotación social a la puesta en entredicho de la oposición pureza-impureza.

samaḥ śatrau ca mitre ca samo mānāvamānayoḥ |
brahmaṇaḥ paripūrṇatvād iti jñātvā sukhī bhavet | | 122 | |

122. «Ecuánime ante el enemigo o el amigo, ante el honor o el deshonor, pues *brahman* colma todas las cosas». Con este entendimiento, [el yogui] experimenta alegría.

El ejercicio reitera los postulados de la no dualidad y la omnipresencia de la deidad ahora desde la perspectiva de la actitud personal que les corresponde. Tal actitud está contenida en la riqueza semántica del término *sama,* con sus connotaciones de ecuanimidad, equilibrio, armonía, paz. Es un estado de igualdad y constancia de ánimo, e imparcialidad de juicio, en particular frente a realidades contrarias u opuestas. El término está además asociado con la «naturaleza homogénea» (*samatā*) de la conciencia divina (véase la estrofa 63).

na dveṣaṃ bhāvayet kvāpi na rāgaṃ bhāvayet kvacit |
rāgadveṣavinirmuktau madhye brahma prasarpati || 123 ||

123. [El yogui] debe concebir no sentir aversión por nada; debe concebir no sentir apego por nada. Libre de apego y aversión, en el centro *brahman* se expande.

La estrofa ofrece otro ejemplo específico de la enseñanza previa sobre la ecuanimidad. Así instruye igualdad de ánimo respecto a la polaridad «odio-amor» (*dveśa-rāga*), una variante, tal vez con una carga más emotiva, de la polaridad básica «dolor-placer» (*duḥkha-sukha*). En este caso, el adepto recurre a su *bhāvanā* con fines restrictivos, es decir, no para concebir tal o cual condición idónea, sino directamente para restarle fuerza a la construcción habitual –según la dualidad aversión-apego– de la realidad. El yogui concibe que no siente ni odio ni afecto, cultiva esa posibilidad y la sostiene. Desde luego, lo que el ejercicio enseña no es una impasibilidad cruel e indiferente, o un estoicismo frío y desconsiderado. Se trata más bien de cultivar un equilibrio frente a la tendencia a rechazar o abrazar ciegamente las cosas, de una manera impulsiva y excluyente que pierde de vista el centro (*madhya*), ese punto intermedio que está libre de los contrarios y, por lo tanto, donde yace oculta la divinidad, aquí asociada de nuevo con *brahman*. Una vez que el yogui vuelve su atención ahí, *brahman* sale de su ocultamiento, 'se desliza', la traducción literal de *prasarpati*, o «se expande» (*vikasati*), como glosa Śivopādhyāya.

yad avedyaṃ yad agrāhyaṃ yac chūnyaṃ yad abhāvagam |
tat sarvaṃ bhairavaṃ bhāvyaṃ tadante bodhasambhavaḥ | | *124* | |

124. Lo que no puede conocerse, lo que es inaprensible, el vacío, el ámbito del no-ser: todo esto ha de concebirse como Bhairava. He aquí el principio de la sabiduría.

El ejercicio extiende la meditación en la omnipresencia no dual de la divinidad al ámbito de la ausencia. También ahí reside Bhairava. En este contexto vuelve al tema de la vacuidad, pero esta vez no lo hace a la par de los aspectos manifiestos (respiración, percepción, etcétera), sino directamente, en cuanto tal. El adepto debe, pues, instaurar imaginativamente el misterio en sí mismo, como aquello que escapa por completo a la razón (*avedya*) y los sentidos (*agrāhya*).

nitye nirāśraye śūnye vyāpake kalanojjhite |
bāhyākāśe manaḥ kṛtvā nirākāśaṃ samāviśet || 125 ||

125. Al fijar la atención en el espacio exterior –eterno, sin soportes, vacío, omnímodo, indeterminado–, se alcanza el espacio más allá [del espacio] (*nirākāśa*).

La realidad concreta que mejor retrata el significado de la palabra *ākāśa*, 'espacio abierto', 'éter', es, una vez más, un cielo abierto, el firmamento en su meridiana vastedad. A este remite implícitamente el presente ejercicio al instruir al adepto a fijar su atención en el *ākāśa* «externo» (*bāhya*). Como se sabe, *ākāśa* es sinónimo no solo dentro de la escuela Trika, sino en la tradición india en general, de indeterminación, vacuidad; es decir, es una noción con una carga negativa. Sorprende entonces que la estrofa proclame como meta una «fusión» (*samāveśa*) en *nirākāśa*, de suyo un término bastante inusual. Śivopādhyāya glosa el prefijo negativo *nir-* como «ir más allá» o «trascender *ākāśa*» (*ākāśāt niṣkrāntam*) y agrega que con ello el texto se refiere al «plano de la no vacuidad» (*aśūnyaṃ dhāma*), sin ofrecer más detalles. La duda surge: ¿trascender *ākāśa* significa negar también los atributos que de este se predican –eternidad, omnipresencia, etcétera–? ¿Y no equivaldría eso a una vuelta al mundo de lo transitorio y las diferencias? Claramente, esto va en contra de las enseñanzas del texto. Si es así, ¿cómo entender entonces este *nirākāśa*? Me parece que la clave está en la expectativa que comunica el propio calificativo «exterior». En efecto, uno esperaría un movimiento contemplativo del espacio exterior, epitomizado, de nuevo, en la imagen de un cielo despejado, a un *ākāśa* puramente interior, sin un referente concreto. Desde luego, por definición y con mayor razón aún, este último sería impensable al margen de los atributos de eternidad, vastedad, indeterminación, etcétera. Al respecto, es importante notar que, predicados del espacio exterior, tales atributos poseen en última instancia un significado contemplativo. Es el yogui quien reconfigura el firmamento, mientras lo contempla, como una realidad eterna, vacía, etcétera. Esta interpretación permitiría entender el llamamiento a alcanzar *nirākāśa* no al margen de dichos atributos, sino potenciándolos o actualizándolos yóguicamente más allá de cualquier referente exterior. De ahí, pues, mi traducción «el espacio más allá [del espacio]».

Por otra parte, esta lectura remite a (y en cierto sentido, por lo tanto, atrae el respaldo de) expresiones como el «vacío más allá del vacío» (*śūnyātiśūnya*), usada con relativa frecuencia en esta tradición, o a una noción tan cardinal como *anuttara,* cuya solitaria presencia en el *Vijñānabhairava* (estrofa 32), como mencioné, constituye un valioso precedente de camino a su articulación propiamente teológica en la obra de Abhinavagupta. De hecho, entre las 16 definiciones que Abhinavagupta ofrece de *anuttara* en su *Parātriṃśikāvivaraṇa* (pág. 195) se encuentra precisamente una basada en la redefinición apofática de *ākāśa: anuttara* es lo que está incluso más allá de *ākāśa.*

Interpretado a la luz de estas ideas, el término *nirākāśa* tendría entonces, desde una mirada retrospectiva, también una implicación apofática. A través de él, el ejercicio aquí buscaría introducir una especie de dinamismo negativo, de tal modo que la vacuidad misma no quede reducida a una categoría estable ni sea presa del impulso vertical, jerárquico, a hipostasiar.

yatra yatra mano yāti tat tat tenaiva tatkṣaṇam /
parityajyānavasthityā nistaraṅgas tato bhavet / / 126 / /

126. Donde sea que la mente se dirija, al instante [el yogui] debe renunciar a ese objeto sirviéndose de la propia mente,

que, al no hallar una estancia, finalmente va más allá de sus fluctuaciones.

La estrofa enseña a usar la mente contra ella misma. Al respecto son posibles al menos dos interpretaciones. En el primer caso se trataría de que el yogui siga de manera consciente el impulso natural de la mente a exteriorizarse y hacer una breve «estancia» (*avasthiti*) en su objeto antes de dirigirse a uno nuevo. En el momento en que la mente arriba a un lugar determinado, el yogui ejerce sobre ella una actitud de indiferencia y desapego que la incita a desplazarse a un nuevo destino. Así pues, el ejercicio no consistiría en forzar la mente a detenerse o impedir que se dirija a sus objetos. La actitud de renuncia cumpliría más bien una función motora que intensifica la actividad mental con el fin de vaciarla de contenidos. Al no tener ya adonde ir, ningún objeto que ocupar, precisamente porque se la hace ocupar de manera sucesiva un objeto tras otro, acaba por perder fuerza y, finalmente, experimentar reposo.

Por otro lado, el ejercicio puede entenderse simplemente como una búsqueda contemplativa del vacío que subyace a cada acto cognitivo. El yogui se abstiene de dejarse envolver por el objeto y se recoge en el vacío que crea su actitud de renuncia. En este caso, el esfuerzo no radica en dejar que la mente vague de una cosa a otra, sino en impedir ese movimiento al quitarle su fundamento.

En cualquier caso, el fruto es *nistaraṅga*, literalmente la cesación del 'oleaje' (*taraṅga*) mental, en alusión a su naturaleza fluctuante, oscilante. En un sentido positivo, el término puede interpretarse, por lo tanto, como «armonía», «homogeneidad», «reposo» (*samatā*).

bhayā sarvaṃ ravayati sarvado vyāpako'khile |
iti bhairavaśabdasya santatoccāraṇāc chivaḥ || 127 ||

127. La palabra *bhairava* [significa] 'aquel que con su luz hace resonar todas las cosas, el que todo lo concede, el que colma el universo entero'. Quien [con este entendimiento] la repite sin cesar alcanza a Śiva.

La estrofa instruye al adepto en la dimensión mántrica del nombre de la ḍeidad que preside sobre el texto y sobre esta tradición: el nombre divino Bhairava. La enseñanza se fundamenta en la aplicación del antiguo análisis semántico-hermenéutico conocido como *nirukti*, al que me referí con cierto detalle en el estudio preliminar y al que el texto recurrió asimismo para explicar el nombre de la diosa Bhairavī (estrofa 15).[184] En este caso, el análisis tiene su punto de partida en una sui géneris división silábica de la palabra: de un lado, la

184. Véase pág. 83 y ss.

sílaba *bhai* puede tomarse como tal, o a su vez descomponerse en las unidades *bhā* y *ai*, diptongo que simboliza a la deidad en su aspecto inmanente; del otro, las sílabas *ra* y *va* son tomadas ya sea por separado, o como un único segmento (*rava*). A cada una de estas posibilidades corresponde un valor semántico. Este se obtiene hermenéuticamente a partir de una afinidad fonética entre las unidades silábicas y diferentes raíces verbales. Entonces, la sílaba *bhai* remite a la raíz *bhī-* ('atemorizar', 'horrorizar'), en cuyo caso el significado sería «aquel que por medio del temor hace resonar todas las cosas...»; por otro lado, la sílaba *bhā* –la opción aquí seguida– remite a la raíz homónima *bhā-* ('brillar', 'iluminar'); por su parte, el segmento *rava* remite a la raíz *ru-* ('aullar', 'gritar'), la sílaba *ra* a la raíz *rā-* ('dar', 'conceder', 'otorgar'), y la sílaba *va* a la raíz *vā-* ('expandir', 'desplegar'). De este modo, en su propia constitución fonético-silábica la palabra *bhairava* evoca sentidos luminosos –con todas sus implicaciones epistemológicas–, sonoros, devocionales y cósmicos. Las tres definiciones de Bhairava que ofrece la estrofa ponen en escena esta compleja red de asociaciones; exhiben a manera casi de epítetos la riqueza semántica de la palabra y, por lo tanto, del objeto que esta designa, a saber, el propio dios Bhairava. En efecto, la meta última de este peculiar análisis semántico-hermenéutico es revelar la esencia de la realidad que designa tal o cual palabra. En este caso, tan ambicioso propósito forma parte, además, no lo olvidemos, de una apuesta contemplativa con implicaciones reflexivo-soteriológicas.

Quien repite *bhairava* con este conocimiento, atento a todas sus resonancias fonético-simbólicas, logra identificarse él mismo con el contenido semántico de la palabra y, por lo tanto, con el objeto que esta designa, el propio Bhairava. Elocuente resulta en este sentido el uso, una vez más, de la forma *uccāra*, la «repetición» o «recitación» yóguica de un mantra –aquí la propia palabra *bhairava*, así como las unidades que la componen–, con todas sus connotaciones respiratorias y ascendentes (véanse las estrofas 24, 39, 42 y 80).

ahaṃ mamedam ityādi pratipattiprasaṅgataḥ /
nirādhāre mano yāti taddhyānapreraṇāc chamī / / 128 / /

128. [Incluso] a propósito de afirmaciones como «yo soy», «esto es mío», etcétera, la mente puede alcanzar el estado sin soportes. Si se contempla intensamente en ello, la paz [sobreviene].

Incluso cuando el individuo se identifica con el ego y, en esa medida, afirma su condición limitada y su alienación, es posible vislumbrar una verdad más profunda. A tal posibilidad subyace la idea de que la subjetividad humana es en realidad una forma contraída de la subjetividad divina. Desde esa perspectiva, el yo no es *per se* el problema, pues el plano divino presupone asimismo la afirmación de un yo; el problema es la falta de reconocimiento de este yo supremo o divino. El esfuerzo contemplativo del adepto debe, pues, abrazar esta verdad en el acto mismo de proferir «yo soy», «esto es mío», etcétera. De ese modo, el yo prevalece, pero «sin soportes» (*nirādhāra*), es decir, al margen de las determinaciones que dan identidad a la subjetividad limitada (nombre, forma, diferencia, etcétera).

nityo vibhur nirādhāro vyāpakaś cākhilādhipaḥ |
śabdān pratikṣaṇaṃ dhyāyan kṛtārtho'rthānurūpataḥ || 129 ||

129. «Eterno, Omnipresente, Autónomo, Omnímodo, Señor de todas las cosas». Quien sin cesar contempla estas palabras con atención a su significado alcanza la meta.

El ejercicio prescribe la contemplación de las cualidades que de manera rutinaria se predican de la deidad como medio para alcanzarla: eternidad, omnipresencia, etcétera, todas ellas antes enunciadas en el texto. Sin embargo, el contexto permite en este caso entender dichos atributos como nombres divinos propiamente, al estilo del discurso religioso catafático. Por esta razón uso la inicial mayúscula. Ahora bien, el ejercicio no se reduce a una contemplación de los nombres (*śabda*) *per se*; es necesario asimilar su significado (*artha*). Hay, por lo tanto, un nexo con la enseñanza en la estrofa 127. En un sentido más amplio, la estrofa hace suya la herencia de la tradición gramatical sánscrita, fundada precisamente en las nociones de *śabda* y *artha*, «palabra» y «significado», «forma» y «contenido», y más exactamente en su íntima conexión.

atattvam indrajālābham idaṃ sarvam avasthitam |
kiṃ tattvam indrajālasya iti dārḍhyāc chamaṃ vrajet || 130 ||

130. «Todo cuanto existe es irreal como un espejismo. ¿Y cuán real puede ser un espejismo?». Quien esto [concibe] con intensidad alcanza la paz.

En esta estrofa y la siguiente, el texto parece adoptar de nuevo una postura ilusionista. Esta contrasta con la secuencia previa, centrada en la omnipresencia de dios y, por lo tanto, basada en una actitud positiva hacia la realidad fenoménica. Así pues, desde la perspectiva ilusionista, el mundo es «insustancial», «irreal» (*atattva*), y el yogui está llamado a actualizar contemplativamente tal vacuidad. Desde luego, a la luz de su contexto tántrico, la estrofa comunica cierta dosis de prodigio; exalta de forma indirecta el poder detrás del «espejismo» (*indrajāla*), palabra cuyo sentido literal, 'la red de Indra', es sumamente iluminador en este caso (véase asimismo la estrofa 100).

ātmano nirvikārasya kva jñānaṃ kva ca vā kriyā |
jñānāyattā bahirbhāvā ataḥ śūnyam idaṃ jagat | | 131 | |

131. Si el ser interior es inmutable, ¿cómo puede haber en él conocimiento o actividad? [Solo] la realidad exterior depende del conocimiento [y la actividad]. Por lo tanto, este mundo está vacío.

La estrofa ofrece una reflexión de carácter más especulativo que anticipa el discurso de exegetas posteriores. De hecho, más que de una técnica concreta, se trata de una declaración de principios articulada en un tono argumentativo que se aleja del énfasis práctico del resto de la obra. Sorprende asimismo el tono ascético o excluyente. Entonces, de un lado, el conocimiento (*jñāna*) y la acción (*kriyā*) son definidos como «modificaciones» (*vikāra*); del otro, el sello distintivo del ser interior, del *ātman*, es precisamente la «ausencia de modificaciones» (*nirvikāra*), su inmutabilidad o permanencia. Pensar y actuar son, por lo tanto, cualidades que solo pueden predicarse de la realidad exterior, por definición sujeta al cambio y la finitud.

En un sentido radical, esto significa que el mundo descansa sobre una ilusión, que es insustancial, vacío.

Entonces, la palabra «vacío» (*śūnya*) parece tener aquí una carga más negativa que en otras estrofas; a ello contribuye el tono puramente especulativo. No es ya la vacuidad de ejercicios previos, introducida con fines prácticos o como pauta para contemplaciones específicas. Ahora se trata de aquello que define al mundo entero en función de su naturaleza cambiante *vis-à-vis*, el *ātman* imperecedero. El mensaje práctico debe inferirse, si acaso, de la conclusión del argumento, como sugiere Śivopādhyāya: contempla, medita en la vacuidad del universo. Solo en este sentido restringido, como puerta de acceso a aquello que trasciende las modificaciones del conocimiento y la acción, la vacuidad admite una connotación positiva. En todo caso, la enseñanza contrasta con la tendencia del texto –en el espíritu del Tantra– a concebir la realidad fenoménica como la manifestación de la deidad, como el cuerpo de Śiva, y a presentar el conocimiento y la acción como atributos divinos. En cambio, el enfoque aquí parece estar exclusivamente en el aspecto trascendente e inefable de la deidad. ¿Podrían tomarse estos cambios de énfasis como indicio de una interpolación?

na me bandho na mokṣo me bhītasyaitā vibhīṣikāḥ |
pratibimbam idaṃ buddher jaleṣv iva vivasvataḥ | | 132 | |

132. Ni la esclavitud ni la liberación me pertenecen; ambas son simples espantajos para quien tiene temor. Todo esto es un reflejo del intelecto similar al [reflejo] del sol en el agua.

La estrofa extiende el argumento ilusionista a la famosa dicotomía del discurso soteriológico indio: esclavitud-liberación (*bandha-mokṣa*). Al hacerlo, el texto pone en duda el modelo mismo que da sentido a la vida religiosa y, por lo tanto, persuade al adepto de la necesidad de alcanzar un entendimiento más sofisticado, que no dé la espalada a la irrealidad tanto de la meta que inspira su búsqueda como de la supuesta condición que lo aliena. Esclavitud y liberación son también representaciones mentales (*vikalpa*), meros asideros (*ādhāra*) lingüísticos y conceptuales sin un fundamento real. Desde la perspectiva última, la perspectiva no dual, ambas condiciones no pasan de ser una fantasía, mera ilusión. De ahí la razón de llamarlas «espectros» o «espantajos» (*vibhīṣika*). En la versión de Śivopādhyāya, el sujeto que vive sometido a este conjuro es un sujeto «aterrorizado» (*bhīta*). Vivir en la dualidad es vivir presa del temor. En la versión de Ānandabhaṭṭa, la imagen del espectro se complementa con la de un «niño» (*bāla*), de modo que el énfasis estaría en la fragilidad, la ignorancia, más que en el temor. Por su parte, Joo propone la variante *jīvasya*: son espantajos para el sujeto ordinario en general.

Igualmente diversa es la interpretación de la metáfora que cierra la enseñanza. Para Śivopādhyāya, lo que el texto querría decir es que tal como el sol que se refleja en un cuerpo de agua no es una copia fiel del sol en el cielo, del mismo modo el «intelecto» (*buddhi*) es un reflejo distorsionado del *ātman* y, por lo tanto, las ideas que se forman, entre ellas las de esclavitud y liberación, padecen el mismo defecto. En cambio, ni en el sol ni en el *ātman* tienen cabida tales proyecciones.

Esta lectura (seguida por todos los traductores modernos) presupone, pues, la paridad entre el intelecto y el agua; en aquel se refleja el *ātman*, en esta, el sol. Mi traducción se aleja de esta lectura porque en ese caso tendría que asumirse que la metáfora está construida imperfectamente en dos sentidos: por un lado, es necesario pasar por alto la diferencia de caso gramatical que hay entre el intelecto (en genitivo) y el agua (en locativo); por el otro, es necesario introducir el *ātman*, inexistente en el original, como el objeto de la comparación con el sol.

En mi traducción, más literal, la comparación es entre el intelecto y el sol, ambos en genitivo: «El reflejo del intelecto es como el del sol en el agua». De este modo, lo que queda implícito es el lugar en que se proyecta o refleja la imagen del intelecto. ¿Qué es en su caso el agua? Me parece que el contexto, en especial la enseñanza en las dos estrofas previas, permite afirmar que se trata del mundo mismo, de la realidad exterior, por definición también ilusoria. Es ahí donde se proyectan las imágenes que el intelecto se forma. En un sentido más amplio, todo lo que vemos, lo que sentimos, lo que pensamos es una proyección mental, y, por lo tanto, tal como la imagen del sol en una corriente de agua, carece de sustancia, es inestable e irreal.

indriyadvārakaṃ sarvaṃ sukhaduḥkhādisaṅgamam |
itīndriyāṇi santyajya svasthaḥ svātmani vartate || 133 ||

133. Todo lo que viene acompañado de placer, dolor, etcétera, se origina en los sentidos. Por lo tanto, tras abandonar los sentidos, establecido en sí mismo, [el yogui] reside en su propio ser.

La estrofa delinea una nueva crítica contra los «sentidos» (*indriya*) en clave ascética. Puesto que estos se asocian con la experiencia del cambio, la dualidad, etcétera, a fin de revertir su influencia, el adepto debe restituir su «propio ser» (*svātman*) desde la perspectiva de la permanencia y la «estabilidad» (*svastha*). En la tradición, esto se conoce como «recogimiento» o «contracción de la energía» (*śaktisaṅkoca*), y consiste en impedir que la energía se disperse conteniéndola, en cambio, en uno mismo.

jñānaprakāśakaṃ sarvaṃ sarveṇātmā prakāśakaḥ |
ekam ekasvabhāvatvāt jñānaṃ jñeyaṃ vibhāvyate || 134 ||

134. Todas las cosas resplandecen gracias al conocimiento; el ser interior resplandece gracias a todas las cosas. Puesto que comparten la misma naturaleza, el conocimiento y su objeto han de concebirse como si fueran uno y el mismo.

El ejercicio echa mano del discurso epistemológico-luminoso fundado en la oposición conocimiento-objeto de conocimiento (*jñāna-jñeya*), o también sujeto-objeto. Entonces, gracias al conocimiento las cosas aparecen o se manifiestan, y gracias a los objetos el conocimiento es posible. Ninguno de estos dominios puede existir sin el otro y, en ese sentido, el uno lleva necesariamente al otro. De esta interdependencia, el texto deriva sin embargo una conclusión más radical: su identidad, y así llama al adepto a reconocer imaginativamente la unidad de los contrarios epistemológicos; en realidad, son uno y el mismo. Con esta instrucción, el texto se aleja de la postura ilusionista y parece retomar su distintiva postura afirmativa respecto a la realidad fenoménica. El énfasis está de nuevo en la continuidad que hay entre lo trascendente y lo inmanente. En este contexto, es necesario entender la palabra *jñāna*, «conocimiento», no en el sentido limitado que se le atribuye por ejemplo en las estrofas 97 y 131, es decir, como algo ajeno al *ātman*. Por el contrario, la estrofa aquí establece una identidad entre *jñāna* y *ātman*, y luego entre ambos y el mundo conocido. El *ātman* se caracteriza, pues, por ser conocimiento y, si es así, entonces está claro que *jñāna* designa en este caso a la conciencia divina (*citi*). Es esta la que el texto postula al afirmar la unidad de sujeto y objeto.

mānasaṃ cetanā śaktir ātmā ceti catuṣṭayam /
yadā priye parikṣīṇaṃ tadā tad bhairavaṃ vapuḥ / / *135* / /[185]

135. Mente, intelecto, potencia y ser: ¡oh, querida!, cuando esta tétrada decae, Bhairava [se revela] en todo su esplendor.

185. Aquí concluyen los 112 ejercicios iniciados en la estrofa 24 que, de acuerdo con el testimonio de la estrofa siguiente, el dios reveló a la diosa con el fin de disipar sus dudas. Como mencioné en el estudio preliminar (págs. 127-129) para conciliar este cómputo con el giro narrativo en la siguiente estrofa, y conservar además la relación una estrofa-una enseñanza, es decir, evitando combinar dos estrofas para expresar una enseñanza, o peor aún omitir estrofas, fue necesario, a falta de una edición crítica de la obra, asignarle un estatus «repetitivo» a dos estrofas incluidas en K-Ś, mas no en Ā (la 82 bis y la 111 bis). Por otra parte, aunque de ningún modo esta lectura puede tenerse como una solución al problema, y antes bien busca subrayarlo, ofrece la ventaja de no secundar la infundada decisión de Silburn, Singh y Bäumer de considerar la presente estrofa –de nuevo, a fin de ajustar el cómputo– como el inicio del discurso final de Bhairava y no como una *bhāvanā* en sentido estricto. Narrativamente, ello nos obligaría a leer las palabras de Bhairava aquí como una especie de resumen doctrinal de la secuencia completa. Mis dudas al respecto se basan, en primer lugar, en que el contenido de la presente estrofa no muestra ningún signo de desempeñar tal función y, más importante aún, en el hecho de que, como he insistido, la estrofa siguiente claramente establece el esperado giro narrativo entre el núcleo del texto y el discurso final.

Usados a lo largo del texto como atributos o nombres del propio Bhairava, los términos *śakti* ('potencia') y *ātman* ('ser interior') al parecer tienen aquí un significado distinto, más restringido. Su extinción o «decaimiento» (*parikṣīṇa*) es ahora necesaria para que emerja la divinidad en todo su «esplendor» (*vapus*), y como parte de esta exigencia se los enuncia al lado de la mente y el intelecto (respectivamente *mānasa, cetanā*). Así pues, Śivopādhyāya, y con él todos los traductores modernos, interpretan *śakti* exclusivamente como 'respiración' (*prāṇa*), como la energía de la respiración en un sentido ordinario, sometida al ciclo bivalente de inspiración y espiración. Por su parte, *ātman* se referiría aquí no al ser último, al ser de dios, sino al «sujeto limitado» (*parimitapramātā*), al individuo en su condición ordinaria, bajo el yugo del ego. Alrededor de esta «tétrada» (*catuṣṭaya*) se erige, pues, la identidad personal, por definición limitada y sujeta al ciclo de vida y muerte. Al adepto le toca desarrollar un entendimiento que le permita reconocer en dicha tétrada una manifestación de la conciencia suprema. Por esto, su extinción coincide con la visión de un Bhairava esplendoroso, que lo colma todo. Se trata, por lo tanto, de una extinción que es al mismo tiempo expansión, de vuelta a la fuente divina.

Con esta enseñanza concluyen las 112 *bhāvanās* iniciadas en la estrofa 24.

nistaraṅgopadeśānāṃ śatam uktaṃ samāsataḥ |
dvādaśābhyadhikaṃ devi yaj jñātvā jñānavij janaḥ | | 136 | |
atra caikatame yukto jāyate bhairavaḥ svayam |
vācā karoti karmāṇi śāpānugrahakārakaḥ | | 137 | |
ajarāmaratām eti so'ṇimādiguṇānvitaḥ |
yoginīnāṃ priyo devi sarvamelāpakādhipaḥ | | 138 | |
jīvann api vimukto'sau kurvann api ***na lipyate***[186] |

136-139ab. ¡Oh, diosa!, de manera sumaria te he comunicado estas ciento doce enseñanzas para alcanzar reposo. La persona que las conoce conquista el [verdadero] conocimiento. [De hecho,] basta que abrace una sola para que él mismo se transforme en Bhairava; [entonces,] sus palabras son hechos, y bien y mal están bajo su designio; trasciende la decrepitud y la muerte; adquiere facultades [divinas] como hacerse pequeño, etcétera; no hay *yoginī* que no enamore, ¡oh, diosa!, ni cónclave que no presida; aunque sigue vivo, es libre; aunque lleva a cabo acciones, [estas] no lo contaminan.

«Instrucción», «enseñanza» (*upadeśa*) son los términos genéricos para lo que en un sentido más específico son ejercicios de realización contemplativa (*bhāvanā*). Las ciento doce *bhāvanās* son calificadas además como *nistaraṅga*, un término con el que nos habíamos tropezado antes (estrofa 126) y que

186. Sigo Ā, la opción que reproducen Dvivedī, Singh y Bäumer. En K-Ś se lee, en cambio, *ca ceṣṭitam*.

esta vez traduzco no de manera literal –'ir más allá del oleaje' de la mente, es decir, de la actividad mental–, sino según su connotación positiva, como «reposo». La palabra bien podría tomarse además como un epíteto del propio Bhairava, caracterizado consistentemente en el texto como la realidad más allá de la actividad mental, el Imperturbable.

«Bien y mal están bajo su designio», o literalmente administra 'bendiciones' (*anugraha*) y 'maldiciones' (*śāpa*). En esta tradición, Śiva es el agente de cinco eventos cósmicos, los tres tradicionales (creación, preservación y destrucción) y dos más de índole soteriológica: el ocultamiento y la dispensa de gracia (respectivamente, *vilaya* y *anugraha*). A esto podría referirse el texto aquí. En todo caso, se trata asimismo de un vestigio del lenguaje mágico de los primeros Tantras, centrados en la adquisición y administración de poderes sobrenaturales (*siddhis*), sobre todo de carácter apotropaico. En un sentido más específico, la estrofa evoca la tradición de los ochos poderes yóguicos, entre ellos *aṇima* o la capacidad de hacerse tan diminuto como un «átomo» (*aṇu*).[187]

Maithuna, la apropiación yóguica del coito, es otro típico ingrediente de la praxis tántrica que no podía faltar en esta exaltación de los beneficios que trae abrazar una sola de las enseñanzas reveladas por Bhairava. A esto alude el texto cuando

187. Los orígenes textuales de la lista de ocho *siddhis* se remontan al canon *pāli*, así como a diversos pasajes del *Mahābhārata*, en especial en el libro duodécimo, aunque el testimonio mejor conocido es el de Patañjali (*Yogasūtra* 3.45), a principios de la era común.

asegura que el adepto se vuelve, literalmente, el 'amado' (*priya*) de todas las *yoginīs*, a su vez asociadas con las potencias de la deidad. Con *melāpaka*, al parecer el texto se refiere a las reuniones secretas de yoguis y sus parejas, en las que se celebraban iniciaciones y otros ritos que suponían el uso de alcohol y otras sustancias prohibidas, además de la práctica sexual. La imagen popular suele asociar la celebración de estos cónclaves con espacios en la periferia del puritanismo brahmánico, por ejemplo crematorios o lugares apartados. Literalmente, el adepto consumado se convierte en el 'amo', en el 'señor' (*adhipa*) de dichas reuniones.

Como cabría esperar, alusiones tan explícitas generaron cierta incomodidad en exegetas más bien reservados como Śivopādhyāya, Ānandabhaṭṭa o Joo, quienes intentaron, por lo tanto, ignorarlas o maquillarlas desde una perspectiva puramente simbólica o contemplativa. Por ejemplo, respecto a aquello de que todas las *yoginīs* se enamoran del adepto avanzado, la versión de Ānandabhaṭṭa ofrece la variante *yoginīnāṃ prabhuḥ*, se vuelve «señor de las *yoginīs*», y su aséptica glosa establece «patrono de las diferentes potencias divinas, a saber, las potencias del conocimiento, la acción y la voluntad» (*jñānakriyānandādiśaktīnāṃ svāmī*). Por su parte, Joo interpreta el encuentro de yoguis y *yoginīs* durante los «cónclaves» (*melāpaka*) como un evento puramente interior, sin ninguna connotación sexual: cuando el adepto está absorto en meditación (*samādhi*), las parejas simplemente aparecen reunidas ante él y le conceden cualquier deseo.

La secuencia concluye con el *siddhi* supremo, aquel que resume las aspiraciones de la tradición india en general más allá de cualquier diferencia doctrinal o práctica. Me refiero desde luego al *siddhi* de la «libertad» (*mukti*) respecto al *saṃsāra*, en este caso en su forma más exaltada y aun paradójica, es decir, mientras se está aún «vivo» (*jīvat*), ideal cuya articulación sistemática debemos precisamente a la tradición tántrica de Cachemira. El pasaje confirma además la centralidad que la «acción» (*karma*) posee en el interior de dicho logro. También aquí la meta final es legitimada en relación con la actividad, la principal fuente de impureza en el seno de las tradiciones ascéticas brahmánicas, pero a diferencia de estas lo hace en un tono abiertamente afirmativo e incluyente: el yogui actúa, mas sus acciones no lo contaminan.

Con esta exaltada declaración concluye propiamente el núcleo didáctico del texto. A este le sigue un último intercambio dialógico entre el dios y la diosa, centrado en las limitaciones del ritual exterior y la necesidad, por lo tanto, de resignificarlo también desde la perspectiva de *bhāvanā*, es decir, como una realidad puramente contemplativa. El intercambio se extiende hasta la estrofa 156 y constituye una especie de apéndice doctrinal.

[devy uvāca]
idaṃ yadi vapur deva parāyāś ca maheśvara / / *139* / /
evamuktavyavasthāyāṃ japyate ko japaś ca kaḥ /
dhyāyate ko mahānātha pūjyate kaś ca tṛpyati / / *140* / /
hūyate kasya vā homo ***yāgakṣetrādi***[188] *kiṃ katham* /

139cd-141ab. [La diosa dijo:] Si tal es, ¡oh, dios!, el esplendor de la Suprema (*parā*), entonces, ¡oh, gran Señor!, en la condición (*avasthā*) que acabas de describir qué cabida tienen el mantra y su recitación? ¿A quién se visualiza [ahí], ¡oh, soberano!, a quién se adora y a quién se propicia? ¿Para quién son las oblaciones que se ofrendan [al fuego]? ¿Qué sentido tienen el sacrificio, el altar, etcétera?

La primera intervención de la diosa después de la dilatada exposición de Bhairava es, de nuevo, en tono interrogativo. Si la respuesta a sus dudas iniciales está condensada en la realización contemplativa de una deidad que, a través de su potencia creadora (*śakti*), abarca la totalidad de la manifestación y, por lo tanto, pone fin a cualquier rastro de dualidad, entonces qué sentido puede tener ahora el complejo tejido de prácticas ri-

188. Resulta un tanto extraño que Śivopādhyāya ofrezca esta variante en el cuerpo de su comentario (pág. 133, línea 1) y que, no obstante, en la edición basada en dicho comentario (como también en Ā) se lea *yāgaḥ kasya ca*. Tanto Dvivedī como Sironi notaron cada uno por su cuenta la contradicción y ambos optaron por *yāgakṣetrādi*. Definitivamente, esta lectura permite una mejor correspondencia entre las interrogantes aquí de la diosa y la respuesta de Bhairava en la estrofa 148, centrada precisamente en la noción de *kṣetra*, el «espacio» donde se celebra el sacrificio.

tuales que de manera ordinaria sustenta la vida religiosa del adepto: la recitación o repetición de mantras (*japa*), la visualización, adoración y propiciación de la forma icónica de la deidad (respectivamente, *dhyāna, pūjā* y *tṛpti*), las oblaciones (*homa*), el sacrificio (*yāga*) y el espacio (*kṣetra*) donde este se celebra. La confusión de la diosa subraya, narrativamente, el novedoso alcance de lo que Bhairava acaba de revelar, así como las profundas implicaciones de sus enseñanzas respecto al culto tradicional, un culto que ahora simplemente parece sobrar. Las dudas de la diosa no apuntan, pues, al contenido de la exposición, sino al impacto que esta verdad tiene sobre las enseñanzas tradicionales, ahora desmentidas de golpe. El tono interrogativo sirve, pues, como una estrategia retórica que conecta el inicio y el final del texto con el fin de reiterar el contraste entre una religiosidad inferior, externa y común, y una superior, interna y secreta. Al respecto, cabe señalar que las palabras de la diosa aquí remiten directamente a lo que el dios anticipó en las estrofas 16 y 17: la verdadera sabiduría no radica en levantar altares ni en propiciar íconos, sino en descubrir la presencia divina en el asombroso despliegue creador que da forma al universo y que palpita secretamente en fenómenos como la respiración o la percepción, y para eso basta una atención imaginativa a dicho «esplendor» (*vapus*), a la «condición» (*avasthā*) de Bhairava, es decir, a su propia potencia, la diosa Bhairavī, «aclamada también como la Suprema (*parā*)» (estrofa 15). Los tres términos, *vapus, avasthā* y *parā*, reaparecen aquí en conexión con el mismo principio.

Por otra parte, cabe señalar que de manera unánime los traductores entienden *japyate,* literalmente 'lo que es recitado', como el destinatario de la práctica del *japa,* es decir, la deidad que preside sobre un mantra. Disiento de esta lectura. Como lo deja claro la estrofa 142, con *japyate* el texto se refiere más bien al mantra como tal, y así traduzco.

[bhairava uvāca]

eṣātra prakriyā bāhyā ***sthūlety***[189] *eva mṛgekṣaṇe | | 141 | |*

141cd. [Bhairava respondió:] Todas esas prácticas, ¡oh, diosa con mirada de gacela!, son aquí [consideradas] exteriores, burdas.

Con el adverbio locativo «aquí» (*atra*), el texto se refiere a la enseñanza que Bhairava acaba de revelar a la diosa a fin de despejar sus dudas, es decir, la enseñanza suscrita por el propio *Vijñānabhairava* como aquella que conviene a los adeptos en el nivel más avanzado. Su uso se repite en las siguientes estrofas. Por su parte, la palabra *prakriyā,* literalmente 'método', 'procedimiento', hace referencia a la lista de actividades enun-

189. Sigo Ā, la opción que reproduce A. Sanderson en «The Visualization of the Deities of the Trika», pág. 76, nota 181. En K-Ś se lee, en cambio, *sthūleṣu.*

ciadas por la diosa, es decir, a la práctica ritual en general. La generalización descansa en dos criterios: «exterioridad» (*bāhya*) y «materialidad» (*sthūla*). En las estrofas siguientes, Bhairava emprende una redefinición de cada una de esas prácticas de acuerdo con los criterios opuestos: interioridad y sutileza. Esto quiere decir que en vez de simplemente repudiar la práctica ritual, lo que el texto hace es asimilarla y reconfigurarla en clave contemplativa. Esta apropiación constituye, pues, una especie de apéndice doctrinal que precede al epílogo propiamente de la obra. Su trascendencia puede calibrarse por las numerosas citas y alusiones en fuentes posteriores.

bhūyo bhūyaḥ pare bhāve bhāvanā bhāvyate hi yā |
japaḥ so'tra svayaṃ nādo mantrātmā japya īdṛśaḥ || 142 ||

142. La *bhāvanā* que sin cesar es concebida (*bhāvyate*) en la realidad suprema (*parabhāva*) es aquí la recitación de mantras. El sonido espontáneo, el alma de todos los mantras, es el mantra que conviene a tal [*bhāvanā*].

El texto ataca las dos primeras dudas de la diosa (estrofa 142ab): qué sentido tienen *japa* y *japyate*, la recitación de mantras y el mantra propiamente, cuando la deidad colma todo cuanto existe. La respuesta del dios reconfigura el sentido de ambas nociones desde la perspectiva soteriológico-contemplativa del texto. Así, *japa* no es ya la repetición burda, audible, ni siquiera mental, de un mantra. Es, en cambio, la forma más elevada de *bhāvanā,* cuando el adepto se absorbe por completo, de manera sostenida o «intensa» (*bhūyas*) en la visión de la «realidad suprema» (*parabhāva*) hasta ver cumplida en ella su propia realización. En el original, esta idea es presentada con una densidad semántica (y aliterativa) muy difícil de capturar en una traducción. Esa densidad gira alrededor de formas derivadas del causativo de la raíz *bhū-* enunciadas una después de la otra: *bhāve bhāvanā bhāvyate*. Como expliqué en el estudio preliminar, la expresión es clave para entender el alcance semántico de la noción de *bhāvanā* y formas afines en la obra. A fin de no pecar de redundante, remito, por lo tanto, al lector a dicha explicación.[190]

190. Véase págs. 101-103.

dhyānaṃ hi niścalā buddhir nirākārā nirāśrayā |
na tu dhyānaṃ śarīrākṣimukhahastādikalpanā | | 143 | |

143. La visualización no es [aquí] la representación [de la deidad] con un cuerpo, ojos, rostros, brazos, etcétera, sino simplemente una atención imperturbable, libre de formas y soportes.

La «visualización» (*dhyāna*) de la forma icónica de la deidad, uno de los pilares de la liturgia tántrica, se explica ahora simplemente como un «estado de conciencia» (*buddhi*) caracterizado por su «firmeza» o «imperturbabilidad» (*niścala*) y por su independencia respecto a cualquier «forma» (*ākāra*) que pudiera servir como soporte o «asidero» (*āśraya*). Es, pues, un acto de concentración sostenida sin el soporte de ninguna forma en particular. Se sobreentiende, por lo tanto, que mientras la visualización tradicional, ritualista, aprehende únicamente el aspecto burdo de la deidad, su forma icónica, la visualización contemplativa aprehende su «verdadera naturaleza» (*svarūpa*), al margen de cualquier representación física.

pūjā nāma na puṣpādyair yā matiḥ kriyate dṛḍhā |
nirvikalpe pare vyomni sā pūjā hy ādarāl layaḥ | | 144 | |

144. Se llama adoración no a la que se realiza con flores y demás [ofrendas]. Adorar es fijar la atención en el vacío supremo, al margen de toda representación, y disolverse [ahí] con una fe absoluta.

La «adoración» (*pūjā*), el acto más simple y común de la liturgia no solo tántrica sino en general hinduista, es interiorizada como una forma también de atención contemplativa. Como en la definición previa, destaca el elemento de continuidad o persistencia, en este caso a través de una contemplación «sostenida» (*dṛdha*) de la vacuidad capaz de desencadenar una experiencia de «absorción» o «disolución» (*laya*). El otro ingrediente es la fe o una «entrega absoluta» (*śraddhāprakarṣa*), la glosa de Śivopādhyāya para el término *ādara*.

atraikatamayuktisthe yotpadyeta dinād dinam |
bharitākāratā sātra tṛptir atyantapūrṇatā | | 145 | |

145. La propiciación es aquí una plenitud que crece día a día en aquel que sigue cualquiera de los métodos unitivos aquí [enseñados] hasta colmarlo todo absolutamente.

La palabra *tripti*, 'propiciación', hace referencia sobre todo al resultado de la adoración, a la meta que se pretende alcanzar a través de ella, a saber, la «satisfacción» de la deidad. En ese sentido, cabría interpretar la definición aquí como el estado que sigue a la absorción contemplativa en la vacuidad divina, más allá de los *vikalpas*. Paradójicamente, el resultado es una vuelta a la inmanencia o, literalmente, a la presencia de la divinidad en todas las cosas, a su irrestricta «omnipresencia» (*bharitākāratā*), que, como hemos visto, es también una forma de referirse a la diosa misma: de la raíz *bhṛ-*, 'llenar', 'colmar', se la llama Bhairavī porque colma todas las cosas (*bharitākāra*) (véanse estrofas 15, 23, 71 y 114). Esta omnipresencia es expansiva y acumulativa (de nuevo el elemento de continuidad o persistencia) y en su forma más «plena» o «perfecta» (*pūrṇatā*) supera cualquier límite, diferencia o sentido de separación. De este modo, el texto nos lleva una vez más de lo «vacío» (*śūnya*) a lo «pleno» (*pūrṇa*). Para ello, el adepto cuenta con «cualquiera» (*ekatama*) de los «métodos unitivos» (*yukti*) que componen el núcleo de la obra, es decir, cualquiera de las 112 *bhāvanās*, casi todas centradas precisamente en el paradójico punto de intersección entre lo vacío y lo pleno.

mahāśūnyālaye vahnau bhūtākṣaviṣayādikam |
hūyate manasā sārdhaṃ sa homaś cetanāsrucā | | 146 | |

146. Ofrendar en el altar de fuego de la suprema vacuidad los elementos, los sentidos, los objetos de los sentidos, la mente, etcétera, con el cucharón de la conciencia, eso es [aquí] la oblación.

Los tres grandes componentes de la ofrenda sacrificial (*homa*) que se hace a los dioses son aquí redefinidos en clave contemplativa: en primer lugar, el «fuego» (*vahni*); luego, las ofrendas que en él se vierten o arrojan, y finalmente, el «cucharón» (*sruc*) que sirve para verterlas. Así, la «cavidad» o «fosa» (*ālaya*) sacrificial donde se enciende el fuego es interiorizada como la «suprema vacuidad» (*mahāśūnya*); las ofrendas, tradicionalmente comestibles como miel, mantequilla, semillas, etcétera, son reconfiguradas como los diversos componentes o «principios» (*tattva*) que dan consistencia a la realidad material, tanto en sus aspectos burdos o físicos –por ejemplo, los «cinco elementos», los «objetos de los sentidos» (*bhūta, viṣaya*), etcétera–, como en sus aspectos sutiles o psíquicos –por ejemplo, los «cinco sentidos» (*akṣa*), la propia «mente» (*manas*), etcétera–; por último, el cucharón de madera es ahora la propia «conciencia» (*cetanā*), entendida sobre todo como una atención concentrada, es decir, como la inteligencia superior que el adepto desarrolla y pone en práctica con cada contemplación.

yāgo'tra parameśāni tuṣṭir ānandalakṣaṇā |

147ab. El sacrificio es aquí, ¡oh, soberana!, una satisfacción cuyo sello distintivo es la dicha.

Por su parte, el sacrificio como tal, o *yāga*, es entendido como un estado de espontánea «satisfacción» o «contentamiento» (*tuṣṭi*), que solo se puede describir en términos afectivos. Su signo es la «dicha» o «beatitud» (*ānanda*).

Cabe señalar que la conexión que existe entre *pūjā* y *tṛpti* (estrofas 144-145), entendidas respectivamente como el acto de adorar y el resultado de ese acto, al parecer se repite aquí entre *homa* y *yāga*, es decir, en el contexto del discurso sacrificial.

kṣapaṇāt sarvapāpānāṃ trāṇāt sarvasya pārvati | | *147* | |
rudraśaktisamāveśas tat kṣetraṃ bhāvanā parā |
anyathā tasya tattvasya kā pūjā kaś ca tṛpyati | | *148* | |

147cd-148. Puesto que «destruye» todas las faltas y «protege» a todos los seres, ¡oh, Pārvatī!, el altar es aquí la *bhāvanā* suprema: absorberse en la potencia de Rudra. ¿De qué otro modo podría adorarse una realidad así, de qué otro modo podría propiciarse?

Del sacrificio como tal, la enseñanza se extiende al espacio físico donde este tiene lugar. La palabra es *kṣetra* y puede entenderse de manera específica como el altar de fuego o la hoguera, o en un sentido más amplio como el área completa o el santuario que alberga el ritual. En este caso, la resignificación contemplativa del espacio sacrificial pasa por una resignificación hermenéutica de la palabra misma que designa dicho espacio. Para ello, la estrofa recurre una vez más a la técnica *nirukti* (véanse las estrofas 15 y 127) y explica el contenido semántico de *kṣetra* a partir de la asociación fonética entre las sílabas *kṣe* y *tra* y las raíces verbales *kṣap-* y *trā-*, respectivamente 'expulsar' y 'proteger'. Y para cumplir cabalmente ambas funciones, el altar no puede ser ya un lugar físico, sino un acontecimiento interior. En efecto, el verdadero rito ocurre en el espacio de *bhāvanā,* palabra empleada aquí con toda su polisemia, es decir, tanto en alusión a la diosa misma como al sendero práctico que a ella conduce. De nuevo, método y meta son una y la misma cosa. Así lo sugieren el calificativo *parā,* 'superior', y la precisión de que esta «contemplación suprema» consiste en una «fusión» (*samāveśa*) en Śakti.[191]

La pregunta con la que cierra el pasaje establece enfáticamente que Bhairava es una deidad a la que solo puede adorarse a través de una interiorización del modelo sacrificial y, más aún, a través de una reconfiguración de la vida religiosa al margen del dualismo. La naturaleza absoluta de la deidad, su omni-

191. A propósito de esta enseñanza, véase antes el estudio preliminar, págs. 103-104.

presencia y dinamismo, demandan una aprehensión no dualista y puramente contemplativa, el antídoto del *Vijñānabhairava* al mal de la idolatría.

Pārvatī es otro nombre de la consorte de Śiva, es decir, en el presente contexto, de Bhairavī o la diosa Parā. Extrañamente, esta es la única estrofa donde se la llama por ese nombre. Algo similar podría decirse de Rudra, el nombre védico de Śiva, evocado solo indirectamente a través de la asociación textual entre el *Vijñānabhairava* y el misterioso *Rudrayāmalatantra* (estrofas 1 y 160).

svatantrānandacinmātrasāraḥ svātmā hi sarvataḥ |
āveśanaṃ tatsvarūpe svātmanaḥ snānam īritam || 149 ||

149. Todos sin excepción somos en esencia libertad, dicha y conciencia. Se dice [aquí] que la ablución ritual es sumergirse en tal naturaleza esencial.

El texto amplía la reflexión a otra importante práctica ritual de la religiosidad india no incluida en la pregunta de la diosa: la «ablución» o «baño purificatorio» (*snāna*). Así, sin perder de vista la idea básica de «inmersión», la estrofa redefine esta práctica como un zambullido contemplativo en uno mismo, en el *ātman*, caracterizado por atributos explorados a lo largo del texto: libertad, dicha, conciencia.

Aquí concluye la redefinición interiorista de las diversas prácticas rituales en las que de manera ordinaria se sustenta la vida religiosa del adepto tántrico.

yair eva pūjyate dravyais tarpyate vā parāparaḥ |
yaś caiva pūjakaḥ sarvaḥ sa evaikaḥ kva pūjanam || 150 ||

150. Las sustancias diversas con las que se adora, la [divinidad] trascendente-inmanente que con ellas es propiciada, así como el sujeto que las ofrenda: todo esto es en realidad una misma cosa. ¿Cómo puede [entonces] tener cabida el acto de adoración?

Con esta estrofa, el texto resume la esencia de la secuencia anterior. Así, establece que desde la perspectiva más elevada, la perspectiva contemplativa no dual, la estructura tripartita de la vida religiosa ordinaria con su énfasis en una relación ritual con la divinidad, deja de tener sentido. El que adora, lo que es adorado y los medios para adorar son en realidad aspectos distintos de un mismo principio, por definición trascendente e inmanente, o en una lectura literal «superior e inferior» (*parāpara*). La pregunta final por la pertinencia del «acto de adoración» (*pūjana*) expresa, por lo tanto, la inutilidad de cualquier relación con lo divino fundada en la dualidad.

Śivopādhyāya interpreta el término *parāpara* como el Señor supremo, Śiva, acompañado de Parā, la diosa, es decir, la pareja divina. Sin embargo, podría tratarse de ese aspecto intermedio de la realidad al que el adepto dirige su atención de mil y una maneras a fin de instaurar la presencia de la energía divina y desde esta la del propio Bhairava.

vrajet prāṇo viśej jīva icchayā kuṭilākṛtiḥ |
dīrghātmā sā mahādevī parakṣetraṃ parāparā || 151 ||

151. De manera espontánea, la espiración sale, la inspiración entra. Enroscada [primero], la gran diosa se expande; [al mismo tiempo] trascendente e inmanente, ella es el altar supremo.

El texto va un paso más allá en su reinterpretación de la vida religiosa desde una perspectiva puramente contemplativa y así vuelve al sustrato respiratorio sobre el que descansa la realización de la omnipresencia divina. Se trata, pues, de una reiteración de enseñanzas previas en las que el ritmo respiratorio es representado como una manifestación de la energía divina y, por lo tanto, como un medio de transformación personal (estrofas 24, 28, etcétera). Esa comprensión es aquí presentada como el fundamento esotérico que resume el llamamiento a ir más allá de la relación exterior, ritualista, con la deidad.

Así, el texto vuelve a instruir una atención yóguica por la que la dualidad inherente al ciclo respiratorio –*prāṇa* y *jīva*, o espiración e inspiración– es reconfigurada como el movimiento ascendente de una única potencia a través del cuerpo sutil. Como observé en el estudio preliminar, en textos posteriores esa potencia es a menudo personalizada como Kuṇḍalinī, la advocación de la diosa que conviene a la enseñanza aquí en juego.[192] En este caso, la alusión es indirecta, a través del cambio que experimenta la respiración gracias al esfuerzo contemplativo del adepto: a la «forma curva» (*kuṭilākṛti*) subyace una «naturaleza ascendente y expansiva» (*dīrghātman*). Ambas condiciones valen tanto para la respiración como para la diosa, pues se trata del mismo principio. En el caso de esta última, los términos evocan precisamente a Kuṇḍalinī, que yace primero «enroscada» como una serpiente en la base de la columna y desde ahí se yergue para recorrer el canal central hasta alcanzar la coronilla de la cabeza y colmarlo todo.

La enseñanza presupone además una dimensión fonético-simbólica, como bien nos informa Śivopādhyāya. Como mencioné a propósito de la estrofa 80, la diosa-respiración está asociada con el fonema H. Ahora bien, en el alfabeto *śārāda*, el alfabeto de Cachemira en el que originalmente se redactó el

192. Véase pág. 112.

texto, la representación gráfica de dicho fonema es curvilínea. Entonces, decir que la respiración es *kuṭilākṛti* significa también que tiene la forma de la letra H. La implicación simbólica de esta asociación gráfica es de nuevo la identidad entre la energía de la respiración y la «gran diosa» (*mahādevī*), ella misma calificada ahora de manera explícita como «trascendente e inmanente» (*parāparā*).

Situado una vez más en esta paradójica coyuntura, el adepto arriba finalmente al verdadero «espacio» (*kṣetra*) donde tiene lugar el culto. De este modo, el texto reitera el significado esotérico de la palabra *kṣetra* (véase la estrofa 148). Más aún, si ahí *kṣetra* fue definido como *bhāvanā* y aquí *kṣetra* es abiertamente asociado con la diosa misma, queda claro entonces que *bhāvanā* funciona también como un nombre de la diosa.

asyām anucaran tiṣṭhan mahānandamaye'dhvare |
tayā devyā samāviṣṭaḥ paraṃ bhairavam āpnuyāt | | 152 | |

152. Quien la procura, quien reposa en el sacrificio de la dicha suprema, absorto en esa diosa, alcanza al supremo Bhairava.

Del espacio sacrificial, el texto regresa al «sacrificio» mismo (*adhvara*) con el fin de insistir en su naturaleza interior y no dual. En ese sentido, la enseñanza puede verse como una ampliación de lo expuesto en la estrofa 147ab, además de resumir la secuencia completa. Traduzco *anucaran* como «procurar». Literalmente, la palabra designa el acto de seguir a alguien, de acompañarlo. Hay, pues, una connotación de movimiento que recuerde el significado que en esta tradición tiene la palabra afín *uccāra*. Así pues, el «acompañamiento» es aquí yóguico, es una veneración contemplativa y mántrica con un efecto ascendente: absorberse en la diosa-respiración y dejarse conducir por ella hacia lo alto.

Por su parte, la oración en voz pasiva *devyā samāviṣṭa,* aquí traducida como «absorto en la diosa», remite al uso que en el seno de la tradición tántrica recibió originalmente la raíz *viś-* ('entrar', 'penetrar') con el fin de describir el fenómeno de la posesión: «entrado por la diosa», es decir, poseído por ella.

La implicación final del culto interior a la diosa es, por supuesto, la posibilidad de acceder desde ese umbral, desde esa condición intermedia, a la propia esencia divina, al dios Bhairava.

***sakāreṇa bahir yāti hakāreṇa viśet punaḥ* |**
***haṃsahaṃsety amuṃ mantraṃ jīvo japati nityaśaḥ* | | *153* | |**[193]
ṣaṭśatāni divā ratrau sahasrāṇyekaviṃśatiḥ |
japo devyāḥ samuddiṣṭaḥ ***sulabho durlabho jaḍaiḥ*** | | *154* | |

153-154. Sale con el sonido SA, entra de nuevo con el fonema HA. «HAṂSA, HAṂSA»: he aquí el mantra que cada ser vivo repite sin cesar. Presente 21.600 veces en un día y una noche, esta recitación divina es muy asequible, aunque inaccesible para los tontos.

Juntas, este par de estrofas hacen aún más explícita la dimensión mántrico-respiratoria del culto interior a la diosa. En particular, a través de ellas queda expuesta la identidad mántrica de la energía de la respiración. Se trata, una vez más, del mantra que de manera natural recita la divinidad con cada espiración y con cada inspiración, el mantra HAṂSA (véase antes el comentario a la estrofa 24). Al realizar contemplativamente esta recitación espontánea –en realidad, la forma sónica de la divinidad–, el adepto finalmente logra reconocer la futilidad de sus empeños rituales, el extravío que supone acercarse a Bhairava como si se tratara de un principio distante u opuesto a él. Igual que el

193. Posiblemente por un descuido editorial, K-Ś omite por completo esta estrofa, mientras que Ā incluye solo el segundo verso, pero intercalado en la siguiente estrofa. Gracias al testimonio de Kṣemarāja, quien cita la enseñanza formada por dos estrofas en su *Śivasūtravimarśinī* (*ad* 3.27), los primeros traductores del texto lograron identificar la omisión y enmendarla. También a Kṣemarāja pertenece la lectura alternativa del último pie en la segunda estrofa: *sulabho durlabho jaḍaiḥ*, mucho más plausible que la de K-Ś y Ā: *prāṇasyānte sudurlabaḥ*.

mantra pulsa sin cesar hasta sumar la formidable cantidad de 21.600 repeticiones en un día y una noche (considerando que cada ciclo respiratorio dura 4 segundos), del mismo modo la deidad está presente en todo momento y en toda situación. Como hemos visto, de esa elusiva omnipresencia trata la enseñanza del texto.

ity etat kathitaṃ devi paramāmṛtam uttamam |
etac ca naiva kasyāpi prakāśyaṃ tu kadācana | | 155 | |
paraśiṣye khale krūre abhakte gurupādayoḥ |
nirvikalpamatīnāṃ tu vīrāṇām unnatātmanām | | 156 | |
bhaktānāṃ guruvargasya dātavyaṃ nirviśaṅkayā |

155-157ab. He aquí, pues, ¡oh, diosa!, los detalles de esta sublime y excelsa ambrosía. Esta puede confiarse sin temor a los héroes magnánimos que han ido más allá de las representaciones mentales, a los que veneran el linaje de maestros, pero jamás a una persona cualquiera, a un adepto de otra [tradición], a un sinvergüenza, a un desalmado, a alguien falto de devoción hacia el maestro.

La partícula *iti* anuncia el final del breve apéndice doctrinal iniciado en el segundo verso de la estrofa 139 con el fin de redefinir la práctica ritual desde la perspectiva de *bhāvanā*. A ese apéndice sigue el epílogo propiamente del texto. Este se inicia aquí con un recordatorio de la naturaleza secreta de la doctrina expuesta. En un sentido elemental, secrecía significa exclusividad: la revelación de Bhairava no es para cualquiera. Esos dos ingredientes enmarcan asimismo el modelo tradicional de transmisión de conocimiento en la India antigua, de maestro a discípulo. Por último, la dimensión afectiva y vivencial de la enseñanza que el maestro transmite al discípulo oralmente, es decir, en secreto, es evocada por la fértil noción de *amṛta*, 'néctar' o 'ambrosía'.

En la tradición yóguica se llama «héroe» (*vīra*) al adepto avanzado que ha conquistado la ignorancia y ha vencido el *saṃsāra*. La glosa de Śivopādhyāya es más modesta: «Guerreros que han despejado sus dudas» (*chinnasaṃśayaśatrūṇām*). De acuerdo con el propio Śivopādhyāya, predicado de los adeptos dignos de esta enseñanza, el adjetivo *nirvikalpamati*, literalmente 'con una mente libres de *vikalpas*', no puede referirse a quienes han trascendido por completo el pensar discursivo, pues si así fuera no tendrían ya necesidad de aprender nada. Así, interpreta *vikalpa* –y con él Joo y Singh– como duda, indecisión. La implicación es de carácter devocional: son aquellos que muestran una determinación total y una entrega absoluta al sendero aquí enseñado. Empero, el uso coherente de *vikalpa* y *nirvikalpa* a lo largo del tratado como formas antitéticas de conocimiento y experiencia –la condición que se ha de superar y la meta final–, hace sentir un tanto forzada dicha lectura. Más bien, el texto parece sugerir que la enseñanza está, en efecto, dirigida a adeptos que prácticamente han alcanzado la meta, como la diosa misma.

grāmo rājyaṃ puraṃ deśaḥ putradārakuṭumbakam | | *157* | |
sarvam etat parityajya grāhyam etan mṛgekṣaṇe |
kim ebhir asthirair devi sthiraṃ param idaṃ dhanam | | *158* | |
prāṇā api pradātavyā na deyaṃ paramāmṛtam |

157cd-159ab. Aldea, reino, ciudad, comarca, hijos, mujeres, familia: tras renunciar a todo esto, ¡oh, diosa con mirada de gacela!, uno debe atesorar esta [enseñanza únicamente]. ¿De qué sirven todas estas cosas efímeras? ¡Oh, diosa, solo este excelso tesoro es permanente! Es preferible perder la vida misma antes que esta sublime ambrosía.

Las posesiones que dan identidad al individuo, en las que este deposita toda su fe, son transitorias y, por lo tanto, nada se pierde en realidad al renunciar a ellas. Lo único que de verdad es grave perder, no atesorar, a lo único que debe el adepto aferrarse es a eso que trasciende lo efímero y transitorio, a la verdad divina tal como aquí ha sido expuesta.

[devy uvāca]
devadeva mahādeva paritṛptāsmi śaṅkara | | 159 | |
rudrayāmalatantrasya sāram adyāvadhāritam |
sarvaśaktiprabhedānāṃ hṛdayaṃ jñātam adya ca | | 160 | |

159cd-160. [La diosa dijo:] ¡Oh, dios de dioses, oh, grandioso Śaṅkara, estoy plenamente complacida: ahora comprendo a fondo la esencia del *Rudrayāmalatantra,* ahora conozco el corazón de todas las diferentes energías!

Śaṅkara, otra advocación de Śiva-Bhairava, evoca aquí, elocuentemente, el aspecto benigno de la deidad. Esa benevolencia concurre con la satisfacción de la diosa. El sentimiento de plenitud empática remata además la trayectoria narrativa del texto: de las dudas de la diosa en torno a las enseñanzas del *Rudrayāmalatantra* (estrofa 1), arribamos a un entendimiento completo de su «esencia» (*sāra*), es decir, del *Vijñānabhairava*. Este reconocimiento tiene, desde luego, una implicación más profunda, rastreable también en las primeras estrofas de la obra. La «esencia» (*sāra*) del *Rudrayāmalatantra*, en la que se resolvería la esencia misma de todos los Tantras (estrofa 7cd), remite asimismo a la «esencia» del propio Bhairava (estrofa 2cd), el verdadero misterio detrás de las interrogantes iniciales de la diosa. Abordado expositivamente a través del aspecto inmanente de la deidad, el misterio quedaría resuelto en ¡la propia diosa! Comprender la esencia es, pues, un acto de autoconocimiento. Esto explica que la expresión de júbilo transite del hallazgo de la «esencia» al del «corazón» (*hṛdaya*) de todas las energías divinas, de todas las potencias que animan esta creación multiforme. La diosa conoce al fin su propio centro vacío, ahí donde convergen el fecundo impulso hacia la manifestación y el inefable reposo supremo.

ity uktvānanditā devī kaṇṭhe lagnā śivasya tu | | *161* | |

161. Tras decir esto, feliz, la diosa se unió a Śiva en un abrazo.

Estas son las únicas palabras en el texto que presuponen un narrador. Se trata de una imagen perfecta de completitud. El abrazo dichoso del dios y la diosa encarna la doctrina que Bhairava predica de mil y una maneras. De este modo, el propio marco narrativo del texto se convierte en la expresión más depurada de sus enseñanzas. Como la diosa, el adepto consigue despejar sus dudas una vez que encarna el reconocimiento (*vijñāna*) de su identidad con Śiva-Bhairava y, feliz, se abisma en su plenitud vacía.

El texto carece de colofón.

III
Traducción continua

La venerable diosa dijo:

1-2ab. Originada en el *Rudrayāmala [-tantra],* la vertiente *Trika* me ha sido revelada en su totalidad, ¡oh, dios!, de manera íntegra, parte por parte, en su quintaesencia. Pese a ello mis dudas no cesan, ¡oh, Señor supremo!

2cd-4. Respecto a Bhairava, respecto a su manifestación, ¿cuál es, ¡oh, dios!, la esencia última? ¿Es la secuencia de fases fonéticas o bien los nueve [principios]? ¿Es acaso la división triple [que enseña] el *Triśiro[-bhairavatantra]* o bien las tres potencias? ¿Es sonido y luz primordiales, o bien [los planos sutiles conocidos como] «la media luna», «la barrera», etcétera? ¿Es el sonido inaudible que asciende a través de los centros sutiles o es simplemente Śakti?

5-7ab. ¿Son [las diosas] Aparā y Parāparā inmanentes? ¿Y qué hay de Parā? Pues si esta, sinónimo de trascendencia, lo fuera, se caería en llana contradicción. ¿Acaso no donde prolifera la diversidad de formas y colores es imposible que haya trascendencia? La trascendencia es lo contrario a la inmanencia, y por lo tanto donde hay esta, aquella no puede existir. Señor, concédeme tu gracia, elimina mis dudas de una buena vez.

7cd-8ab. [Bhairava respondió:] ¡Hurra, bravo! Eso que preguntas, ¡oh, querida!, constituye la esencia de los Tantras; ¡oh, afortunada!, es el secreto supremo. Pese a ello, te lo revelaré.

8cd-9. Sabe, ¡oh, diosa!, que todas las formas manifiestas que se predican de Bhairava carecen de esencia: no son más que un artilugio, se asemejan a la ilusión y el sueño, son como un castillo en el aire.

10. Si se las enseña es únicamente con el fin de que los hombres de inteligencia errática, que son presa del fragor de la acción y están profundamente trastornados por las representaciones mentales, tengan qué contemplar.

11-12. En realidad, Bhairava no es los nueve [principios], tampoco la secuencia de fonemas; no es el dios de tres cabezas, ni su esencia son las tres energías; no es sonido ni luz primordial; tampoco [los planos sutiles de] la media luna, la barrera, etcétera; no es la secuencia de centros sutiles, ni es Śakti su esencia.

13. Todas estas [doctrinas] son en realidad espantajos para niños o como los dulces que una madre [da a su hijo]: si se

mencionan es [únicamente] con el fin de hacer progresar a quienes están confundidos.

14-16. Libre de las condiciones espaciotemporales, ajena a las determinaciones de dirección y nombre, más allá de las representaciones mentales, la suya es la dicha de la experiencia interior; imposible describirla, supremamente inefable: tal es la condición (*avasthā*) de Bhairava, [conocida como] Bhairavī porque colma todas las cosas (*bharitākārā*). Su plenitud inmaculada y omnímoda, eso es lo que en verdad debes conocer. Y en una realidad tan excelsa (*para*), ¿a quién cabría adorar, a quién propiciar?

17. La condición de Bhairava es aclamada como la Suprema (*parā*), también conocida como la diosa suprema (*parādevī*) en virtud de su naturaleza suprema (*para*).

18-19. Todos coinciden que entre Śakti y Śiva no existe diferencia alguna, y puesto que aquella posee los atributos de este, entonces la potencia suprema solo puede pertenecer al ser supremo. El poder de quemar no es distinto del fuego; si se les concibe [por separado], es únicamente como preámbulo de camino al conocimiento verdadero.

20-21. La *bhāvanā* de quien se adentra en la condición [de Śiva], en Śakti, es indistinta [de Śiva]; entonces, él mismo adquiere la forma de Śiva. [Por eso] aquí llamamos «umbral» a la energía de Śiva. Al igual que gracias a la luz de una lámpara o los rayos del sol podemos orientarnos espacialmente, del mismo modo gracias a Śakti reconocemos a Śiva, ¡oh, querida!

22-23. [La diosa dijo:] ¡Oh, dios de dioses, tú cuyo emblema es el tridente y vas ataviado con cráneos!, ¿por qué medios se alcanza la condición (*avasthā*) de Bhairava, vacía de tiempo y espacio, indescriptible, y que [no obstante] lo colma todo? ¿Cómo puede la diosa suprema ser un umbral hacia él [Bhairava]? Enséñame, ¡oh, Bhairava!, de modo que pueda entender correctamente.

24. [Bhairava respondió:] Arriba la espiración, abajo la inspiración: la [diosa] Suprema, *cuya naturaleza es devenir / formada por dos puntos* (*visargātmā*), debe resonar mántricamente. Con la expansión contemplativa del sitio donde surgen ambas, [la espiración y la inspiración, sobreviene] el estado de plenitud.

25. Cuando el aire no retorna de los dos vacíos, dentro y fuera, entonces se manifiesta el esplendor de Bhairava a través de Bhairavī, ¡oh, Bhairavī!

26. Al expandirse el centro debido a la cesación de representaciones mentales, la potencia en la forma de la respiración deja de entrar y salir. A través de ella [se manifiesta entonces] la realidad de Bhairava.

27. Tanto al espirar como al inspirar es necesario retener la potencia [en la forma de la respiración]. Conocida al final de este [ejercicio] como la «Pacífica», a través de ella resplandece el «Pacífico».

28. Debe meditarse en la potencia [de la respiración mientras asciende] desde la raíz irradiando su luz hasta reposar, más sutil que lo sutil, en el *dvādaśānta*. Entonces, Bhairava resplandece.

29. [Debe meditarse en ella] mientras asciende cual si fuera un relámpago, de centro en centro, por niveles, hasta el *dvādaśānta*, arriba. De este modo, al final, [sobreviene] el gran resplandor.

30. Al dejar atrás sucesivamente los doce niveles, vinculados a los doce fonemas, según las fases burda, sutil y superior, finalmente Śiva [resplandece].

31. Tras llenar rápidamente el cráneo con esta [energía], tras hacerla irrumpir a través del puente del ceño fruncido, [el yogui] libera su mente de toda representación: en la cúspide suprema [tiene lugar] el ascenso al Omnipresente.

32. Al contemplar los cinco vacíos a través de los ojos (*maṇḍala*) variopintos en el plumaje del pavorreal, [el yogui] entra en el corazón, el vacío sin superior.

33. Cualquiera que sea su objeto –el vacío, un muro, un recipiente superior–, la meditación debe avanzar también gradualmente hasta absorberse en sí misma. [Entonces] confiere todos sus dones.

34. Al fijar la atención en el interior del cráneo y sostenerla [ahí] con los ojos cerrados, gradualmente logra discernirse –gracias a esta atención inflexible– la meta suprema.

35. La vena central está situada en medio: a través de esta diosa, [tan sutil] como el filamento del tallo de loto y en cuyo interior puede contemplarse el vacío, dios resplandece.

36. Bloqueado el dardo de la vista con ambas manos, cerradas las puertas [de los sentidos], perforado el entrecejo, el *bindu* se torna visible para luego diluirse gradualmente: ahí en medio [se alcanza] la estación suprema.

37. Quien contempla el *bindu* en la coronilla de la cabeza, en el corazón, bajo la forma de un ardiente punto sutil producto de una variación interna de luz, al final, cuando este se diluye, él mismo se diluye.

38. Jamás tañido, imperceptible al oído, ininterrumpido como un impetuoso torrente: quien se sumerge en el *brahman*-palabra (*śabdabrahman*) alcanza al *brahman* supremo.

39. Si se recita la sílaba sagrada OM o cualquier otra, y al final de la vibración se concibe el vacío, gracias a la potencia suprema del vacío uno alcanza el estado de vacuidad, ¡oh, Bhairavī!

40. Al concebir intensamente el inicio y el final de cualquier fonema, este deviene vacío gracias a la energía del vacío; [entonces] la persona misma adquiere una forma vacía.

41. Quien fija por completo su atención en los sonidos de instrumentos musicales –por ejemplo, el laúd– que se prolongan a través de una secuencia continua, al final de cada uno de ellos alcanza el esplendor del vacío supremo.

42. Al recitar el vacío de todos los mantras «densos» a través de la secuencia de fonemas burdos, al final [de las fases sutiles de] la media luna, el *bindu* y el sonido primordial, Śiva sobreviene.

43. Quien en su propio cuerpo concibe espacio abierto en todas las direcciones al mismo tiempo, libre de representaciones mentales, ante él todo deviene espacio abierto.

44. Quien concibe al mismo tiempo vacío arriba y vacío en la base se libera de representaciones mentales; debido a ello surge entonces, al mismo tiempo, el [estado] libre de representaciones mentales.

45. En el espacio corporal, vacuidad y nada más: quien esto concibe incluso por un instante [con una mente] libre de representaciones, libre de representaciones participa en el estado libre de representaciones.

46. Si se concibe intensamente que la materia corporal está por completo rodeada de espacio abierto, entonces, ¡oh, diosa, con mirada de gacela!, esa *bhāvanā* adquiere consistencia.

47. Quien imagina intensamente que la piel que cubre el cuerpo es un muro, al contemplar que no hay nada dentro participa de lo que no puede contemplarse.

48. Quien absorbe sus sentidos en el espacio del corazón, quien va al centro de la cavidad del loto, totalmente concentrado, ¡oh, bienaventurada!, alcanza la bienaventuranza suprema.

49. Al disolver por completo la mente en el *dvādaśānta* del cuerpo, se manifiesta imperturbable ante el [yogui] de intelecto imperturbable la meta última, la verdad.

50. Como sea y donde sea debe proyectarse la mente una y otra vez en el *dvādaśānta*; al poco tiempo, algo excepcional le sobreviene a quien [así] aquieta la actividad mental.

51. [El yogui] debe meditar intensamente en el Fuego del Tiempo ardiendo desde el pie del tiempo hasta consumir su

ciudadela corporal. Al final, como consecuencia, la paz resplandecerá.

52. Del mismo modo, el hombre que libre de representaciones mentales contempla cómo [el Fuego del Tiempo] consume el universo entero, totalmente concentrado, alcanza la suprema realidad humana.

53. Si se contempla cómo los principios en el cuerpo o también en el cosmos se disuelven sucesivamente según su grado de sutileza, al final, la Suprema (*parā*) se revela.

54. Al contemplar la energía [de la respiración] densa y sutil en el espacio del *dvādaśānta*, al entrar mientras la contempla en el corazón, [el yogui] obtiene soberanía sobre sus sueños.

55. Debe meditarse en todas las cosas según la secuencia de [los seis] senderos –comenzando con el de la tierra, etcétera– y según las modalidades burda, sutil y superior. De este modo, al final, la mente se disuelve.

56. Al contemplar, por la vía de los [seis] senderos, que la esencia de este vasto universo –de principio a fin y en cada rincón– es Śiva, [acontece] el despertar supremo.

57. Debe meditarse intensamente, ¡oh, gran diosa!, que este universo deviene vacío y disolver la mente ahí: solo entonces uno es capaz de disolverse ahí.

58. Debe posarse la mirada en un recipiente, por ejemplo un jarrón, cuyas paredes han sido eliminadas [con la imaginación]. Tan pronto como el [recipiente] se disuelve en el [espacio vacío], debido a la disolución en eso, uno deviene de la misma naturaleza.

59. Debe posarse la mirada en un espacio [abierto], sin árboles, montañas, muros, etcétera. [De este modo] se disuelve la naturaleza de la mente y entonces todas sus fluctuaciones.

60. Al percibir [sucesivamente] dos realidades, [el yogui] debe fijar su atención en el intervalo [entre ambas]. Así, al prescindir de las dos al mismo tiempo, en medio resplandece la verdad.

61. Cuando la conciencia queda suspendida [por un instante] mientras deja atrás una realidad, debe impedirse que se dirija a otra; así, gracias a la realidad intermedia, se despliega una *bhāvanā* superior.

62. Debe concebirse intensamente que todo el cuerpo, o también el universo, están a fin de cuentas hechos de conciencia. [Entonces] con una mente libre de representaciones, sin más [tiene lugar] el despertar supremo.

63. Gracias a la confluencia final de espiración e inspiración, ya sea dentro o fuera, el yogui participa en el ascenso de la conciencia homogénea.

64. Quien evoca el universo entero, o también su propio cuerpo, colmado de la dicha que les es inherente, gracias a este néctar interior, sin más deviene uno con la dicha suprema.

65. Al recurrir al truco [del cosquilleo], ¡oh, diosa con mirada de gacela!, sin más irrumpe la dicha suprema y, a través de ella, la verdad resplandece.

66. Gracias al ascenso paulatino de la energía de la respiración mediante una obstrucción de todas las corrientes [sensoriales], en el momento de [la sensación] de hormigueo, estalla la alegría suprema.

67. [El yogui] debe proyectar la mente entre el «fuego» y el «veneno» apenas la envuelve el deseo. [De este modo,] por sí sola o llena de aire, se funde en la dicha del amor.

68. La unión sexual con *śakti* induce una inmersión en Śakti que desemboca en la felicidad absoluta. Bien dicen que esta es nuestra felicidad más íntima.

69. Basta evocar vívidamente el placer que una mujer [desencadena] con besos, caricias y envites sexuales, para que incluso

en su ausencia, ¡oh, soberana entre las diosas!, sobrevenga una oleada de dicha.

70. Del mismo modo, cuando nos invade una inmensa alegría al ver a un amigo después de mucho tiempo, si se contempla esta oleada de dicha, uno se disuelve en ella sin pensar en nada más.

71. Cuando nos invade el placer de saborear exquisitos manjares y bebidas, debe contemplarse la condición de plenitud; entonces, sobreviene la dicha suprema.

72. Al hacerse uno con el júbilo sin par que produce disfrutar cosas como la música, etcétera, con una conciencia acrecentada a causa de esta identificación, el yogui alcanza la esencia misma de esa [dicha].

73. Donde sea que la mente obtenga satisfacción, justo ahí debe fijarla [el yogui]: ahí se manifiesta, en su esencia misma, la dicha suprema.

74. Si la mente logra acceder a esa condición [intermedia], cuando el sueño aún no llega, pero la realidad exterior ya se diluyó, entonces la diosa suprema resplandece.

75. Cuando la luz del sol, de una lámpara, etcétera, salpica el espacio con sus destellos, debe posarse la mirada justo ahí. [Entonces] resplandece nuestra verdadera naturaleza.

76. La consecución de la [diosa] Suprema también resplandece cuando [el yogui posa] su mirada mientras [adopta los gestos (*mudrā*)] Karaṅkiṇī, Krodhanā, Bhairavī, Lelihānā y Khecarī.

77. Si se toma asiento sobre una superficie suave con una sola posadera, sin apoyar brazos ni piernas, gracias a esta [posición] la mente deviene plena, suprema.

78. Si se toma asiento cómodamente con los brazos ligeramente arqueados y se lleva la atención al hueco de las axilas, [entonces] absorto en ese [vacío, el yogui] obtiene ecuanimidad.

79. Asimismo, si se posa fijamente la mirada en una realidad burda y enseguida se priva a la mente de [todos sus] soportes, [el yogui] va a Śiva.

80. Si se proyecta la mente en el centro de la boca bien abierta, con la lengua [suspendida] en medio, y se recita internamente [el fonema] H, entonces uno se disuelve en la paz.

81. Si uno toma asiento o se recuesta, y concibe intensamente que su cuerpo carece de soportes, entonces sin más la mente se disuelve, y con esta su sustrato.

82. Quien ocupa un asiento en movimiento o bien deja que su cuerpo se balancee lentamente, una vez que su mente halla reposo, ¡oh, diosa!, se adentra en el torrente divino.

82 bis. Si se contempla un espacio impoluto sin posar la mirada en nada más y con el cuerpo totalmente inmóvil, al instante, ¡oh, diosa!, se alcanza el esplendor de Bhairava.

83. Debe concebirse que el cielo entero en la forma de Bhairava se disuelve en la cabeza, [entonces] todo esto se funde en el refulgente plano de Bhairava.

84. Al comprender que el conocimiento limitado y dual, la luz exterior y las tinieblas, es decir, [los estados] «universal», etcétera, son [solo] aspectos de Bhairava, uno queda envuelto por la luz infinita.

85. Del mismo modo, si en una noche terriblemente oscura y de luna menguante [el yogui] concibe durante un largo rato las tinieblas en su esencia misma, alcanza la esencia de Bhairava.

86. Del mismo modo, si [el yogui] concibe delante de él el aspecto tenebroso de Bhairava, primero con los ojos cerrados y luego al abrirlos, [entonces] se hace uno con él.

87. Quien debido a un impedimento o una obstrucción de alguno de sus sentidos se abisma en el vacío sin par, ahí mismo resplandece [ante él] el ser interior.

88. Si se recita el fonema A sin *bindu* ni *visarga*, al instante surge, ¡oh, diosa!, un poderoso torrente de conciencia: el Señor supremo.

89. Al emitir un sonido aspirado, lleva la atención al final de la aspiración; [entonces,] con la mente libre de soportes, rozarás al *brahman* eterno.

90. [El yogui] debe contemplarse a sí mismo como si fuera el firmamento, libre de determinaciones espaciales; entonces, exenta de cualquier soporte, la conciencia, la potencia, revela su verdadera naturaleza.

91. Si [el yogui] se pincha un miembro con una aguja puntiaguda, etcétera, y a continuación fija ahí su atención, el inmaculado sendero a Bhairava [se desplegará ante él].

92. «En mí no existe ningún órgano interno: mente, [ego, intelecto]». Quien esto concibe, debido a la cesación de representaciones mentales, se libera de toda representación mental.

93. Al meditar en la naturaleza [limitada] de todos los *tattvas* –«a *māyā* se la conoce como la Embaucadora, *kalā* es fragmentación, etcétera»–, [el yogui] no permanece más separado.

94. Al percatarse de que sin más surge un deseo, [el yogui] debe mitigarlo. De este modo, el deseo se disuelve en el mismo sitio donde surgió.

95. Cuando aún no se manifiestan ni mi deseo ni mi pensamiento, ¿quién soy después de todo? ¡Es bajo tal condición cuando en realidad soy! Quien fija su atención ahí, ahí se disuelve.

96. Ahora bien, si el deseo o el pensamiento ya se han manifestado, [el yogui] debe fijar su atención en ellos totalmente concentrado en su propio ser. De este modo, tendrá la visión de la esencia última.

97. «Todo conocimiento carece de causa, de fundamento, y es falaz por definición; en realidad, no pertenece a nadie». A quien así concibe, ¡oh, amada!, Śiva [se revela].

98. Sin excepción, todos los cuerpos en todas partes tienen como atributo la conciencia. Por lo tanto, aquel que concibe que todo está hecho de esa [misma conciencia] conquista la existencia ordinaria.

99. Si se mantiene una atención inalterada [incluso] en medio del deseo, la ira, la avidez, la ofuscación, la arrogancia o la envidia, lo que al final prevalece es la verdadera naturaleza de estos [estados].

100. Quien contempla y ve el cosmos entero como si fuera un espejismo, una colorida pintura o una vorágine, experimenta una intensa alegría.

101. No fijes tu mente en el dolor, tampoco la vuelques al placer. Averigua en cambio, ¡oh, Bhairavī!, cuál es la realidad que yace en medio [de ambos estados].

102. Tras abandonar la deferencia hacia su cuerpo, con una mente resuelta y la mirada puesta en nada más [el yogui] debe concebir: «Soy omnipresente». [Entonces] sobreviene la felicidad.

103. «El conocimiento de [objetos externos como] jarrones, etcétera, o también la voluntad y demás [facultades], no se hallan únicamente en mí; [en realidad] son omnipresentes». Quien esto concibe, él mismo deviene omnipresente.

104. Tomar conciencia del objeto o el sujeto es lo que caracteriza a todas las criaturas; en cambio, lo que distingue a los yoguis es su total atención al nexo [entre ambos].

105. Quien concibe la conciencia incluso en otros cuerpos tal como [la concibe] en el suyo propio, al trascender [de este modo] la dependencia a su propio cuerpo, en poco tiempo deviene omnipresente.

106. Tras liberar la mente de cualquier soporte, [el yogui] debe abstenerse de formar representaciones mentales. De este modo, cuando el ser [individual] se identifica con el ser supremo, ¡oh, diosa con mirada de gacela!, Bhairava [resplandece].

107. «El Señor supremo es omnisciente, todopoderoso y omnímodo. Yo poseo los atributos de Śiva. [Entonces,] definitivamente yo soy él». Quien esto [concibe] con determinación, en Śiva se convierte.

108. Tal como del agua [surgen] olas, del fuego ondulantes llamas, del sol luminosos rayos, [asimismo] de mí y de nadie más, de Bhairava, [surge] el oleaje diferenciado del cosmos.

109. Si se hace girar el cuerpo sin cesar hasta caer bruscamente al suelo, entonces, una vez que cede la energía perturbada, emerge la condición suprema.

110. Del mismo modo, cuando la mente se paraliza debido a incapacidad o ignorancia para [entender] algo, una vez que cede la perturbación causada por la energía envolvente, Bhairava [se manifiesta] en todo su esplendor.

111. Escucha, ¡oh, diosa!, esta enseñanza tradicional que te revelaré íntegramente: el estado de solitud puede alcanzarse sin más con solo mantener la mirada fija.

111 bis. Si se tapan ambos oídos y también la puerta inferior, y se contempla el sonido sin vocales ni consonantes, se alcanza el *brahman* eterno.

112. Si uno se coloca de pie al borde de un pozo o cualquier otra cavidad profunda, y fija [ahí] la mirada, libre de representaciones, sin más la mente se disuelve por completo.

113. Adonde sea que la mente vague, ya sea fuera o también dentro, ahí está la condición de Śiva. ¿Y adónde más podría ir si [Śiva] lo colma todo?

114. Donde sea que la conciencia divina se manifieste por el sendero de los sentidos, puesto que estos tienen como atributo la conciencia, al disolverse en esta [se manifiesta también] la condición de plenitud.

115. La condición esencial de *brahman* [se revela] al principio y al final de un estornudo, en el temor y en la tristeza, ante un precipicio, al huir de un campo de batalla, en medio de una intensa curiosidad, al sentir hambre y al saciarla.

116. Cuando sobreviene el recuerdo de situaciones [pasadas], debe fijarse la atención en la escena percibida; de este modo, al quedarse el cuerpo sin soportes, el Señor se manifiesta.

117. Tras posar su mirada en un objeto cualquiera, lentamente [el yogui] debe retirar la atención junto con cualquier pensamiento [ulterior]; [de este modo,] ¡oh, diosa!, se convierte en un templo vacío.

118. La conciencia que desarrolla quien se libera del apego gracias a una intensa devoción es la potencia misma de Śiva. Si se la concibe de manera ininterrumpida, entonces Śiva [se revela].

119. Al percibir un nuevo objeto, lentamente la vacuidad [se extiende] sobre los objetos [percibidos con antelación]. Quien contempla dicha vacuidad, incluso mientras percibe [el objeto], experimenta paz.

120. Lo que los hombres de conocimiento limitado prescriben como impuro es, desde la perspectiva *śaiva*, puro. De hecho, no hay pureza ni impureza. Así, libre de representaciones mentales, [el yogui] experimenta alegría.

121. «Bhairava está presente en todas partes, incluso entre la gente común. No hay otro además de él». He aquí la sabiduría sin par.

122. «Ecuánime ante el enemigo o el amigo, ante el honor o el deshonor, pues *brahman* colma todas las cosas». Con este entendimiento, [el yogui] experimenta alegría.

123. [El yogui] debe concebir no sentir aversión por nada; debe concebir no sentir apego por nada. Libre de apego y aversión, en el centro *brahman* se expande.

124. Lo que no puede conocerse, lo que es inaprensible, el vacío, el ámbito del no-ser: todo esto ha de concebirse como Bhairava. He aquí el principio de la sabiduría.

125. Al fijar la atención en el espacio exterior –eterno, sin soportes, vacío, omnímodo, indeterminado–, se alcanza el espacio más allá [del espacio] (*nirākāśa*).

126. Donde sea que la mente se dirija, al instante [el yogui] debe renunciar a ese objeto sirviéndose de la propia mente, que, al no hallar una estancia, finalmente va más allá de sus fluctuaciones.

127. La palabra *bhairava* [significa] 'aquel que con su luz hace resonar todas las cosas, el que todo lo concede, el que colma el universo entero'. Quien [con este entendimiento] la repite sin cesar alcanza a Śiva.

128. [Incluso] a propósito de afirmaciones como «yo soy», «esto es mío», etcétera, la mente puede alcanzar el estado sin soportes. Si se contempla intensamente en ello, la paz [sobreviene].

129. «Eterno, Omnipresente, Autónomo, Omnímodo, Señor de todas las cosas». Quien sin cesar contempla estas palabras con atención a su significado alcanza la meta.

130. «Todo cuanto existe es irreal como un espejismo. ¿Y cuán real puede ser un espejismo?». Quien esto [concibe] con intensidad alcanza la paz.

131. Si el ser interior es inmutable, ¿cómo puede haber en él conocimiento o actividad? [Solo] la realidad exterior depende del conocimiento [y la actividad]. Por lo tanto, este mundo está vacío.

132. Ni la esclavitud ni la liberación me pertenecen; ambas son simples espantajos para quien tiene temor. Todo esto es un reflejo del intelecto similar al [reflejo] del sol en el agua.

133. Todo lo que viene acompañado de placer, dolor, etcétera, se origina en los sentidos. Por lo tanto, tras abandonar los sentidos, establecido en sí mismo, [el yogui] reside en su propio ser.

134. Todas las cosas resplandecen gracias al conocimiento; el ser interior resplandece gracias a todas las cosas. Puesto que comparten la misma naturaleza, el conocimiento y su objeto han de concebirse como si fueran uno y el mismo.

135. Mente, intelecto, potencia y ser: ¡oh, querida!, cuando esta tétrada decae, Bhairava [se revela] en todo su esplendor.

136-139ab. ¡Oh, diosa!, de manera sumaria te he comunicado estas ciento doce enseñanzas para alcanzar reposo. La persona que las conoce conquista el [verdadero] conocimiento. [De hecho,] basta que abrace una sola para que él mismo se transforme en Bhairava; [entonces,] sus palabras son hechos, y bien y mal están bajo su designio; trasciende la decrepitud y la muerte; adquiere facultades [divinas] como hacerse pequeño, etcétera; no hay *yoginī* que no enamore, ¡oh, diosa!, ni cónclave que no presida; aunque sigue vivo, es libre; aunque lleva a cabo acciones, [estas] no lo contaminan.

139cd-141ab. [La diosa dijo:] Si tal es, ¡oh, dios!, el esplendor de la Suprema (*parā*), entonces, ¡oh, gran Señor!, en la condición (*avasthā*) que acabas de describir qué cabida tienen el mantra y su recitación? ¿A quién se visualiza [ahí], ¡oh, soberano!, a quién se adora y a quién se propicia? ¿Para quién son las oblaciones que se ofrendan [al fuego]? ¿Qué sentido tienen el sacrificio, el altar, etcétera?

141cd. [Bhairava respondió:] Todas esas prácticas, ¡oh, diosa con mirada de gacela!, son aquí [consideradas] exteriores, burdas.

142. La bhāvanā que sin cesar es concebida (*bhāvyate*) en la realidad suprema (*parabhāva*) es aquí la recitación de mantras. El sonido espontáneo, el alma de todos los mantras, es el mantra que conviene a tal [*bhāvanā*].

143. La visualización no es [aquí] la representación [de la deidad] con un cuerpo, ojos, rostros, brazos, etcétera, sino simplemente una atención imperturbable, libre de formas y soportes.

144. Se llama adoración no a la que se realiza con flores y demás [ofrendas]. Adorar es fijar la atención en el vacío supremo, al margen de toda representación, y disolverse [ahí] con una fe absoluta.

145. La propiciación es aquí una plenitud que crece día a día en aquel que sigue cualquiera de los métodos unitivos aquí [enseñados] hasta colmarlo todo absolutamente.

146. Ofrendar en el altar de fuego de la suprema vacuidad los elementos, los sentidos, los objetos de los sentidos, la mente, etcétera, con el cucharón de la conciencia, eso es [aquí] la oblación.

147ab. El sacrificio es aquí, ¡oh, soberana!, una satisfacción cuyo sello distintivo es la dicha.

147cd-148. Puesto que «destruye» todas las faltas y «protege» a todos los seres, ¡oh, Pārvatī!, el altar es aquí la *bhāvanā* suprema: absorberse en la potencia de Rudra. ¿De qué otro modo podría adorarse una realidad así, de qué otro modo podría propiciarse?

149. Todos sin excepción somos en esencia libertad, dicha y conciencia. Se dice [aquí] que la ablución ritual es sumergirse en tal naturaleza esencial.

150. Las sustancias diversas con las que se adora, la [divinidad] trascendente-inmanente que con ellas es propiciada, así como el sujeto que las ofrenda: todo esto es en realidad una misma cosa. ¿Cómo puede [entonces] tener cabida el acto de adoración?

151. De manera espontánea, la espiración sale, la inspiración entra. Enroscada [primero], la gran diosa se expande; [al mismo tiempo] trascendente e inmanente, ella es el altar supremo.

152. Quien la procura, quien reposa en el sacrificio de la dicha suprema, absorto en esa diosa, alcanza al supremo Bhairava.

153-154. Sale con el sonido SA, entra de nuevo con el fonema HA. «HAṂSA, HAṂSA»: he aquí el mantra que cada ser vivo repite sin cesar. Presente 21.600 veces en un día y una noche, esta recitación divina es muy asequible, aunque inaccesible para los tontos.

155-157ab. He aquí, pues, ¡oh, diosa!, los detalles de esta sublime y excelsa ambrosía. Esta puede confiarse sin temor a los héroes magnánimos que han ido más allá de las representaciones mentales, a los que veneran el linaje de maestros, pero jamás a una persona cualquiera, a un adepto de otra [tradición], a un sinvergüenza, a un desalmado, a alguien falto de devoción hacia el maestro.

157cd-159ab. Aldea, reino, ciudad, comarca, hijos, mujeres, familia: tras renunciar a todo esto, ¡oh, diosa con mirada de gacela!, uno debe atesorar esta [enseñanza únicamente]. ¿De qué sirven todas estas cosas efímeras? ¡Oh, diosa, solo este excelso tesoro es permanente! Es preferible perder la vida misma antes que esta sublime ambrosía.

159cd-160. [La diosa dijo:] ¡Oh, dios de dioses, oh, grandioso Śaṅkara, estoy plenamente complacida: ahora comprendo a fondo la esencia del *Rudrayāmalatantra*, ahora conozco el corazón de todas las diferentes energías!

161. Tras decir esto, feliz, la diosa se unió a Śiva en un abrazo.

IV
Transcripción y pronunciación del sánscrito

El sánscrito posee vocales breves y largas. Las últimas duran el doble que las primeras y se las distingue por el macrón: *ā, ī, ū, ṝ*. Las vocales compuestas *e, o, ai* y *au* también son siempre largas. Las vocales *ṛ* y *ḷ* son sordas y su pronunciación aproximada es *ri* y *li*.

Las consonantes aspiradas (por ejemplo, *kh, ch, th, dh,* etcétera) son fonemas simples; se pronuncian emitiendo un ligero resoplo al final.

Las consonantes con un punto abajo son cerebrales o retroflejas (*ṭ, ṭh, ḍ, ḍh, ṇ, ṣ*) y se pronuncian doblando la punta de la lengua hacia atrás y tocando la cavidad del paladar.

La *g* es siempre gutural, incluso seguida de las vocales *i* y *e*, de modo que, por ejemplo, *Gītā* se pronuncia [*Guītā*].

La *ṅ* es una nasal gutural sin equivalente exacto en español; nuestra *n* en palabras como «mango» o «ganga» es un ejemplo cercano.

La consonante palatal *c* se pronuncia *ch*, mientras que *j*, también palatal, se pronuncia aproximadamente como nuestra *ll*.

Las semivocales *y, r, l, v* son siempre suaves.

La sibilante *ś* se aproxima al sonido alemán *sch* en Schopenhauer.

La *h* es siempre aspirada; su pronunciación se asemeja a nuestra *j*.

El *anusvāra,* transcrito *ṃ,* se pronuncia nasalizando la vocal precedente y asimilando el sonido de la consonante que le siga; seguido de una consonante dental, por ejemplo *t,* se escuchará como *n;* seguido de una consonante gutural, por ejemplo *k,* como una *ṅ*.

El *visarga,* transcrito *ḥ,* es una ligera aspiración sorda que en la práctica se pronuncia haciendo un eco con la vocal precedente: *rāmaḥ* se pronuncia *rāma-ha*, *hariḥ hari-hi*, etcétera.

Algunos nombres propios, topónimos y palabras sánscritas de uso corriente, como «yoga», «mantra» o «nirvana», aparecen en su forma castellanizada. Los nombres de colecciones de textos (por ejemplo, Brāhmaṇas, Upaniṣads, etcétera) y escuelas de pensamiento (Vedānta, Tantra, etcétera) aparecen en redondas e inicial mayúscula a fin de distinguirlos de conceptos y términos técnicos, escritos en cursivas e inicial minúscula. Por último, el plural de todas las palabras sánscritas también fue castellanizado; no así el género, que reproduce el original (por ejemplo, los Purāṇas, la *Gītā,* etcétera).

V
Glosario

El glosario incluye únicamente los términos más recurrentes o de mayor importancia. Cuando estos aparecen en el texto sánscrito del *Vijñānabhairava* se ofrece entre paréntesis la estrofa o estrofas correspondientes. La lista sigue el orden alfabético que le es propio al español.

ākāśa (75, 82 bis, 125): lit. 'éter', espacio abierto, símbolo de indeterminación conceptual y, por lo tanto, de la realidad absoluta. *Véanse śūnya, viyad, vyoman.*

anacka (4, 111 bis): el sonido inaudible, o en un sentido más técnico «sin vocales»; en el contexto esotérico tántrico, la forma más pura de sonido en tanto carece de fuente de emisión; la deidad en su aspecto sónico o mántrico. *Véanse anāhata, nāda.*

anāhata (38): el sonido increado, sin una fuente o causa de emisión, y por lo tanto espontáneo, sin principio ni fin, en alusión a la forma sónica o mántrica de la realidad última. *Véanse anacka, nāda.*

ānanda (15, 64, 65, 67, 69, 70, 71, 73, 147, 149, 152): felicidad, dicha, beatitud; en un sentido más restringido, placer, orgasmo.

anuttara (32): lit. 'sin superior'; en el sistema Trika, y en especial en la obra de Abhinavagupta, una forma de referirse a la realidad última.

apāna: en el ciclo respiratorio, la inspiración o el aire descendente. *Véanse jīva, prāṇa.*

Aparā (5): el nombre de una de las tres diosas del antiguo panteón del culto Trika, lit. la Inferior. *Véanse Parā, Parāparā.*

āsana (77, 78, 81, 82): posición o postura corporal; también asiento.

aśuddhi (120): impuro, impureza. *Véase śuddhi.*

atimārga: lit. 'el sendero más allá [de la observancia tradicional]', una forma de referirse a los primeros movimientos ascéticos dentro de la tradición *śaiva*; comprende los movimientos de Pāśupatas y Lākulas. *Véanse Lākula, mantramārga, Pāśupata.*

ātman (87, 90, 96, 131, 133-135, 149): lit. 'sí mismo', el ser interior, la dimensión más profunda del individuo, su verdadera identidad.

avasthā (15, 17, 20, 23, 71, 74, 113, 140): condición, estado; en nuestro texto, una forma de referirse al aspecto inmanente de la deidad, a su aspecto manifiesto y, por lo tanto, a la diosa misma, quien constantemente surge de Śiva-Bhairava para «situarse debajo» (*ava-sthā*) de él.

āveśa (68, 110, 148, 149): en los estratos más antiguos de la tradición tántrica, posesión; en estratos posteriores, inmersión contemplativa, fusión meditativa con la deidad.

Bhairava (3, 8, 11, 15, 17, 23, 25, 26, 28, 82 bis, 83-86, 91, 106, 108, 110, 121, 124, 127, 135, 137, 152): advocación del dios Śiva que enfatiza su aspecto irascible y transgresor, lo que le dio un sitio importante en los cultos tántricos; la deidad que preside sobre el *Vijñānabhairava* y sus enseñanzas. *Véanse Rudra, Śiva.*

Bhairavī (15, 25, 39, 101): la consorte del dios Bhairava, en nuestro texto identificada con la principal diosa del sistema Trika, la diosa Parā, así como con la potencia de Śiva-Bhairava, con su *śakti*. *Véanse Parā, Śakti.*

bharitākara/ā (15, 23, 145): análisis semántico tradicional de las palabras *bhairava* y *bhairavī*, literalmente 'aquel/aquella que colma' todas las cosas, en alusión al aspecto inmanente de la deidad.

bhāva (52, 59, 60-61, 79, 82, 121, 131, 134, 142): realidad, tanto en un sentido fenoménico como mental, y en ese sentido también imagen; en un contexto más específico, la realidad que el adepto instaura a través de su atención concentrada o *bhāvanā*. *Véase bhāvanā.*

bhāvanā (20, 46, 61, 142, 148): lit. 'el acto de hacer ser'; en el contexto contemplativo, una atención disciplinada que instaura («hace ser») la presencia divina, y en esa medida, en un giro reflexivo, reconfigura la identidad del adepto; en este sentido extremo, con evidentes implicaciones soteriológicas, la palabra remite a la diosa misma.

bhukti: placer, disfrute; junto con la liberación y la adquisición de poderes sobrenaturales (respectivamente, *mukti* y *siddhi*), una de las metas de la práctica tántrica. *Véanse mukti, siddhi.*

bindu (4, 12, 36, 37, 42, 88): lit. 'punto'; forma concentrada de energía, luz primordial, el aspecto luminoso de la deidad.

brahman (38, 68, 89, 111 bis, 115, 122, 123): el absoluto de la tradición brahmánica, identificado en el *Vijñānabhairava* con Śiva-Bhairava.

cakra (4, 12, 29): lit. 'rueda', en alusión a los centros o coyunturas de energía en el cuerpo sutil o yóguico.

cit / citi (90): conciencia, en particular como atributo esencial de la deidad. *Véase vijñāna*.

dharma (18, 93, 98, 107, 114): en un sentido técnico, atributo, cualidad; en un sentido más amplio, el conjunto de ritos, postulados doctrinales, normas sociales y valores que dan identidad al *ethos* brahmánico en todos los ámbitos de la existencia.

dhyāna (10, 128, 143): en un sentido general, contemplación o meditación; en un sentido más especializado, visualización; su sentido en el *Vijñānabhairava* está subordinado al de *bhāvanā*. *Véase bhāvanā*.

dvādaśānta (28, 29, 49, 50, 54): lit. 'al final [de la distancia] de doce dedos', en alusión al espacio donde se funde la respiración respecto a las fosas nasales, tanto fuera como dentro; en la fisiología del cuerpo sutil puede designar tanto el corazón, como la cavidad craneal o el entrecejo.

HAṂSA (153): la dimensión mántrica del ritmo respiratorio, conformado por los sonidos HAM al inspirar y SA al espirar; en ese sentido, por lo tanto, el mantra natural o espontáneo.

jīva (24, 139, 151, 153): lit. 'vida'; en el contexto yóguico tántrico, forma de referirse al aire descendente o la inspiración. También el individuo en su sentido más básico, como una criatura viviente. *Véanse apāna, prāṇa*.

Kāpālika / kāpālika: lit. 'portador del cráneo', en alusión a los adeptos *śaivas* cuya parafernalia incluía un cráneo y otros emblemas mortuorios en el afán de imitar al dios Bhairava; su marcado espíritu transgresor señala la vuelta de tuerca del ascetismo *śaiva* tradicional hacia una religiosidad propiamente tántrica.

Kaula / kaula: cultos tántricos donde la veneración de deidades femeninas cobra preponderancia; la palabra, lit. 'clan', 'familia', hace alusión a las agrupaciones de diosas, a menudo representadas como criaturas indómitas y febriles, que presiden sobre los diferentes aspectos de la creación.

Krama: una de las divisiones finales de los *Bhairavatantras*, centrada en la adoración de la diosa Kālī y contemporánea del sistema Trika, con el que experimentó un proceso de sincretismo.

kṣobha (37, 109, 110): lit. 'agitación', 'perturbación'; puede referirse tanto al impulso efervescente de la deidad hacia la manifestación como a cualquier vivencia ordinaria que perturba la cotidianidad, abriendo una grieta por la que el adepto puede reconectarse con la corriente de energía divina.

Lākula / lākula: lit. 'seguidor de Lakulīśa', un legendario maestro *śaiva*; junto con los Pāśupatas, uno de los primeros movimientos ascéticos *śaivas*. *Véanse Pāśupata, śaiva*.

laya (37, 49, 53, 55, 57, 58, 70, 78, 110, 112, 114, 117, 144, 146): absorción contemplativa con un efecto disolutivo sobre la construcción ordinaria de la realidad y la identidad limitada.

madhya (26, 35-36, 48, 60-61, 67, 80, 101, 123): espacio intermedio o intervalo, en alusión a la propia naturaleza intermedia de la diosa Parā-Bhairavī entre el mundo manifiesto y diferenciado, por un lado, y la inescrutable trascendencia de Śiva-Bhairava, por el otro; en un contexto práctico y soteriológico, el intersticio entre dos realidades, entre dos actividades o eventos de cualquier tipo (corporal, mental, etcétera) que le permite al yogui reconectarse con la potencia divina. *Véase mukha*.

manas (31, 34, 50, 62, 73, 74, 78-81, 102, 106, 116, 119, 125, 146): la mente, la facultad que aprehende y organiza los datos de los sentidos.

mantramārga: lit. 'el sendero de los mantras'; dentro de la tradición *śaiva*, categoría para referirse en general a los cultos tántricos. *Véase atimārga*.

māyā (9, 93): la ilusión, entendida como principio cósmico y, a nivel individual, como fuente de ignorancia y alienación.

mudrā: sello gestual; en el contexto esotérico tántrico, los gestos o posturas que el yogui adopta con el fin de inducir cierto tipo de atención, o que le sobrevienen espontáneamente como expresión de un estado interior; se les predica también de las deidades.

mukha (20, 23, 143): lit. 'boca'; en un sentido más amplio «umbral», en referencia a la condición intermedia de la diosa, entre el mundo manifiesto y la realidad insondable del dios Bhairava. *Véase madhya*.

mukti: libertad, liberación, salvación; la meta última del sendero religioso; en la tradición tántrica compatible con el disfrute de los sentidos y la obtención de *siddhis*, poderes mágicos o sobrenaturales. *Véanse bhukti, siddhi*.

nāda (4, 12, 42, 142): el sonido primordial, la forma sónica o mántrica de la deidad. *Véanse anacka, anāhata.*

nāth (sánscrito, nātha): lit. 'señor', nombre de una importante tradición yóguica con fuertes lazos con la cosmovisión tántrica y cuyos orígenes suelen situarse en los siglos XII-XIII.

navātma (3): los nueve principios, en alusión al mantra nónuple que da identidad al dios Navātmabhairava, el consorte de la diosa Aparā.

Navātmabhairava: en el antiguo panteón del sistema Trika, el consorte de la diosa Aparā, asociado con el mantra nónuple HRKṢMLVYNŪM.

nirādhāra (79, 81, 89, 97, 106, 116, 128, 129): lit. 'sin soportes', en alusión a la naturaleza indeterminada y, por lo tanto, vacía de la deidad. *Véase śūnya / śūnyatā.*

nirukti: análisis semántico; técnica exegética, erróneamente confundida con la ciencia etimológica; aunque se remonta al periodo védico, la tradición tántrica la emplea de manera profusa.

nirvikalpa / avikalpa (26, 31, 43, 44, 45, 52, 62, 112, 120, 144, 156): la cesación de las representaciones mentales; la aprehensión yóguica de la realidad más allá de las diferencias, la fragmentación y la dualidad. *Véase vikalpa.*

niṣkala (6): lit. 'sin partes', en alusión a la realidad trascendente, por definición indeterminada. *Véase sakala.*

OM (39): la representación sonora y mántrica del absoluto; el sonido primordial también conocido como *praṇava*.

para / parama (14, 16, 17, 30, 33, 36, 38, 41, 48, 52, 55, 62, 66, 106, 142, 144, 152, 155, 156, 158, 159): supremo, eminente. *Véase paratva.*

Parā / parā (17, 18, 23, 39, 53, 64, 73, 74, 76, 77, 109, 139, 148): como adjetivo, «suprema»; como sustantivo, el nombre de una de las tres diosas del antiguo panteón del culto Trika, lit. la Suprema. En las fases tardías del culto, por sí sola, el aspecto femenino de la deidad, la potencia de Śiva-Bhairava, identificada con Bhairavī y Śakti. *Véanse Aparā, Bhairavī, Parāparā, Śakti.*

Parāparā (5): el nombre de una de las tres diosas del antiguo panteón del culto Trika, lit. la Intermedia. *Véanse Aparā, Parā.*

paratva (5, 6): trascendencia, eminencia. *Véanse para / parama.*

Pāśupata / pāśupata: lit. 'seguidor de Paśupati', una advocación del dios Śiva; junto con los Lākulas, uno de los primeros movimientos ascéticos *śaivas*. *Véanse Lākula, śaiva.*

prakṛti: en la escuela dualista Sāṅkhya, el orden material, conformado por todas las posibilidades tanto de la realidad física como la mental; sus rasgos principales, en oposición al *puruṣa* o espíritu, son la actividad y la mutabilidad. *Véanse puruṣa, Sāṅkhya.*

prāṇa (24, 66, 151, 159): en el ciclo respiratorio, la espiración o el aire ascendente; en un sentido más amplio, la potencia divina en su expresión corporal, como hálito vital. *Véanse apāna, jīva.*

Pratyabhijñā: lit. 'reconocimiento', sistema que reinterpreta las premisas esenciales del culto Trika para postular la realidad de una única conciencia absoluta que libremente despliega dentro de sí misma tanto la vida mental como la realidad física.

puruṣa: en la escuela dualista Sāṅkhya, el espíritu, el ser supremo e inactivo, definido como conciencia absoluta. *Véanse prakṛti, Sāṅkhya.*

Rudra (148): el dios védico del infortunio y la tempestad, cuya personalidad transgresiva e irascible fue asimilada por el dios Śiva, en especial a través de Bhairava, una de sus advocaciones. *Véanse Bhairava, Śiva*.

śaiva: el término califica a los diversos cultos, y por extensión a los adeptos, literatura, doctrinas, prácticas, etcétera, centrados en el dios Śiva. *Véase Śiva*.

sakala (5, 6, 8): lit. 'con partes', en alusión a la realidad inmanente, por definición plural y diferenciada; en un contexto litúrgico, la representación icónica de la deidad. *Véase niṣkala*.

śākta: el término califica a los diversos cultos, y por extensión a los adeptos, literatura, doctrinas, prácticas, etcétera, centrados en el aspecto femenino de la deidad, en la *śakti* o la potencia divina, a veces personificada como Śakti. *Véase Śakti / śakti*.

Śakti / śakti (3, 4, 11, 12, 18-21, 26, 27, 39, 54, 66, 68, 69, 90, 109, 110, 118, 135, 148, 160): la potencia o energía de Śiva-Bhairava, su fuerza creadora, en este caso identificada con la diosa Bhairavī o también con la diosa Parā. *Véanse Bhairavī, Parā, śākta*.

sama / samatva (63, 72, 122): uniformidad, homogeneidad; predicado de la realidad última, la ausencia de diferencias; ecuanimidad.

saṃsāra: la existencia ordinaria, caracterizada como una experiencia de alienación e ignorancia, y sujeta al ciclo de nacimiento y muerte.

śaṅkā: ansiedad, duda.

Sāṅkhya: influyente sistema de pensamiento cuyos orígenes pueden rastrearse en algunas Upaniṣads tardías y en el *Mahābhārata*;

postula un dualismo entre el espíritu (*puruṣa*), consciente pero inactivo, y el orden material (*prakṛti*), activo pero inconsciente. *Véanse prakṛti, puruṣa.*

sāra (1, 7, 9, 160): lit. 'esencia'; la verdad última, el fundamento.

siddhi: lit. 'logro', 'perfección', los poderes mágicos o sobrenaturales, sobre todo de carácter apotropaico, que puede obtener el adepto o iniciado tántrico. *Véanse bhukti, mukti.*

Śiva (20, 21, 30, 42, 79, 97, 107, 113, 118, 127, 161): originalmente, un epíteto del dios védico Rudra; después, el nombre de uno de los principales dioses del hinduismo cuya personalidad transgresora e impredecible, situada entre los extremos del ascetismo y el erotismo, transformó su culto en un importante caldo de cultivo de la tradición tántrica. *Véanse Bhairava, Rudra, śaiva.*

Spanda / spanda: pulsación primordial, el aspecto sónico o vibratorio de la deidad inherente a cualquier forma de creación y actividad; el nombre de la tradición exegética que defendió dicho principio.

śruti: revelación, conocimiento revelado.

śuddhi (120): puro, pureza. *Véase aśuddhi.*

śūnya / śūnyatā (22, 32, 33, 39, 40, 42, 44, 45, 57, 87, 117, 119, 124, 125, 131, 146): el vacío, la vacuidad, símbolo de indeterminación conceptual y, por lo tanto, de la deidad. *Véanse ākāśa, viyad, vyoman.*

svātantrya (54): soberanía, libertad irrestricta; en un sentido más específico, el atributo definitivo de la deidad para devenir otro sin dejar de ser uno, su poder de acción.

tāntrika: practicante de algún culto tántrico; un iniciado en las enseñanzas de las escrituras tántricas.

tattva (16, 49, 53, 56, 60, 65, 68, 83, 93, 95, 96, 99, 101, 130): en un sentido general, la naturaleza última, la verdad o la esencia de algo; en un sentido técnico, los diferentes planos o niveles de la realidad, cada uno con un valor cósmico, mántrico y subjetivo.

Trika (1): lit. 'triada', en alusión a las tres diosas –Aparā, Parāparā y Parā– que conforman el núcleo del culto con el mismo nombre, así como una importante división dentro de las escrituras tántricas; su desarrollo histórico comprende varias fases, con una tendencia cada vez mayor hacia una visión contemplativa, centrada únicamente en la diosa Parā; el *Vijñānabhairava* constituye un eslabón decisivo en dicho movimiento.

uccāra (24, 39, 42, 80, 127): emisión de sonido; en el contexto esotérico tántrico, la dimensión mántrica de la respiración, además con una connotación ascendente y expansiva.

upāya (23): vía, medio.

vaidika: persona que abraza la revelación védica como fuente última de verdad, así como el estilo de vida y las prescripciones que se derivan de dicha revelación.

vaiṣṇava: el término califica a los diversos cultos, y por extensión a los adeptos, literatura, doctrinas, prácticas, etcétera, centrados en el dios Viṣṇu.

vapus (16, 25, 41, 82 bis, 110, 135, 139): forma, figura, manifestación, con connotaciones de plenitud y esplendor; forma de referirse al aspecto inmanente de la deidad.

Vedānta: sistema de pensamiento fundado en la revelación védica y, de manera especial, en una interpretación ortodoxa de las Upaniṣads.

vijñāna (63, 103): discernimiento, la facultad intelectiva; en un contexto teológico, uno de los atributos de la deidad misma, incluso su principal atributo: conciencia. *Véase cit / citi*.

vikalpa (10, 15, 92, 106): constructo mental, actividad mental; cualquier proceso formativo o de representación que crea diferencias y fragmentación. *Véase nirvikalpa / avikalpa*.

visarga (24, 88, 89): en un sentido cósmico, emanación, creación; en fonética, la aspiración sorda que puede acompañar a un sonido vocálico y que en la práctica equivale a un ligero eco; en el contexto erótico-sexual, eyaculación. En la doctrina tántrica, todos estos sentidos están entrelazados.

viyad (25, 43, 46, 83): espacio abierto e impoluto, el firmamento, símbolo de la vacuidad plena o la plenitud vacía que caracteriza a la deidad. *Véanse ākāśa, śūnya, vyoman*.

vyāpaka (107, 113, 125, 127, 129): predicado de la divinidad, el poder para colmar o envolver la realidad entera, su naturaleza omnímoda.

vyoman (35, 41, 78, 90, 144): espacio abierto e impoluto, símbolo de vacuidad e indeterminación conceptual, y por lo tanto, paradójicamente, de la plenitud que caracteriza a la deidad. *Véanse ākāśa, śūnya, viyad*.

yāmala (1, 160): lit. 'unión', en alusión a la unión del dios y la diosa; categoría de escrituras tántricas a las que habría pertenecido el *Rudrayāmalatantra*, escritura a la que a su vez pertenecería el *Vijñānabhairava*.

yoginī (138): una iniciada en los cultos tántricos; en un sentido más amplio, forma de referirse a las potencias de la deidad, a sus energías, a menudo representadas como criaturas feroces e insaciables.

VI
Bibliografía

Ediciones y traducciones del *Vijñānabhairava*

Le Vijñāna Bhairava, trad. L. Silburn, París, Éditions E. de Boccard, 1961.

The Vijñāna-Bhairava with Commentary partly by Kṣemarāja and partly by Śivopādhyāya, ed. M. Rāma Shāstrī, Kashmir Series of Texts and Studies 8, Bombay, Tatva Vivechaka Press, 1918.

The Vijñāna-Bhairava with Commentary called Kaumudī by Ānanda Bhaṭṭa, ed. M. Rāma Shāstrī, Kashmir Series of Texts and Studies 9, Bombay, Tatva Vivechaka Press, 1918.

Vijñānabhairava, ed. V. V. Dvivedī, Delhi, Motilal Banarsidass, 1978.

Vijñāna Bhairava. Das göttliche Bewußtsein, trad. B. Bäumer, Fráncfort-Leipzig, Insel Verlag, 2008.

Vijnānabhairava. La conoscenza del Tremendo, trad. de A. Sironi e introd. de R. Gnoli, Milán, Adelphi Edizioni, 1989.

Vijñānabhairava or Divine Consciousness, trad. J. Singh, Delhi, Motilal Banarsidass, 1979 (reimpreso como *The Yoga of Delight, Wonder, and Astonishment. A Translation of the Vijñāna-bhairava,* Albany, State University of New York Press, 1991).

Vijñāna Bhairava. The Practice of Centring Awareness, trad. B. Bäumer y comentario de S. Lakshman Joo, Benares, Indica, 2002.

Otras fuentes primarias

Abhinavagupta, *Abhinavabhāratī*, en M. Ramakrishna Kavi (ed.), *Nāṭyaśāstra with the Commentary of Abhinavagupta*, 4 vols., Baroda, Oriental Institute (Gaekwad's Oriental Series 68), 1926-1965.

—, *Gaṭhakarparavivṛti*, ed. y trad. B. Parlier, París, Éditions E. de Boccard, 1975.

—, *Īśvarapratyabhijñāvivṛtivimarśinī*, 3 vols., ed. M. Kaul Shāstrī, Bombay, Nirnaya Sagar Press, 1938-1943.

—, *Paramārthasāra*, en L. Bansat-Boudon y K. D. Tripathi (eds. y trads.), *An Introduction to Tantric Philosophy: The Paramārthasāra of Abhinavagupta with the Commentary of Yogarāja*, Londres-Nueva York, Routledge, 2011.

—, *Parātriṃśikāvivaraṇa*, en R. Gnoli (ed. y trad.), *Il commento di Abhinavagupta alla Parātriṃśikā*, Roma, Istituto Italiano per il Medio ed Estremo Oriente, 1985.

—, *Tantrāloka with Commentary by Jayaratha*, 12 vols., eds. M. Rāma y M. Kaul Shāstrī, Bombay, Nirnaya Sagar Press, 1918-1938.

Advayavajra, *Advayavajrasaṅgraha*, ed. S. Haraprasad, Baroda, Baroda Oriental Institute, 1927.

Amanaskayoga, en J. Birch (ed. y trad.), «The *Amanaska*: King of All Yogas: A Critical Edition and Annotated Translation with a Monographic Introduction», tesis doctoral, Oxford, Oxford University, 2013.

Amarasiṃha, *Amarakośa* (*Nāmaliṅgānuśāsana*), eds. N. G. Sardesai y D. G. Padhye, Delhi, Chaukhamba Sanskrit Pratishthan, 2005.

Amṛtabindūpaniṣad, en A. Mahadeva Sastri (ed.), *Yoga Upaniṣads*, Madras, The Adyar Library and Research Centre, 1968.

Atharvaveda (*Śaunaka*), *with the Padapāṭha and Sāyāṇa's Commentary*, ed. V. Bandhu, Hoshiarpur, Vishveshvaranand Vedic Research Institute, 1961.

Bāṇabhaṭṭa, *Kādambarī* (*Pūrvabhāga Complete*), ed. M. R. Kale, Delhi, Motilal Banarsidass, 1956.

Baudhāyana, *Dharmasūtra*, en P. Olivelle (ed. y trad.), *Dharmasūtra Parallels. Containing the Dharmasūtras of Āpastamba, Gautama, Baudhāyana y Vasiṣṭha*, Nueva York, Oxford University Press, 2006.

Bhagavadgītā, ed. S. K. Belvalkar, Pune, Bhandarkar Oriental Research Institute, 1945.

Bhagavadutpala, *Spandapradīpikā*, en M. Dyczkowski (ed. y trad.), *The Stanzas on Vibration. The Spandakārikā with Four Commentaries*, Nueva York, State University of New York Press, 1992.

Bhartṛhari, *Vākyapadīya*, ed. K. A. Subramania Iyer, Pune, Deccan College, 1995.

Brahmabindūpaniṣad, trad. B. Tubini, París, Maisonneuve, 1952.

Brahmapurāṇa, 2 vols., eds. P. Schreiner y R. Söhnen, Wiesbaden, Otto Harassowitz, 1987.

Bṛhadāraṇyakopaniṣad. Véase *Upaniṣads*.

Chāndogyopaniṣad. Véase *Upaniṣads*.

Corpus Inscriptionum Indicarum, vol. 3: *Inscriptions of the Early Gupta Kings and Their Successors*, ed. J. F. Fleet, Benares, Indological Book House, 1963.

Devīmahātmya, en T. Coburn (trad.), *Encountering the Goddess A Translation of the Devī-Māhātmya and a Study of Its Interpretation*, Nueva York, State University of New York Press, 1991.

Dharmakīrti, *Pramāṇavārttika*, ed. R. C. Pandeya, Delhi, Motilal Banarsidass, 1989.

Gautama, *Dharmasūtra*, en P. Olivelle (ed. y trad.), *Dharmasūtra Parallels. Containing the Dharmasūtras of Āpastamba, Gautama, Baudhāyana y Vasiṣṭha*, Nueva York, Oxford University Press, 2006.

Guhyasamājatantra. A New Critical Edition, ed. Y. Matsunaga, Osaka, Toho Shuppan, 1978.

Haṭhayogapradīpikā, trad. P. Sinh, Delhi, Sri Satguru Publications, 1991.

Jaimini, *Mīmāṃsāsūtra, with the Śābarabhāṣya of Śabara, the Prabhā of Sri Vaidyanāthaśāstrī, the Tantravārttika and Ṭupṭikā of Kumārilabhaṭṭa,*

7 vols., ed. K. V. Abhyankar y G. A. Joshi, Trivandrum, Ānandāśrama Sanskrit Series, 1930-1934.

Jayaratha, *Tantrālokaviveka*. Véase Abhinavagupta, *Tantrāloka*.

Kālidāsa, *Abhijñānaśakuntalā*, eds. y trads. C. R. Devadhar y N. G. Suru, Delhi, Motilal Banarsidass, 1991.

Kālīkapurāṇa, ed. B. Shastri, Benares, Chowkhamba Sanskrit Series Office, 1972.

Kāmasūtra of Śrī Vātsyāyana, with the Jayamaṅgalā Commentary of Śrī Yaśodhara, ed. P. Durga Prasad, Delhi, Rashtriya Sanskrit Sansthan, 2006.

Kāmikāgama, ed. Svaminathacharya, Madras, Tennintiya Arccakar Caṅkam, 1977.

Kaṭhopaniṣad. Véase *Upaniṣads*.

Kṣemarāja, *Netratantroddyota*, en M. Kaul Shāstrī (ed.), *The Netra Tantra with Commentary by Kṣemarāja*, 2 vols., Bombay, Tatva Vivechaka Press, 1926-1939.

—, *Pratyabhijñāhṛdayam*, trad. J. Singh, Delhi, Motilal Banarsidass, 1982.

—, *Spandanirṇaya*, en J. Singh (trad.), *The Divine Creative Pulsation. The Kārikās and the Spanda-Nirṇaya*, Delhi, Motilal Banarsidass, 1980.

—, *Śivasūtravimarṣinī*, trad. S. Iyengar, Delhi, Sri Satguru Publications, 1994.

Kṣemendra, *Deśopadeśa*, en S. Varakhedi *et al.* (eds.), *Minor Works of Kṣemendra*, Hyderabad, Osmania University, 2009, págs. 293-326.

Kṣemendra, *Narmamālā*, ed. y trad. F. Baldissera, Würzburg, Ergon Verlag, 2005.

Kṣemendra, *Samayamātṛkā*, ed. y trad. Ó. Figueroa, México (en prensa).

Kullūkabhaṭṭa, *Manvarthamuktāvalī*, ed. J. I. Shastri, Delhi, Motilal Banarsidass, 1983.

Kumārilabhaṭṭa, *Tantravārttika*. Véase Jaimini, *Mīmāṃsāsūtra*.

Kūrmapurāṇa, 2 vols., ed. J. L. Shastri, trad. G. V. Tagare, Delhi, Motilal Banarsidass, 1981-1982.

Mahābhārata, 18 vols., eds. V. S. Sukthankar y S. K. Belvalkar, Pune, Bhandarkar Oriental Research Institute, 1927-1966.

Mahānayaprakāśa, ed. K. Sāmbaśiva Śāstrī, Trivandrum Sanskrit Series, Trivandrum, 1937.

Mahendravarman, *Mattavilāsa Prahasana* (*The Farce of Drunken Sport*), eds. M. Lockwood y A. Vishnu Bhat, Madras, Christian Literature Society, 1981.

Maheśvarānanda, *Mahārthamañjarī with the Commentary Parimala*, ed. T. Gaṇapati Śāstrī, Trivandrum, Travancore Press (Trivandrum Sanskrit Series 66), 1919.

Maitrāyaṇyupaniṣad, ed. L. González Reimann, México, El Colegio de México, 1992.

Mālinīvijayottaratantra, ed. M. Kaul Shāstrī, Shrinagar, Research Department, Jammu and Kashmir State, 1922.

Mānavadharmaśāstra, ed. y trad. P. Olivelle, Nueva York, Oxford University Press, 2005.

Māṇḍūkyopaniṣad. Véase *Upaniṣads*.

Niśvāsatattvasaṃhitā (*Niśvāsamukha*), en N. Kafle, "The *Niśvāsamukha* the Introductory Book of the *Niśvāsatattvasaṃhitā*. Critical Edition, with an Introduction and Annotated Translation", tesis doctoral, Leiden, Universidad de Leiden, 2015.

Nyāyasūtra of Gauṭama, with the Bhāṣya of Vāṭsyāyana and the Vārṭika of Uḍḍyoṭakara, 4 vols., ed. G. Jhā, Delhi, Motilal Banarsidass, 1984.

Pāṇini, *Aṣṭādhyāyī*, 6 vols., ed. R. Nath Shastri, Delhi, Munshiram Manoharlal, 2000.

Parātriṃśikātantra. Véase Abhinavagupta, *Parātriṃśikāvivaraṇa*.

Pāśupatasūtra, en P. Bisschop (ed.), «The Sūtrapāṭha of the Pāśupatasūtra», *Indo-Iranian Journal* 49, 2006, págs. 1-21.

Patañjali, *Yogasūtra*, en M. Angot (ed. y trad.), *Le Yogasūtra de Patañjali. Le Yogabhāṣya de Vyāsa. Avec des extraits du Yogavārttika de Vijñānabhikṣu*, París, Les Belles Lettres, 2008.

Rājānaka Rāma, *Spandavivṛti*, en M. Dyczkowski (ed. y trad.), *The Stanzas on Vibration. The Spandakārikā with Four Commentaries*, Nueva York, State University of New York Press, 1992.

Ṛgveda. A Metrically Restored Text with an Introduction and Notes, eds. B. A. van Nooten y G. B. Holland, Cambridge, Massachusetts, Harvard University Press, 1994.

Śaṅkara, *Brahmasūtrabhāṣya. Text with Notes and Variants,* ed. Narayan Ram Acharya, Bombay, Nirṇaya Sāgar Press, 1948.

Sāṅkhyakārikā, en G. Larson (ed. y trad.), *Classical Sāṅkhya,* Delhi, Motilal Banarsidass, 2001.

Śatapathabrāhmaṇa, ed. M. Deshpande, 4 vols., Delhi, New Bharatiya Book Corporation, 2008.

Ṣaṭcakranirūpaṇa, en J. G. Woodroffe (trad.), *The Serpent Power,* Nueva York, Dover, 1974.

Siddhasiddhāntapaddhati, ed. M. L. Gharote y G. K. Pai, Lonavla, Lonavla Yoga Institute, 2005.

Siddhayogeśvarīmata. Véase J. Törzsök, «The Doctrine of Magic Female Spirits».

Śivapurāṇa, 4 vols., ed. y trad. J. L. Shastri, Delhi, Motilal Banarsidass, 1970.

Śivasūtra. Véase Kṣemarāja, *Śivasūtravimarṣinī.*

Skandapurāṇa, 20 vols., eds. J. L. Shastri y G. P. Bhatt, trad. G. V. Tagare, Delhi, Motilal Banarsidass, 1992-2003.

Spandakārikā, en M. Dyczkowski (ed. y trad.), *The Stanzas on Vibration. The Spandakārikā with Four Commentaries,* Nueva York, State University of New York Press, 1992.

Somānanda, *Śivadṛṣṭi.* Véase Nemec, John, *The Ubiquitous Śiva.*

Svacchandatantra, with Commentary by Kṣemarāja, 7 vols., ed. M. Kaul Shāstrī, Bombay, Nirnaya Sagar Press, 1921-1935.

Śvetāśvataropaniṣad. Véase *Upaniṣads.*

Taittirīyopaniṣad. Véase *Upaniṣads.*

Tantrasadbhāva, ed. M. Dyczkowski, basado en los manuscritos reproducidos en microfilme por el Nepal-German Manuscript Preservation Project (National Archives, Katmandú). Hasta el año 2012 disponible en la biblioteca digital del Muktabodha Indological Research Institute (www.muktabodha.org).

Tripurātāpinyupaniṣad, en A. Mahadeva Sastri (ed.), *The Śākta Upaniṣads*, Madras, The Adyar Library and Research Centre, 1986.

Upaniṣads, en P. Olivelle (ed. y trad.), *The Early Upaniṣads. Annotated Text and Translation*, Nueva York-Oxford, Oxford University Press, 1998.

Vāmanadatta, *Dvayasampattivārttika*. Véase Gnoli, Raniero, «*Il Dvayasampattivārttikam di Vāmanadatta*».

—, *Saṃvitprakāśa*, en M. Dyczkowski (ed.), *The Saṃvitprakāśa by Vāmanadatta*, Benares, Ratna Printing Works, 1990.

—, *Svabodhoyamañjarī*. Véase Torella, Raffaele, «The Svabodhoyamañjarī or How to Supress the Mind with no Effort».

Vātsyāyana, *Nyāyasūtrabhāṣya*. Véase *Nyāyasūtra*.

Vācaspatimiśra, *Nyāyavārttikatātparyaṭīkā*, ed. R. S. Dravida, Benares, Chowkhamba Sanskrit Series, 1925.

Yāska, *The Nighaṇṭu and the Nirukta, the Oldest Indian Treatise on Etymology, Philology, and Semantics*, ed. y trad. L. Sarup, Delhi, Motilal Banarsidass, 1967.

Fuentes secundarias

Arnau, Juan, *Cosmologías de India: védica, sāṃkhya y budista, México, Fondo de Cultura Económica, 2012*.

Bansat-Boudon, Lyne, «On Śaiva Terminology: Some Key Issues of Understanding», *Journal of Indian Philosophy* 42, 2014, págs. 39-97.

Bäumer, Bettina, «Creative Contemplation in the Vijñāna Bhairava Tantra», en H. Eifring (ed.), *Hindu, Buddhist and Daoist Meditation*, Oslo, Hermes, 2014, págs. 57-67.

Biardeau, Madeleine, *L'hindouisme: anthropologie d'une civilisation*, París, Flammarion, 1981.

Biernacki, Loriliai, «Possession, Absorption, and the Transformation of Samāveśa», en K. Preisendanz (ed.), *Expanding and Merging Horizons: Contributions to South Asian and Cross-Cultural Studies in Commemoration of Wilhelm Halbfass*, Viena, Verlag der Österreichischen Akademie der Wissenschaften, 2007, págs. 491-504.

Brunner, Hélène, «L'image divine dans le culte āgamique de Śiva», en A. Padoux (ed.), *L'image divine. Culte et méditation dans l'hindouisme*, París, Éditions du Centre National de la Recherche Scientifique, 1990, págs. 9-29.

Bühnemann, Gudrun, *The Iconography of Hindu Tantric Deities*, 2 vols., Leiden, Brill, 2011.

Burchett, Patton, «Bitten by the Snake: Early Modern Devotional Critiques of Tantra-Mantra», *The Journal of Hindu Studies* 6, 2013, págs. 1-20.

Chalier-Visuvalingam, Elizabeth, «Śiva und seine Manifestationen als Bhairava», en C. Mallebrein (ed.), *Die anderen Götter. Volks- und Stammesbronzen aus Indien*, Colonia, Rautenstrauch-Joest-Museum, 1993, págs. 70-89.

—, «Bhairava's Royal Brahmanicide: The Problem of the Mahābrāhmaṇa», en A. Hiltebeitel (ed.), *Criminal Gods and Demon Devotees*, Nueva York, State University of New York Press, 1989, págs. 157-229.

Chenet, François, «Bhāvanā et créativité de la conscience», *Numen* 34-1, 1987, págs. 45-96.

Colebrooke, Henry Thomas, «On the Vedas», *Asiatic Researches* 8, 1808, págs. 377-498.

Doniger, Wendy, *Śiva. The Erotic Ascetic*, Londres-Nueva York, Oxford University Press, 1973.

Dupuche, John R., «A Spirituality of Pleasure: Deciphering *Vijñānabhairava* Verse 68», *Journal of Tantric Studies* 9-1, 2013, págs. 1-13.

Dyczkowski, Mark, *The Doctrine of Vibration. An Analysis of the Doctrines and Practices of Kashmir Shaivism*, Nueva York, State University of New York Press, 1987.

Edgerton, Franklin, *Buddhist Hybrid Sanskrit Grammar and Dictionary,* 2 vols., Delhi, Motilal Banarsidass, 1970.

Figueroa, Óscar, *La mirada anterior. Poder visionario e imaginación en India antigua*, México, UNAM, 2017.

—, *El arte de desdecir. Inefabilidad y hermenéutica en India antigua*, México, El Colegio de México, 2015.

—, «Un muro, inusual imagen religiosa: el vocablo *bhitti* en Abhinavagupta», *ILU* 18, 2013, págs. 95-110.

—, «El arte de la interpretación en la India sánscrita: orígenes y desarrollo», *Nova Tellus* 31-1, 2013, págs. 9-34.

Flood, Gavin, «The Purification of the Body in Tantric Ritual Representation», *Indo-Iranian Journal* 45, 2002, págs. 25-43.

Gnoli, Raniero, «Il Dvayasampattivārttikam di Vāmanadatta», en G. Tucci, *Gururājamañjarikā. Studi in onore di Giuseppe Tucci*, Nápoles, Istituto Universitario Orientale, 1974, vol. 2, págs. 451-455.

Goodall, Dominic, y Harunaga Isaacson, «Tantric Traditions», en J. Frazier (ed.), *The Continuum Companion to Hindu Studies,* Londres, Continuum, 2011, págs. 122-137.

Goudriaan, Teun, y Sanjukta Gupta, *Hindu Tantric and Śākta Literature,* Wiesbaden, Otto Harrassowitz, 1981.

Gupta, Sanjukta, *et al., Hindu Tantrism,* Leiden-Colonia, Brill, 1979.

Hatley, Shaman, «Kuṇḍalinī», en A. Sharma (ed.), *Encyclopedia of Indian Religions,* Dordrecht, Springer, 2017, págs. 70-81.

—, «From Mātṛ to Yoginī: Continuity and Transformation in the South Asian Cults to the Mother Goddesses», en I. Keul (ed.), *Transformations and Transfer of Tantra in Asia and Beyond,* Berlín, Walter de Gruyter, 2012, págs. 99-129.

—, «Tantric Śaivism in Early Medieval India: Recent Research and Future Directions», *Religion Compass* 4-10, 2010, págs. 615-628.

Inden, Ronald, *Imagining India,* Bloomington, Indiana University Press, 2001.

Ivanov, Vladimir, «The Exegesis of Kṣemarāja on the Vijñānabhairavatantra: Observations on the Śiva-Devī Tantric Dialogue», *The Written Monuments of the Orient* 1-1, 2015, págs. 48-56.

Kahrs, Eivind, *Indian Semantic Analysis,* Cambridge, Cambridge University Press, 1998.

Kinsley, David, *Hindu Goddesses. Vision of the Divine Feminine in the Hindu Religious Tradition,* Delhi, Motilal Banarsidass, 1987.

Kramrisch, Stella, *The Presence of Śiva,* Princeton, Princeton University Press, 1981.

Ladrech, Karine, *Le crâne et le glaive. Représentations de Bhairava en Inde du Sud* (*VIIIe-XIIIe siècles*), Pondichéry, Institut Français de Pondichéry - École Française d'Extrême-Orient, 2010.

Lakshman Joo, Swami, *Vijñāna Bhairava. The Manual of Self-Realization,* incluye 7 horas de grabaciones en audio, Delhi, Munshiram Manoharlal, 2011.

Levitt Hillyer, Stephan, «Why are Sanskrit Play Titles Strange?», *Indologica Taurinensia* 31, 2005, págs. 195-232.

Lopez, Donald S., *Elaborations on Emptiness: Uses of the Heart Sūtra,* Princeton, Princeton University Press, 1996.

Lorenzen, David N., «Who Invented Hinduism?», *Comparative Studies in Society and History* 41-4, 1999, págs. 630-659.

—, *The Kāpālikas and Kālāmukhas. Two Lost Śaivite Sects,* Delhi, Motilal Banarsidass, 1991.

Masson, Jeffrey, reseña de L. Silburn, *Le Vijñāna Bhairava, Journal of the American Oriental Society* 84-4 (1964), págs. 467-469.

Mertens, Annemarie, *Der Dakṣamythus in der episch-purānischen Literatur. Beobachtungen zur religionsgeschichtlichen Entwicklung des Gottes Rudra-Śiva im Hinduismus,* Wiesbaden, Harrassowitz, 1998.

Nemec, John, *The Ubiquitous Śiva. Somānanda's Śivadṛṣṭi and His Tantric Interlocutors,* Nueva York, Oxford University Press, 2011.

Olivelle, Patrick, «Caste and Purity: A Study in the Language of Dharma Literature», *Contribution of Indian Sociology* 32-2, 1998, págs. 190-216.

Padoux, André, *El tantra. La tradición hindú*, Barcelona, Kairós, 2011.
—, «What do We Mean by Tantrism?», en K. A. Harper y R. L. Brown (eds.), *The Roots of Tantra*, Nueva York, State University of New York Press, 2002, págs. 17-24.
—, «Transe, possession ou absorption mystique? L'āveśa selon quelques textes tantriques cachemiriens», *Puruṣārtha* 21, 1999, págs. 133-147.
—, «Concerning Tantric Traditions», en G. Oberhammer (ed.), *Studies in Hinduism II. Miscellanea to the Phenomenon of Tantras*, Viena, Der österreichischen Akademie der Wissenschaften, 1998, págs. 9-20.
—, *Vāc. The Concept of the Word in Selected Hindu Tantras*, Nueva York, State University of New York Press, 1990.
—, «Tantrism: An Overview», en M. Eliade (ed.), *Encyclopedia of Religion*, vol. 14, Nueva York, Macmillan, 1987, págs. 272-274.
Sanderson, Alexis, «The Jaina Appropriation and Adaptation of Śaiva Ritual: the Case of Pādliptasūri's Nirvāṇakalikā», conferencia dictada durante el «15th Annual Jaina Lecture», School of African and Oriental Studies, Londres, 19 de marzo de 2015.
—, «Śaiva Texts», en J. Bronkhorst y A. Malinar (eds.), *Brill's Encyclopedia of Hinduism*, Leiden, Brill, 2014, vol. 6, págs. 10-42.
—, «Kashmir», en K. Jacobsen (ed.), *Brill's Encyclopedia of Hinduism*, Leiden-Boston, Brill, 2009, vol. 1, págs. 99-126.
—, «The Śaiva Age: the Rise and Dominance of Śaivism during the Early Medieval Period», en S. Einoo, *Genesis and Development of Tantrism*, Tokio, Institute of Oriental Culture, University of Tokyo, 2009, págs. 41-350.
—, «Swami Lakshman Joo and His Place in the Kashmirian Śaiva Tradition», en B. Bäumer y S. Kumar (eds.), *Saṃvidullāsaḥ. Manifestation of Divine Consciousness*, Delhi, DK Printworld, 2007, págs. 93-126.
—, «Śaivism and Brahmanism in the Early Medieval Period», conferencia dictada en el marco de las Gonda Lectures, Koninklijke Nederlandse Akademie van Wetenschappen, Ámsterdam, 24 de noviembre de 2006.

—, «The Lākulas: New Evidence of a System Intermediate between Pāñcārthika Pāśupatism and Āgamic Śaivism», *The Indian Philosophical Annual* 24, 2006, págs. 143-217.

—, «Vajrayāna: Origin and Function», en *Buddhism into the Year 2000. International Conference Proceedings*, Bangkok-Los Ángeles, Dhammakāya Foundation, 1995, págs. 87-102.

—, «The Doctrine of the Mālinīvijayottaratantra», en T. Goudriaan (ed.), *Ritual and Speculation in Early Tantrism. Studies in Honor of André Padoux*, Nueva York, State University of New York Press, 1992, págs. 281-312.

—, «The Visualization of the Deities of the Trika», en A. Padoux (ed.), *L'image divine. Culte et méditation dans l'hindouisme*, París, Éditions du Centre National de la Recherche Scientifique, 1990, págs. 31-88.

—, «Śaivism and the Tantric Traditions», en S. Sutherland *et al.* (eds.), *The World's Religions*, Londres, Routledge, 1988, págs. 660-704.

—, «Maṇḍala and Āgamic Identity in the Trika of Kashmir», en A. Padoux (ed.), *Mantras et diagrammes rituels dans l'hindouisme*, París, Éditions du Centre National de la Recherche Scientifique, 1986, págs. 169-214.

—, «Purity and Power among the Brahmans of Kashmir», en M. Carrithers *et al.* (eds.), *The Category of the Person: Anthropology, Philosophy, History*, Cambridge, Cambridge University Press, 1985, págs. 190-216.

Sjödin, Anna-Pya, «Conceptualizing Philosophical Tradition: A Reading of Wilhelm Halbfass, Daya Krishna, and Jitendranath Mohanty», *Philosophy East and West* 61-3, 2011, págs. 534-546.

Timalsina, Sthaneshwar, «The Dialogical Manifestation of Reality in Āgamas», *Oxford Journal of Hindu Studies* 7-1, 2014, págs. 6-24.

Torella, Raffaele, «Purity and Impurity in Nondualistic Śaiva Tantrism», *Studia Religiologica* 48-1 (*Proceedings of the International Conference Religions: Fields of Research, Method, and Perspectives*), 2015, págs. 1-16.

—, «The Svabodhoyamañjarī or How to Supress the Mind with no Effort», en R. Tsuchida y A. Wezler (eds.), *Harānandalaharī. Volume in Honour of Professor Minoru Hara on His Seventieth Birthday,* Reinbeck, Verlag für Orientalistische Fachpublikationen, 2000, págs. 387-410.

—, «On Vāmanadatta», en P. -S. Filliozat *et al.* (eds.), *N. Ramachandra Bhatt Felicitation Volume,* Delhi, Motilal Banarsidass, 1994, págs. 481-498.

Törzsök, Judit, «Kāpālikas», en J. Bronkhorst y A. Malinar (eds.), *Brill's Encyclopedia of Hinduism,* Leiden-Boston, Brill, 2011, vol. 3, págs. 355-361.

—, «The Doctrine of Magic Female Spirits. A Critical Edition of Selected Chapters of the Siddhayogeśvarīmata(tantra) with Annotated Translation and Analysis», tesis doctoral, Universidad de Oxford, 1999.

Urban, Hugh B., *Tantra. Sex, Secrecy, Politics, and Power in the Study of Religion,* Berkeley-Los Ángeles, University of California Press, 2003.

Vasudeva, Somadeva, *The Yoga of the Mālinīvijayottaratantra,* Pondichéry, Institut Français de Pondichéry - École Française d'Extrême-Orient, 2004.

Vivekananda, Swami, *The Complete Works,* 8 vols., Calcuta, Advaita Ashrama, 1983-1986.

Wedemeyer, Christian, *Making Sense of Tantric Buddhism. History, Semiology, and Transgression in the Indian Traditions,* Nueva York, Columbia University Press, 2014.

Wallis, Christopher, «The Descent of Power: Possession, Mysticism, and Initiation in the Śaiva Theology of Abhinavagupta», *Journal of Indian Philosophy* 36, 2008, págs. 247-295.

Wilson, Horace Hayman, «Sketch of the Religious Sects of the Hindus», *Asiatic Researches* vols. 16 y 17, 1832, págs. 169-313.

VII
Índice de fuentes y autores sánscritos

Las entradas se ofrecen en el orden alfabético del español.

॥ शुभमस्तु ॥